LE GUIDE PRATIQUE
DE LA COPROPRIÉTÉ AU SÉNÉGAL
2e ÉDITION

LES TEXTES, LES COMMENTAIRES, LA JURISPRUDENCE FRANÇAISE ET SÉNÉGALAISE REMIS À JOUR

PRÉFACE DE MONSIEUR SOULEYMANE KANE
Conseiller à la Cour Suprême du SÉNÉGAL
Directeur du Service de Documentation et d'Études

MAÎTRE FRANCK ZEITOUN
Avocat à la Cour

LE GUIDE PRATIQUE DE LA COPROPRIÉTÉ AU SÉNÉGAL 2e ÉDITION

LES TEXTES, LES COMMENTAIRES, LA JURISPRUDENCE FRANÇAISE ET SÉNÉGALAISE REMIS À JOUR

PRÉFACE DE MONSIEUR SOULEYMANE KANE
Conseiller à la Cour Suprême du SÉNÉGAL
Directeur du Service de Documentation et d'Études

Sénégal
L'Harmattan

10 VDN, Sicap Amitié 3, Lotissement Cité Police, DAKAR

http://www.harmattansenegal.com
senharmattan@gmail.com
senlibrairie@gmail.com

ISBN : 978-2-343-12876-4
EAN : 9782343128764

AVERTISSEMENT

Toute utilisation ou traitement automatisé, par des tiers, de données personnelles pouvant figurer dans cet ouvrage est interdit.

Cette œuvre est protégée dans toutes ses composantes y compris le résultat des savoirs mis en œuvre, des recherches, des analyses et des interprétations effectuées et, de manière générale, des choix de fond et de forme opérés dans le cadre de la ***consolidation*** des textes reproduits, par les dispositions légales, notamment celles relatives aux droits d'auteur.

Ces droits sont la propriété exclusive de l'auteur, tous droits de traduction, d'adaptation et de reproduction étant réservés pour tous pays, sous les références :

- BSDA,
- Modèles d'utilité (Article, Titre I, Annexe II, Accords de Bangui révisé le 24/02/1999),
- N° 161 231 005 07,
- Date de dépôt : 10 mai 2007.

Toute reproduction intégrale ou partielle, par quelque moyen que ce soit, non autorisée par l'auteur ou ses ayants droit, est strictement interdite.

L'auteur ou ses ayants droit, se réservent notamment tous droits au titre de la reproduction par reprographie destinée à réaliser des copies de la présente œuvre sous quelque forme que ce soit aux fins de vente, de location, de publicité, de promotion ou de toute autre utilisation commerciales, conformément aux dispositions légales relatives à la gestion collective de droit de reproduction par reprographie.

SOMMAIRE

PRÉFACE

Avec la promulgation du décret d'application de la loi du 16 juin 1988 sur la copropriété, le Sénégal a pu disposer d'une législation d'ensemble cohérente, capable d'apporter une solution aux nombreux problèmes que pose la copropriété des immeubles, un domaine dans lequel Maître Franck ZEITOUN est aujourd'hui l'un des plus grands spécialistes.

C'est ainsi qu'il avait été sollicité pour participer à l'élaboration de plusieurs lois, telles que la loi n° 2009-23 du 8 juillet 2009 et son décret d'application n° 2010-99 du 27 janvier 2010 portant respectivement partie législative et réglementaire du Code de la Construction.

Ayant constaté l'absence d'ouvrages de référence sur ces questions délicates, Maître Franck ZEITOUN a publié en 2007 « Le Guide pratique de la copropriété au Sénégal ».

L'ouvrage avait pour ambition, selon son auteur, « d'aider les personnes concernées par le droit de la copropriété à y voir plus clair dans ce domaine souvent confus et à prendre conscience que les législations française et sénégalaise sont différentes, notamment en raison de la spécificité du régime foncier au Sénégal où 80% des terres ne sont pas encore immatriculées ».

Mais depuis la parution du « Guide », dix années se sont écoulées, dix années d'une très grande activité législative et jurisprudentielle.

Il a donc paru nécessaire de mettre à jour le Guide, pour tenir compte de l'évolution législative et faire découvrir au public, qui n'a pas toujours facilement accès à la jurisprudence, l'interprétation que les cours et tribunaux ont eu à donner aux textes en vigueur.

Fort de son expertise dans les questions immobilières, Maître Frank Zeitoun permet au lecteur d'identifier les immeubles régis par le statut de la copropriété et ceux qui en sont exclus, les obligations des copropriétaires comme le fonctionnement de la copropriété, en passant en revue les différents organes, sans omettre de renvoyer, quand elle existe aux récents arrêts rendus par les cours et tribunaux.

Je formule le vœu que le nouveau Guide reçoive, de la part du public et de la communauté des juristes, le même accueil que la première édition et souhaite qu'il soit le prélude à une production doctrinale abondante dans cette matière qui est au cœur des préoccupations de tout individu, l'accès à la propriété.

Souleymane KANE

Conseiller à la Cour Suprême du SÉNÉGAL
Directeur du Service de Documentation et d'Études

INTRODUCTION

La Loi n° 88-04 du 16 juin 1988 aura 30 ans en 2018.

Mais jusqu'en 2002, en l'absence de décret d'application, les praticiens (syndics, copropriétaires, magistrats, avocats, notaires, enseignants, etc.) travaillaient essentiellement à partir de la législation française (Loi du 10 juillet 1965 et Décret d'application du 17 mars 1967 modifiés), malgré les nombreuses différences qui existent en droit de la copropriété entre ces deux pays.

En effet, si la loi du 16 juin 1988 trouve son inspiration dans la loi française du 10 juillet 1965, elle comportait dès sa promulgation de nombreuses différences, ce qu'il est facile de constater en examinant la table de concordance figurant en annexe de la Première édition du Guide pratique de la copropriété publié en 2007.

Les différences se sont accrues au fil du temps, le législateur français modifiant régulièrement la loi de 1965 et son décret d'application de 1967 pour s'adapter aux Jurisprudences rendues au fur et à mesure d'une part et à la pratique d'autre part.

Les réformes les plus importantes effectuées en France sont :

-la loi n° 85 -147 du 31 décembre 1985 et son décret d'application n° 86-7689 du 9 juin 1986 qui ont notamment donné plus de droits aux copropriétaires pour contrôler la gestion du syndic professionnel ;

-la « *loi sur l'habitat* » du 21 juillet 1994 et son décret d'application du 15 février 1995 qui ont notamment créé un fonds de réserve pour travaux futurs, la possibilité de faire voter par une deuxième assemblée à une majorité réduite les travaux d'amélioration à propos desquels l'assemblée n'a pas pu prendre sa décision à la majorité requise, l'amélioration du privilège immobilier du syndicat en cas de vente de lots ;

-la loi n° 2000-1208 du 13 décembre 2000 sur la solidarité et le renouvellement urbain dite Loi SRU qui a rajouté de nombreux articles qui ont rendu obligatoires :

- le mode de calcul des tantièmes de copropriété et des charges dans les règlements de copropriété à compter du 31 décembre 2002,
- l'adoption d'un budget prévisionnel,
- une nouvelle réglementation concernant la comptabilité du syndicat,
- l'ouverture d'un compte bancaire séparé au nom du syndicat,
- la notification par le notaire de l'avis de mutation au syndic dans les 15 jours du transfert du lot,
- la mise à jour des règlements de copropriété en cas de modifications législatives intervenues depuis son établissement.

La loi SRU a également :

- facilité la mise en place des syndicats coopératifs, créé un article 25-1 qui permet sous certaines conditions de voter à la majorité de l'article 24 au cours de la même assemblée des résolutions à propos desquels l'assemblée n'a pas pu prendre sa décision à la majorité de l'article 25,
- créé une nouvelle réglementation à propos de la scission des copropriétés,
- institué de nouvelles règles concernant les copropriétés en difficulté et renforcé l'information des candidats à l'acquisition d'un lot (consultation d'un carnet d'entretien de l'immeuble et du diagnostic technique)

-la loi n° 2006-872 dite loi « ENL » du 13 juillet 2006 a notamment modifié l'article 10-1 de la loi de 1965 pour permettre l'imputation au seul copropriétaire concerné des frais exposés par le syndicat pour le recouvrement des charges et des frais de mutation réclamés par le syndic, a rajouté de nouveaux articles et a prolongé le délai d'adaptation de certains règlements de copropriété en cas de modifications législatives intervenues depuis son établissement.

-la loi n° 2014-366 du 24 mars 2014 dite loi ALUR a tellement réformé la loi du 10 juillet 1965 qu'il nous est impossible d'en faire une présentation dans le cadre de cette introduction.

-la loi n° 2015-990 du 6 août 2015 dite « Loi MACRON » a notamment permis aux copropriétaires, sous certaines conditions, de convoquer l'assemblée (nouvel article 17) ;

Enfin, de nombreuses lois sont intervenues dans des domaines divers (souvent en matière technique ou de sécurité) ayant un lien avec la copropriété (réglementation concernant les ascenseurs, les antennes paraboliques, la fourniture de chauffage, la télévision par câble, etc.)

Les réformes effectuées au Sénégal

L'entrée en vigueur du Décret d'application de la loi du 16 juin 1988 sur la copropriété (décret n° 2002-160 du 15 février 2002) a permis de se doter enfin d'un outil juridique spécifique, pour combler un vide juridique qui a duré 13 ans. Il a favorisé le développement d'une jurisprudence au Sénégal, aux côtés de la jurisprudence française que les magistrats de l'ordre judiciaire Sénégalais appliquent dans la plupart des cas, sauf adaptations rendues nécessaires par les différences de rédaction existant entre de nombreux articles de loi et du décret.

Faute d'ouvrage spécialisé sur la question, j'ai publié en 2007 « *Le Guide pratique de la copropriété au Sénégal* » qui avait pour première ambition d'aider les personnes concernées par le droit de la copropriété à y voir plus clair dans ce domaine souvent confus et à prendre conscience que les législations française et sénégalaise sont différentes, notamment en raison de la spécificité du régime foncier au Sénégal où 80 % des terres ne sont pas encore immatriculées.

L'objectif de la nouvelle édition est différent.

Dix ans après la publication du « *Guide pratique de la copropriété au Sénégal* », force est de constater que le paysage sénégalais a fortement évolué.

Sur le plan des constructions d'immeubles ou groupes d'immeubles, de nombreuses copropriétés verticales (immeubles) et horizontales (résidences composées de villas) ont vu le jour dans les villes existantes et dans des villes nouvelles, en particulier à DIANIAMDIO à proximité du futur aéroport Blaise Diagne et du Centre de Conférences Internationales Abdou DIOUF.

La station balnéaire de Saly Portudal qui comporte de très nombreuses copropriétés qui continuent d'attirer tant les nationaux que les non- résidents, est devenue une ville en 2009.

D'autres stations sont en projet.

Sur le plan juridique, des lois importantes pour lesquelles il m'a souvent été fait l'honneur de collaborer ont été promulguées :

-la loi n° 2009-23 du 8 juillet 2009 et son décret d'application n° 2010/99 du 27 janvier 2010 portant respectivement partie législative et règlementaire du Code de la Construction, sont venues préciser les règles de l'ancien Code, notamment celles relatives aux opérations de constructions et aux assurances obligatoires d'une part ; elles contiennent d'autre part des dispositions diverses qui règlementent la profession de syndic professionnel, même si la carte de syndic professionnel ne semble pas encore disponible auprès des préfectures.

-la loi 2011-07 du 30 mars 2011 a abrogé et remplacé le décret du 26 juillet 1932 sur la propriété foncière privée ce qui a une incidence si vous souhaitez acheter dans une copropriété avec un titre foncier, lequel devient inattaquable.

-la loi n° 2013-10 du 28 décembre 2013 intitulée *« l'Acte III sur la décentralisation »* portant Code général des collectivités, entrée en vigueur le 29 juin 2014 a supprimé la région, la communauté rurale et la commune d'arrondissement en tant que collectivités locales.

Les collectivités locales sont depuis cette date le Département et la Commune ce qui a une incidence sur les titres d'occupation des terrains dont ils ont la gestion.

-la loi n° 2014-03 du 22 janvier 2014 a règlementé les loyers, ce qui vous concerne si vous êtes copropriétaires bailleurs.

Les très nombreuses personnes concernées par la copropriété ont donc besoin de réponses plus précises et de références remises à jour afin de les aider à régler les problèmes qu'ils rencontrent au quotidien que ce soit au stade de la vente, de la gestion qu'à celui du contentieux de la copropriété.

S'il faut saluer cet important travail législatif, une réforme de la loi du 16 juin 1988 et de son décret d'application du 15 février 2002 nous semble souhaitable, aucune modification n'ayant été apportée à ces textes depuis leur entrée en vigueur.

Ces textes nécessitent des adaptations et mises à jour suite au développement de la copropriété au Sénégal et du contentieux abondant qu'il génère.

Le 30e anniversaire de la loi du 16 juin 1988 en 2018 en sera peut-être l'occasion ?

Si le plan du « *Guide pratique de la copropriété au Sénégal* » a été conservé pour en faciliter la lecture, cet ouvrage s'inscrivant dans sa continuité, il contient des chapitres supplémentaires, apporte des réponses beaucoup plus complètes et comporte davantage de références de jurisprudences rendues par les juridictions sénégalaises, grâce à une collaboration avec celles et ceux qui chaque jour enrichissent davantage le droit de la copropriété (Ministères, Magistrats, Avocats, Notaires, Universitaires, syndics, promoteurs et copropriétaires notamment).

Qu'ils en soient remerciés.

Je tiens également à adresser à mes proches et en particulier à mon épouse mes plus vifs remerciements pour leur soutien et leurs encouragements constants, lesquels me donnent la force et le courage de rédiger des ouvrages de droit en plus de l'exercice prenant du métier d'avocat que j'exerce depuis plus de 30 ans avec toujours autant de plaisir et de passion.

MAÎTRE FRANCK ZEITOUN
Avocat à la Cour

CHAPITRE PREMIER

CHAMP D'APPLICATION DE LA LOI DE 1988

SECTION 1 : QUAND LE STATUT EST-IL OBLIGATOIRE ?

L'article 1er de la loi n° 88-04 du 16 juin 1988 **définit** la copropriété en **délimitant son propre champ d'application :**

La loi, dont l'objet est de « *fixer le statut de la copropriété des immeubles bâtis* », s'applique **à titre obligatoire** à tout immeuble bâti, ou groupe d'immeubles bâtis, dont la propriété est répartie par lots comprenant chacun **une partie privative et une quote-part des parties communes** (art. 1er, al. 1).

I/LA COPROPRIÉTÉ EST COMPOSÉE DE LOTS QUI APPARTIENNENT AU MOINS À DEUX PROPRIÉTAIRES DIFFÉRENTS

La copropriété peut comprendre un ou plusieurs bâtiments et même s'appliquer à un ensemble de maisons individuelles.

Le partage d'un immeuble bâti ou d'un groupe d'immeubles bâtis en deux ou plusieurs lots appartenant à deux propriétaires différents entraîne obligatoirement l'application du statut de la copropriété, dès lors qu'il attribue à chacun d'eux des parties privatives et une quote-part indivise sur les parties communes.

II/LES LOTS SONT RÉPARTIS ENTRE LES COPROPRIÉTAIRES

-par exemple, le propriétaire d'un immeuble existant décide de le diviser en lots qui seront vendus à des tiers ;

-ou bien, une société de promotion fait construire un immeuble en vue de le vendre par lots, en cours de construction ou après achèvement ;

La loi vise les **immeubles bâtis** (c'est-à-dire au moins pour partie habitables), et ne s'applique donc pas pendant la période de construction du lot vendu en l'état futur d'achèvement tant qu'il n'est pas habitable.

-on peut aussi devenir copropriétaire par donation d'un immeuble ou par succession ; un immeuble successoral pourra être divisé en copropriété entre les héritiers ;

-on peut encore devenir copropriétaire après avoir été associé d'une société propriétaire de l'immeuble, par suite de la dissolution de la société et du partage total ou partiel de l'immeuble dans le cadre d'une liquidation amiable.

III/LE RÈGLEMENT DE COPROPRIÉTÉ ET L'ÉTAT DESCRIPTIF DE DIVISION

Les lots sont identifiés dans un document appelé état descriptif de division annexé au règlement de copropriété ou inclus dans celui-ci, mentionnant pour chacun d'eux son numéro, sa situation (bâtiment, escalier, étage), sa nature (appartement, villa, local commercial, bureau, garage, cave, etc.) le tout par référence s'il y a lieu à un plan et bien entendu une quote-part (exprimée en millièmes, dix millièmes, cent millièmes, etc. soit des tantièmes) dans les parties communes.

Il n'y a pas de copropriété si les lots ne comprennent pas une quote-part dans les parties communes.

L'état descriptif de division et le règlement de copropriété doivent satisfaire aux règles sur la publicité foncière et être publiés (article 13 Loi 16 juin 1988).

On notera que la numération des lots est continue. Les numéros de lots qui ont été supprimés par suite de réunion ou division de lots ne peuvent être réutilisés. Il doit y avoir autant de lots que de locaux principaux (appartements, villas, commerces) et de locaux secondaires (garages, caves, greniers, etc.)

SECTION 2 : IMMEUBLES EXCLUS DU STATUT DE LA COPROPRIÉTÉ

Il est des immeubles qui échappent définitivement à l'application de la loi du 16 juin 1988 parce que leurs structures matérielles ou juridiques ne répondent pas au critère de l'article 1er de la loi **(I)**

D'autres immeubles, au contraire, destinés à être divisés par lots à plus ou moins brève échéance, ne sont que temporairement exclus de l'application du statut. **(II)**

I/EXCLUSION PERMANENTE

Entrent dans cette catégorie :

- – les immeubles non bâtis ;
- – les bâtiments constituant un lotissement ;
- – les immeubles divisés verticalement en deux ou imbriqués ;
- – les immeubles appartenant au domaine public ;
- – les immeubles superposés
- – les ensembles immobiliers faisant l'objet d'une organisation différente de la copropriété.

A/Immeubles non bâtis

Les immeubles non bâtis, tels que ceux placés en indivision forcée entre plusieurs copropriétaires fonciers (chemins, passages, allées, ruelles, cours, voies privées...) ne sont pas régis par le statut. Ils demeurent soumis aux règles propres à cette catégorie particulière de biens indivis *(V. Cass. 3e civ., 17 déc. 2003 : Administrer avr. 2004, p. 52. – Cass. 3e civ., 16 déc. 2008 : Administrer avr. 2009, p. 57. – V. pour la gestion d'une voie privée en indivision forcée relevant des attributions de la seule association syndicale libre : CA Paris, 19e ch., 29 janv. 1998, n° 96/05226 : JurisData n° 1998-020295 ; Loyers et copr. 1998, comm. 249).*

Cela ne signifie pas que des terrains nus ne puissent jamais être assujettis au régime de la copropriété ; en réalité, ils sont susceptibles de l'être lorsqu'ils constituent les dépendances d'immeubles bâtis dont ils doivent suivre le sort. Tel est le cas des terrains compris à l'intérieur d'un groupe d'immeubles (jardins, espaces verts, espaces réservés au stationnement, etc.).

D'autre part, si des terrains non bâtis ont été érigés en lots *(Cas des lots dits transitoires,* ils sont eux-mêmes soumis aux règles du statut de la loi du 16 juin 1988.

B/Bâtiments constituant un lotissement

1/Définition du lotissement

Un opérateur immobilier, qu'on appelle lotisseur, achète un terrain.

Il réalise les études techniques nécessaires à la viabilisation et élabore un plan de division cadastrale qui délimite les terrains à construire et les espaces communs (rues, places, espaces verts).

Un lotissement est constitué par un ensemble de lots provenant de la division du terrain par un lotisseur en vue d'y recevoir des constructions qui sont vendues ensemble ou plus généralement séparément après que le lotisseur ait réalisé des voies d'accès, des espaces collectifs, des travaux de viabilité et des raccordements aux réseaux de fourniture en eau, en électricité, aux réseaux d'égouts et aux réseaux de télécommunication.

La division d'un terrain entre deux à quatre parcelles ne constitue pas un lotissement, mais une simple division dont l'autorisation est soumise à une procédure simplifiée.

2/Création d'un lotissement

La réglementation sur la création et l'aménagement des lotissements relève du droit administratif (articles 41 à 45 de la loi n° 2008 -43 du 20 août 2008 portant partie législative du Code de l'urbanisme et R.145 à R 171 du Décret n° 2009-1450 du 30 décembre 2009 portant partie règlementaire du même Code)

La gestion interne du lotissement après son achèvement relève du droit privé.

Pour être autorisé à réaliser un lotissement, le lotisseur doit déposer auprès des Services de l'Urbanisme dont dépend le terrain une demande d'autorisation de lotir.

Une fois l'autorisation devenue définitive, le lotisseur fait réaliser les travaux de voirie et l'installation des réseaux suivants :

- eau, électricité ;
- évacuation des eaux usées ;
- télécommunications ;
- équipements contre l'incendie.

Le lotisseur peut ensuite vendre les lots à construire après obtention d'une autorisation de construire,

- soit directement à des propriétaires qui y font construire leur maison ;
- soit à un constructeur immobilier qui édifie les constructions et les vend à l'unité.

L'acte de vente devra comporter en annexe **un cahier des charges** rédigé par le lotisseur, lequel définit les règles d'usage et les servitudes du lotissement : répartition des charges, stationnement, tranquillité des résidents d'une part, d'autre part **le règlement de lotissement** qui édicte les règles de construction applicables au sein du lotissement : règles d'urbanisme qui doivent être respectées dans le cadre de la demande de permis de construire.

Il peut reprendre littéralement le règlement d'urbanisme de la zone concernée, ou n'en reprendre qu'une partie en aménageant des règles spécifiques, plus strictes concernant :

- l'implantation des bâtiments ;
- l'aspect extérieur des constructions ;
- les clôtures ;
- les plantations, etc.

Le propriétaire est pleinement propriétaire d'une parcelle de terrain privative et de la maison qu'il a fait édifier dessus :

- il devient un coloti et non un copropriétaire ;
- il doit s'acquitter des charges relatives à l'entretien et à la gestion des espaces et équipements communs ;
- il aménage sa parcelle privative en respectant le cahier des charges et le règlement du lotissement.

3/Différence essentielle entre le lotissement et la copropriété

Dans un lotissement, le lotisseur cède les voies et espaces communs à une Association syndicale libre composée des colotis (voir ci-dessous) ou à la Commune.

Chaque acquéreur dit coloti sera propriétaire d'une parcelle du terrain et de la construction -en principe une maison individuelle, **mais non d'une quote-part des parties communes.**

Dans une copropriété, la vente porte obligatoirement sur des lots comprenant chacun **une partie privative et une quote-part des parties communes** (article 1er alinéa 1 de la loi du 16 juin 1988)

4/La gestion des parties communes et équipements communs du lotissement :

Lorsque des espaces et équipements communs existent dans le lotissement (aires de stationnement avec les installations d'éclairage, les jardins et autres espaces verts, chaufferie collective, locaux à usage commun, terrains de jeux, tennis, piscines, canalisations générales, gardiennage), la création d'une **Association syndicale libre est obligatoire.**

Elle doit être déclarée en préfecture, où ses statuts sont déposés.

Le lotisseur peut créer l'association syndicale libre et définir ses statuts.

Les statuts de l'association syndicale libre doivent obligatoirement contenir :

- les noms, objet et adresse du siège ;
- les règles de fonctionnement (délibérations, réunions, quorum, par exemple) ;
- les attributions ;
- les modalités de financement et de recouvrement des cotisations.

Prérogatives et missions de l'ASL

Tous les propriétaires de parcelles privatives sont membres de droit de l'association syndicale libre.

L'association syndicale du lotissement est propriétaire :

a- des parcelles communes ;

b- des bâtiments collectifs ;

c- des équipements collectifs.

L'association syndicale libre a trois fonctions :

- entretenir et gérer les espaces et équipements communs ;
- faire respecter le cahier des charges ;
- voter et collecter les appels de fonds pour financer les charges.

Organes de l'ASL

L'association syndicale du lotissement doit créer trois organes :

- une assemblée de propriétaires ;
- un comité syndical qui est en charge de la gestion (3 à 7 membres élus, appelés syndics) ;
- un président, un trésorier et un secrétaire, tous désignés par le comité syndical.

Dissolution de l'ASL

L'association syndicale libre du lotissement peut être dissoute quand son objet disparaît.

La dissolution peut intervenir du fait du transfert des réseaux et de la voirie à la commune ou bien s'il n'existe plus d'équipements communs.

5/Le droit d'option pour le statut de la copropriété prévu par l'article 1er, alinéa b de la loi du 16 juin 1988.

Il est possible pour le lotisseur **avant la première vente d'exercer le droit d'option prévu par l'article 1er alinéa b de la loi du 16 juin 1988.**

En effet, la notion de lotissement n'est qu'une disposition issue du Code de l'Urbanisme applicable uniquement au stade de la construction, sans préjuger du statut juridique pour son fonctionnement.

Il convient tout d'abord de bien délimiter le domaine auquel peut s'appliquer l'organisation différente dont il est question à l'article 1er, alinéa b.

Installations concernées – L'organisation dont il s'agit s'applique à ce que l'on peut qualifier d'infrastructure générale d'un ensemble immobilier, c'est-à-dire les voies d'accès et de circulation, les aires de stationnement avec les installations d'éclairage, les jardins et autres espaces verts, chaufferie collective, locaux à usage commun, terrains de jeux, tennis, piscines, canalisations générales, loge ou guérites de gardiennage...

Le promoteur peut donc placer les voies d'accès et équipements communs du lotissement, s'il en existe sous le statut de la copropriété dans un lotissement, mais sous certaines conditions :

- Soit le lotisseur a dès l'origine exercé l'option prévue par l'article 1er alinéa b de la loi du 16 juin 1988 pour gérer les parties communes, en adoptant le statut de la copropriété qui dispose *« la loi s'applique aussi, à défaut de convention contraire créant une organisation différente, aux ensembles immobiliers qui, outre des terrains, des aménagements et des services communs, comportent des parcelles, bâties ou non, faisant l'objet de droits de propriété privatifs »* (article 1er alinéa b de la loi du 16 juin 1988)

Si le lotisseur opte dès l'origine pour une mise en copropriété, il devra faire établir par un Notaire un règlement de copropriété et un état descriptif de division publié au Livre Foncier en vertu de l'article 13 de la Loi du 16 juin 1988 lesquels seront obligatoirement annexés à l'acte d'acquisition.

En effet, l'article 4 du décret du 15 février 2002 dispose que *« le règlement de copropriété et l'état descriptif de division même non publié au Livre Foncier, s'imposent à l'acquéreur ou au titulaire de droit s'il est expressément constaté aux actes visés au présent article qu'il en a eu préalablement connaissance et qu'il a adhéré aux obligations qui en résultent »*

Les espaces et équipements communs seront alors la propriété indivise des propriétaires des parcelles de terrains et la loi du 16 juin 1988 sera applicable pour la gestion des voies et autres aménagements communs, mais seulement à défaut d'organisation différente (c'est-à-dire à défaut d'appels de charges pour la gestion du lotissement)

- soit à défaut d'avoir exercé cette option dès l'origine, que les colotis acceptent individuellement d'adhérer au syndicat des copropriétaires au cours de la première Assemblée générale qui aura pour objet l'adoption d'un règlement de copropriété et d'un état descriptif de division comprenant des parties privatives et des parties communes appartenant en indivision aux copropriétaires au prorata de leur surface, exprimée en millièmes.

  Que le statut ait été adopté dès l'origine ou postérieurement, cela implique que le lotisseur rétrocède soit aux colotis, soit à une ASL dont ils sont membres de plein droit les parties communes concernant le sol (voies d'accès) et éventuels équipements communs.

À défaut pour le lotisseur d'avoir exercé dès l'origine l'option prévue par l'article 1er alinéa b de la loi du 16 juin 1988 dès l'origine, le consentement de tous les propriétaires deviendra indispensable pour adhérer à la nouvelle organisation.

Le lotisseur ne pourra imposer la mise en place d'un règlement de copropriété s'il y a eu gestion des équipements communs pendant une certaine période en vertu du principe des droits acquis, sous forme d'une association syndicale, d'une société civile, ou encore, plus simplement, d'appels de charges.

C/Immeubles divisés verticalement ou imbriqués

Immeubles divisés en deux dans le sens de la hauteur – Le statut ne s'applique pas aux immeubles divisés en deux dans le sens de la hauteur, l'un des propriétaires se voyant attribuer la partie gauche du bâtiment et l'autre la partie droite *(Chevallier, comm. : DP 1939, 4, p. 78. – TGI Avranches, 14 mai 1959 : AJPI 1961, II, p. 117).*

Locaux imbriqués dans un autre immeuble – Le statut n'est pas non plus applicable dans le cas de locaux appartenant à une personne et imbriqués dans un immeuble appartenant à une autre personne dès lors que les actes conventionnels qui ont créé une telle situation n'ont constitué aucune partie commune entre lesdits locaux et immeuble *(Cass. 3e civ., 21 juin 1977 : Rev. loyers 1977, p. 486. – Cass. 1re civ., 2 avr. 1962 : AJPI 1963, II, p. 12. –* écartant l'application du régime de la copropriété entre deux immeubles voisins implantés sur des terrains séparés.

D/Immeubles appartenant au domaine public

Le domaine public, étant par nature inaliénable et imprescriptible, échappe au régime de droit commun en matière de propriété. Si certains locaux relevant de la domanialité publique doivent être inclus dans un immeuble ou ensemble immobilier soumis au statut de la copropriété, deux éventualités vont se présenter :

- soit l'organisme gestionnaire des locaux les érige en lots « volumes » autonomes par rapport aux autres lots de copropriété, auquel cas on est en présence d'immeubles superposés ;
- soit il décide de laisser les locaux constituer un ou des lots de copropriété au même titre que les autres lots de l'immeuble, auquel cas ils seront soumis au régime de la

copropriété, nonobstant les caractères spécifiques de la domanialité.

E/Immeubles superposés

Pour que le statut soit applicable, il est nécessaire qu'un immeuble soit divisé par lots comprenant chacun une partie privative et une quote-part des parties communes. Ce type de division des immeubles collectifs est le plus répandu ; il s'avère pourtant inadapté au cas d'opérations immobilières complexes où se trouvent imbriquées les constructions de nature et d'affectations différenciées, mais matériellement confondues dans un ensemble indivisible. La raréfaction des terrains disponibles dans les grandes agglomérations a en effet conduit à regrouper dans une même opération des locaux à usages multiples – publics et privés – occupant le minimum d'emprise au sol par récupération des espaces au-dessus.

Ainsi, un ensemble peut comprendre en sous-sols des parcs de stationnement, au niveau du sol des voies de circulation, des magasins, boutiques, installations scolaires et culturelles ; dans les niveaux supérieurs, des logements, bureaux, salles de conférence ou de spectacles, etc.

Ce type d'ensemble se caractérise par une hétérogénéité des aménagements et affectations. Si une autonomie fonctionnelle par niveau construit s'avère nécessaire, l'immeuble complexe qui est le siège de ces activités multiples peut donner lieu à une division non lue par lots, mais par tranches ou niveaux, pour aboutir non à une copropriété, mais à une véritable superposition de propriétés et même de copropriétés séparées.

II/EXCLUSION TEMPORAIRE DU STATUT DE LA COPROPRIÉTÉ : IMMEUBLES EN COURS DE TRAVAUX

Bien que divisé en lots au sens de l'article 1er de la loi, un immeuble n'y est pas immédiatement assujetti s'il est encore en construction ;

L'article 1er de la loi concerne les immeubles « bâtis », c'est-à-dire après l'achèvement de leur construction.

En cours de travaux, le statut ne leur est pas applicable *(CA Paris, 5 avr. 1993 : JurisData n° 1993-022322. – CA Paris, 25 juin 1996 : JurisData n° 1996-021716 ; Loyers et copr. 1996, comm. 440. – CA*

Paris, 25 avr. 1997 : JurisData n° 1997-021009 ; Loyers et copr. 1997, comm. 269. – CA Paris, 5 sept. 2005, n° 04/04290 : JurisData n° 2005-292166).

En effet, la période de construction a ses exigences propres et, en particulier, les dépenses qu'elle occasionne ne peuvent être traitées comme des charges de copropriété.

L'immeuble peut être considéré comme bâti dès lors qu'il est pour partie habitable. Il convient dès cet instant d'en organiser l'usage et la gestion par la mise en place du régime de la copropriété qui en donne les moyens.

Pour la jurisprudence, le statut de la copropriété a commencé à s'appliquer à la date de livraison des premiers lots *(CA Paris, 19e ch., 8 févr. 2001, n° 1999/17455, 1999/21163 : JurisData n° 2001-136074 ; Loyers et copr. 2001, comm. 184).*

Si le principe est simple, son application l'est beaucoup moins puisqu'il convient de faire une distinction entre

-le cas d'un seul immeuble

-et celui d'un groupe d'immeubles

La situation est plus complexe lorsqu'il s'agit d'un groupe de plusieurs immeubles ou d'un programme de travaux exécuté par tranches. À partir de quel moment le régime de la copropriété va-t-il s'imposer : à l'achèvement d'un premier immeuble, ou de la totalité des bâtiments ? La loi est restée muette sur ce point.

A/Copropriété comprenant un seul immeuble

S'il s'agit d'un seul immeuble (copropriété verticale) ou d'une résidence ne comprenant qu'un seul groupe de maisons (copropriété horizontale), le statut devient applicable à partir du moment où, la construction étant terminée, il existe deux lots distincts appartenant à des personnes différentes et matériellement habitables *(CA Paris, 22 nov. 2001 : Loyers et copr. 2002, comm. 132. – J. M. Roux, Immeuble bâti et régime de la copropriété : Constr.-Urb. 2008, étude 12).*

Cette constatation relève de l'appréciation souveraine des tribunaux *(Cass. 1re civ., 21 mars 1966 : Inf. rap. copr. 1966, p. 137)* qui vont le plus souvent désigner avant dire droit un expert en cas de litige

Il suffit alors que deux personnes différentes soient propriétaires de lots distincts : le premier acheteur et le promoteur par exemple.

Ainsi, une copropriété peut n'être composée que de deux titulaires de lots *(Cf. Cass. 3e civ., 11 mars 1987 : Rev. loyers 1987, p. 283).*

La circonstance que le règlement de copropriété n'a pas été établi reste sans conséquence puisque le statut s'applique de plein droit.

Cas de la vente en l'état futur d'achèvement : date d'application du statut

L'acquéreur de lots n'est tenu des charges de copropriété qu'à partir de l'achèvement de ces lots *(Cass. 3e civ., 22 janv. 2014, n° 12-29.368, [Pourvoi c/CA Aix-en-Provence, 8 oct. 2012] : JurisData n° 2014-000672 ; Loyers et copr. 2014, comm. 89).*

B/Copropriété comprenant plusieurs bâtiments

<u>Principe retenu par la jurisprudence :</u> La situation est beaucoup moins nette lorsqu'il s'agit d'un groupe d'immeubles ou d'un ensemble immobilier.

En effet, les bâtiments ne sont pas tous achevés dans le même temps ; ils sont construits par étapes ou tranches successives, de sorte qu'un délai plus ou moins long s'écoule entre l'achèvement du premier bâtiment et celui de la tranche finale.

La question se pose par conséquent de savoir à partir de quel moment les nouvelles constructions vont se trouver soumises au statut de la copropriété, car la loi du 16 juin 1988 ne fournit à cet égard aucune solution si

La réponse a été donnée par la Cour de cassation française qui a posé le principe que le statut doit s'appliquer à l'ensemble du programme de construction <u>dès lors qu'un premier immeuble comprenant au moins deux lots attribués à des personnes différentes se trouve achevé</u> *(Cass. 3e civ., 3 juill. 1984 : Administrer mars 1985, p. 38. – Cass. 3e civ., 13 mai 1987 : RD imm. déc. 1987, p. 478 ; JCP G 1987, II, 20895, note Atias ; Loyers et copr. 1987, comm. 280. – Cass. 3e civ., 9 déc. 1987 : RD imm. mars 1988, p. 139. – Cass. 3e civ., 12 janv. 2011 : Loyers et copr. 2011, comm. 88. – CA Paris, 12 nov. 1998, n° 1998/06172 : JurisData n° 1998-023161 ; Loyers et copr. 1999, comm. 76).*

En conséquence, il ne peut être prévu dans le règlement de copropriété que celui-ci n'entrerait en vigueur qu'au fur et à mesure de l'achèvement des constructions *(Cass. 3e civ., 30 juin 1998, n° 96-20.758 : JurisData n° 1998-003019 ; JCP G 1999, p. 522 ; Loyers et copr. 1998, comm. 254).*

Ces clauses seraient réputées non écrites en cas de saisine du Tribunal par un copropriétaire.

Lots transitoires – En déclarant que les lots « transitoires » constitués en attente de construction dans un programme immobilier réalisé par phases successives sont bien des lots de copropriété au sens de l'article 1er de la loi, la Cour de cassation considère que le statut s'applique bien à l'opération d'ensemble à partir du moment où le premier bâtiment se trouve achevé.

L'une des causes des conflits surgis à l'occasion des constructions nouvelles tient au fait que les actes constitutifs des immeubles destinés à entrer en copropriété, établis dès le début de l'opération immobilière, sont bien souvent inadaptés en ce qui concerne l'organisation de la gestion de ces immeubles jusqu'à l'époque où ils seront tous achevés.

Rôle du syndicat – Pour ce qui concerne l'organisation collective, celle-ci doit être assurée par le syndicat des copropriétaires, lequel existe de plein droit dès l'achèvement du premier bâtiment qui génère la mise en application du statut ; il en assume alors l'administration, sans pouvoir par contre intervenir au niveau des autres constructions, qui demeurent sous la maîtrise du promoteur, et dont la prise de possession des acquéreurs ne peut se situer qu'après leur mise en état d'habitabilité.

Il semble plausible de considérer que le syndicat constitué après l'édification du premier bâtiment étendra progressivement ses pouvoirs sur les autres bâtiments au fur et à mesure de leur terminaison, en même temps qu'il réunira de nouveaux membres, c'est-à-dire les copropriétaires des constructions achevées, à moins de créer des syndicats par immeuble dits syndicats secondaires.

Fonctionnement des assemblées générales – Le syndicat étant en place se réunira pour statuer sur la gestion des bâtiments au fur et à mesure de leur achèvement.

Le promoteur doit y participer et dispose d'un droit de vote dans les conditions suivantes :

- dans chaque immeuble terminé, il détient un nombre de voix correspondant aux lots qu'il n'aurait pas encore vendus, dont il demeure – au moins temporairement – copropriétaire au même titre que les acquéreurs ;
- dans les autres bâtiments – en cours d'édification ou en attente – il dispose également d'un droit de vote correspondant aux lots à commercialiser en fonction de l'avancement du programme *(Cass. 3e civ., 30 juin 1998 : JurisData n° 1998-003095 ; JCP N 1999, p. 342 ; Administrer janv. 1999, p. 62, à propos de lots transitoires).*

Répartition des charges communes – L'article 10 de la loi distingue deux catégories de charges de copropriété, celles relatives à l'administration, à l'entretien et à la conservation des parties communes, réparties entre les copropriétaires au prorata de leurs tantièmes, et celles concernant les services et équipements communs qui sont réparties en fonction de l'utilité qu'ils procurent à chaque lot.

Pour les premières, le promoteur y contribue pour les lots conservés dans son patrimoine *(V. pour les lots transitoires, Cass. 3e civ., 8 févr. 1995 : Administrer mars 1995, p. 73, note D. Sizaire. – Cass. 3e civ., 30 juin 1998, n° 96-18.301 : JurisData n° 1998-003019 ; Loyers et copr. 1998, chron. 12 ; JCP N 1999, p. 13, obs. J. Lafond).*

Pour les secondes, sa participation sera graduelle puisque les charges en cause ne seront, en principe, utiles que pour les lots déjà construits. *(cf. CA Aix-en-Provence, 19 avr. 1988 : JurisData n° 1988-044959).*

Il est vrai que bien souvent l'application des dispositions précédentes est écartée par le recours à la création : soit de parties communes spéciales par bâtiment ; soit de charges communes particulières à chaque bâtiment.

SOURCE : LEXIS NEXIS

CHAPITRE II

ACCESSION À LA COPROPRIÉTÉ DE LOTS À CONSTRUIRE ET RESPONSABILITÉ DU PROMOTEUR

Le Sénégal dispose d'un régime foncier spécifique issu de la coexistence entre les rapports coutumiers et les divers usages en découlant établis par les populations avec la terre et les règles écrites en droit foncier découlant de la colonisation.

Si le système de l'immatriculation a été mis en place en 1932, il n'en demeure pas moins que les terres non immatriculées sont encore largement majoritaires (plus de 80 % du territoire environ) contre seulement 20 % environ de terres immatriculés au Livres Fonciers donnant droit à un titre foncier inattaquable.

Si le but est d'être propriétaire de son terrain, il est donc conseillé avant de signer quoi que ce soit de se renseigner pour savoir si une loi spéciale autorisant la transformation des titres d'occupation en titres fonciers existe dans la zone concernée.

Par contre, quel que soit leur régime juridique, toutes les terres ont depuis un décret n° 2012-396 du 27 mars 2012 et la note cadre n ° 165 MEF/DGID/DCAD du 11 avril 2013 portant modalités d'application du décret un numéro d'identification du terrain (NICAD) ce qui permet d'avoir accès à toutes les informations les concernant.

Il est donc important d'appréhender d'une part les divers titres d'occupation possibles au Sénégal d'une part et la spécificité de son système foncier avant d'acheter dans une copropriété pour savoir s'il sera possible ou non d'être propriétaire de son terrain, en particulier s'il s'agit d'acheter des lots non encore construits dans une copropriété où tout reste à mettre en place.

SECTION 1 : LES DIFFÉRENTS TITRES D'OCCUPATION AU SÉNÉGAL

Quelle est la différence entre droits réels et droits personnels ?

Le droit réel se définit comme un pouvoir direct et immédiat sur le bien qui se transmet donc aux acquéreurs successifs, d'où l'obligation de le publier aux Livres Fonciers.

Au contraire le droit personnel se rattache seulement à la personne qui en est titulaire.

Il existe au Sénégal des titres d'occupation réels susceptibles de cession et des titres d'occupation personnels non susceptibles de cession.

Les titres d'occupation personnels sont les autorisations d'occuper à titre précaire et révocable, les droits d'usage et les baux ordinaires d'une durée maximale de 18 ans.

Les titres d'occupation réels, c'est-à-dire immatriculés à la Conservation de la Propriété Foncière et des Droits fonciers et qui peuvent faire l'objet de cessions sont :

-le titre foncier qui donne la pleine propriété du bien ou l'usufruit qui en donne la jouissance

-les baux emphytéotiques (*l'emphytéose)* d'une durée maximale de 50 ans

-la concession d'un droit de superficie

Concernant la compétence judiciaire, les actions réelles immobilières doivent être portées devant la juridiction du lieu de l'immeuble ; les actions personnelles doivent être portées devant la juridiction du lieu où est domicilié le défendeur ; enfin les actions mixtes (demande qui porte sur une action réelle immobilière et sur une action personnelle (exemple demande de dommages et intérêts) peuvent être portées devant l'une de ces deux juridictions, au choix du demandeur.

Il sera possible d'obtenir un titre d'occupation réel ou personnel en fonction de la nature juridique du terrain (immatriculé ou non) d'où la nécessité de connaître la spécificité du régime foncier au Sénégal.

SECTION 2 : SPÉCIFICITÉ DU RÉGIME FONCIER AU SÉNÉGAL

I/LES TERRES NON IMMATRICULÉES : LES TERRES DU DOMAINE NATIONAL

Elles sont régies par la loi 64-46 du 17 juin 1964 et son décret d'application 64-573 du 30 juillet 1964 et gérées par les collectivités locales (**les communes et les départements)** : leur spécificité est l'absence de propriété de la terre et leur administration par les collectivités locales, étant rappelé que jusqu'au 29 juin 2014 elles étaient gérées par les communautés rurales.

Ces terres non immatriculées peuvent faire l'objet par la collectivité locale d'une affectation (qui est un droit d'usage) et ne peuvent pas être vendues en l'état.

Il faut pour cela justifier dans les deux ans de l'affectation du terrain de la réalisation d'« *impenses* » (construction d'une clôture, d'une maison ou de dépendances) c'est-à-dire d'une mise en valeur ;

Sous réserve de l'appréciation des autorités, le demandeur obtiendra alors un acte administratif dit « *acte d'attribution d'un terrain situé sur le Domaine National* » qui fera sortir le terrain du Domaine National pour le faire entrer dans le patrimoine de la collectivité locale qui pourra alors en disposer.

Mais cette attribution ne veut pas dire que le bénéficiaire sera propriétaire du terrain, mais seulement qu'il aura le droit de l'occuper.

En conséquence, seules les *impenses* ou « *peines et soins* » réalisées (clôture, maison, dépendances) sont susceptibles de cession le droit d'usage étant personnel et non susceptible de cession en vertu de l'article 19 du décret 64-573 du 30 juillet 1964.

L'intervention d'un notaire n'est pas obligatoire pour une cession d'impenses ou « *peines et soins* ». L'article 19 de la loi du 30 mars 2011 donne la liste des droits réels susceptibles d'inscription au Livre Foncier : les cessions « *de peines et soins* » n'y figurent pas puisqu'il ne s'agit pas de droits réels, ce qui explique pourquoi ce type de cession peut être passé par acte sous seing privé.

L'acte d'attribution d'un terrain faisant partie du domaine National n'est également pas susceptible de donation ou d'échange à peine de nullité de l'opération (**jugement civil n° 148 du 7 mars 2011, Tribunal Régional de Ziguinchor ROUPY C/Consorts MIERE-ROUPY**).

S'il y a changement d'occupant suite à la cession des constructions, ce dernier devra demander à la collectivité locale une « *réaffectation* » du terrain à son nom et non régler un prix de vente au précédent titulaire, toute transaction portant sur une terre du Domaine national étant prohibée.

Dans un second temps, après constat de mise en valeur et mesurage du terrain par un géomètre-expert auprès du Service des Domaines, il sera possible de solliciter l'immatriculation du terrain en présentant une demande de bail.

C'est seulement après obtention d'un titre d'occupation visé par les articles 37 à 40 de la loi de 1976 (autorisation d'occuper, bail ordinaire, bail emphytéotique ou concession d'un droit de superficie) qu'il sera possible de demander l'achat du terrain (titre foncier) à la condition « *que la vente soit autorisée par la loi* » ce qui n'est pas le cas pour toutes les régions du Sénégal.

Il faut qu'une loi spéciale l'autorise comme ce fut le cas dans plusieurs grandes villes notamment DAKAR et SALY en 2012.

II/LES TERRES IMMATRICULÉES

Elles se décomposent en deux catégories : **les terres du Domaine de l'Etat** et les terres objet de **titres fonciers appartenant à des particuliers.**

A/Les terres du Domaine de l'État

Elles sont régies par la loi 76-66 du 2 juillet 1976 ; ces terres se décomposent en terres faisant partie du Domaine Public ou du Domaine Privé

Le Domaine public de l'État se divise en Domaine Public naturel (les eaux, les rivages de mer, etc.) et Domaine Public artificiel (c'est-à-dire bâti)

Le Domaine Public y compris le bord de mer (jusqu'à 100 m du rivage appelé « Domaine Public Maritime ») peut faire l'objet d'une autorisation d'occuper précaire et révocable, en contrepartie du paiement d'une redevance d'occupation.

Le Domaine Privé de l'État se décompose en terrains affectés ou non pour les besoins du service public.

Les terres du domaine privé de l'État non affectées peuvent donner lieu à autant de titres d'occupation que les terres du domaine public :

- soit des titres d'occupation personnels (autorisations d'occuper à titre précaire et révocable, baux ordinaires d'une durée maximale de 18 ans) non susceptibles de cessions.
- soit de titres d'occupation réels c'est-à-dire immatriculés à la Conservation de la Propriété Foncière et des Droits fonciers (baux emphytéotiques d'une durée maximale de 50 ans et concession d'un droit de superficie) lesquels peuvent faire l'objet de cessions.

B/Les terres objet de titres fonciers appartenant à des particuliers

Ces terrains sont régis par le décret du 26 juillet 1932 remplacé par la loi 2011-07 du 30 mars 2011 portant régime de la propriété foncière.

Les contrats relatifs aux droits réels portant sur des immeubles immatriculés sont régis par la loi n° 66-70 du 13 juillet 1966 relative aux contrats spéciaux : la vente et les autres contrats translatifs de propriété (insérée aux articles 379 et 391 du Code des Obligations Civiles et Commerciales) et par la loi n° 2013-04 du 8 juillet 2013.

En vertu des articles 379 et suivants du Code des obligations Civiles et Commerciales sénégalais (COCC), seules les cessions de droits réels portant sur des immeubles immatriculés (y compris au stade d'une promesse synallagmatique) doivent à peine de nullité être passés par devant notaire comme le précisent les articles 383 du COCC et 536 du Code Général des Impôts sénégalais.

Sont concernés comme indiqué dans la Section 1, en application de l'article 19 de la Loi de mars 2011 sur la propriété foncière :

« *a) Les droits réels immobiliers suivants :*

1) la propriété des biens immeubles ;

2) l'usufruit des mêmes biens ;

3) les droits d'usage et d'habitation ;

4) l'emphytéose ;

5) le droit de superficie ;

b) les servitudes et services fonciers ;

En conclusion, avant de signer quoi que ce soit, y compris au stade d'un contrat de réservation ou d'une promesse, il est vivement conseillé de consulter un Notaire pour obtenir par écrit tous les renseignements matériels et juridiques concernant le terrain.

SECTION 3 : L'ACCESSION À LA COPROPRIÉTÉ DE LOTS À CONSTRUIRE ET LA RESPONSABILITÉ DU PROMOTEUR

Les ventes d'immeubles à construire sont régies par les articles L122 à L125 de la Loi n° 2009-23 du 8 juillet 2009 portant partie législative du Code de la construction et par les articles R.169 à R.198 du Décret n° 2010-99 du 27 janvier 2010 portant partie règlementaire du Code de la construction.

Ce contrat est obligatoire dès lors que le promoteur construit plus de deux logements.

Par contre, toute personne qui se charge de la construction d'un immeuble à usage d'habitation ou d'un immeuble à usage professionnel et d'habitation ne comportant pas plus de deux logements destinés au même maître de l'ouvrage, peut conclure avec le maître de l'ouvrage un contrat de construction de maison individuelle régi par les articles L106 à L112 de la Loi 2009-23 du 8 juillet 2009 portant partie législative du Code de la construction et par les articles R.156 à R.167 du Décret n° 2010/99 du 27 janvier 2010

I/LA VENTE D'IMMEUBLE À CONSTRUIRE

A/Définitions

La vente d'immeuble à construire est celle par laquelle le vendeur s'oblige à édifier et à céder un immeuble dans un délai et dans des conditions déterminés par le contrat. **(Article L122)**

Elle peut être conclue :

-à terme

-ou en l'état futur d'achèvement.

Définition de vente à terme (Article L123)

La vente à terme est le contrat par lequel le vendeur s'engage à livrer l'immeuble à son achèvement, l'acheteur s'engage à en prendre livraison et à en payer le prix à la date de livraison. Le transfert de propriété s'opère de plein droit par la constatation par acte authentique de l'achèvement de l'immeuble ; il produit ses effets rétroactivement au jour de la vente.

Définition de la vente en l'état futur d'achèvement (VEFA) (Article L124)

La vente en l'état futur d'achèvement est le contrat par lequel le vendeur transfère immédiatement à l'acquéreur ses droits sur le sol ainsi que la propriété des constructions existantes. Les ouvrages à venir deviennent la propriété de l'acquéreur au fur et à mesure de leur exécution ; l'acquéreur est tenu d'en payer le prix au fur et à mesure de l'avancement des travaux. Le vendeur conserve les pouvoirs de maître de l'ouvrage jusqu'à la réception des travaux.

B. Dispositions communes aux immeubles à usage d'habitation ou habitation et professionnel et aux autres immeubles

1. Le contrat préliminaire

Le contrat préliminaire comme moyen de réservation d'un immeuble (Article L134)

La vente prévue à l'article L131 est précédée d'un contrat préliminaire par lequel, en contrepartie d'un dépôt de garantie effectué à un compte spécial, le vendeur s'engage à réserver à un acheteur un immeuble ou une partie d'immeuble.

Ce contrat doit comporter les indications essentielles relatives à la consistance de l'immeuble, à la qualité de la construction et aux délais d'exécution des travaux ainsi qu'à la consistance, à la situation et au prix du local réservé.

Les fonds déposés en garantie sont indisponibles, incessibles et insaisissables jusqu'à la conclusion du contrat de vente.

Ils sont restitués, dans le délai de trois mois, au déposant si le contrat n'est pas conclu du fait du vendeur.

Le contenu du contrat préliminaire (Article R.191 et R.192)

Le contrat préliminaire doit indiquer la surface habitable approximative de l'immeuble faisant l'objet de ce contrat, le nombre de pièces principales et l'énumération des pièces de service, dépendances et dégagements. S'il s'agit d'une partie d'immeuble, le contrat doit en outre préciser la situation de cette partie dans l'immeuble.

La qualité de la construction est suffisamment établie par une note technique sommaire indiquant la nature et la qualité des matériaux et des éléments d'équipement. Si le contrat porte sur une partie d'immeuble, cette note technique doit contenir également l'indication des équipements collectifs qui présentent une utilité pour la partie d'immeuble vendue.

Cette note technique doit être annexée au contrat.

Article R.192 :

Le contrat doit également indiquer :

- le prix prévisionnel de vente et, le cas échéant, les modalités de sa révision dans les limites et conditions prévues au présent code ;

- la date à laquelle la vente pourra être conclue ;

- s'il y a lieu, les prêts que le réservant déclare qu'il fera obtenir au réservataire ou dont il lui transmettra le bénéfice en précisant le montant de ces prêts, leurs conditions et le nom du prêteur.

La forme du contrat préliminaire (Article R.193)

Le contrat préliminaire est établi par écrit. Un exemplaire doit en être remis au réservataire avant tout dépôt de fonds. Il doit obligatoirement reproduire les dispositions des articles prévus à cet effet.

2. Les autres dispositions communes

Le mandat donné par l'acquéreur au vendeur (Articles R.173, R.174 et R.175)

La vente d'un immeuble à construire peut être assortie d'un mandat donné par l'acquéreur au vendeur à l'effet de passer les actes de disposition devant affecter les biens et droits vendus et indispensables à la construction du bâtiment dont tout ou partie forme l'objet de la vente.

Ce mandat peut concerner les actes indispensables à la construction d'autres bâtiments désignés par le mandat s'ils doivent comporter des parties communes avec celui dont tout ou partie forme l'objet de la vente.

Ce mandat doit indiquer spécialement la nature, l'objet et les conditions des actes en vue desquels il est donné.

Il peut toutefois comporter le pouvoir de passer tous les actes de disposition portant sur des parties communes et qui se révéleraient nécessaires :

- pour satisfaire aux prescriptions d'urbanisme ;

- pour satisfaire aux obligations imposées par le permis de construire du bâtiment faisant l'objet de la vente ou auxquelles pourrait être subordonnée la délivrance d'un tel permis pour la construction des autres bâtiments concernés par le mandat ;

- pour assurer la desserte de ces immeubles ou leur raccordement avec les réseaux de distribution et les services publics.

Lorsque la vente d'un immeuble à construire est assortie d'un mandat de l'acquéreur donné au vendeur d'affecter hypothécairement l'immeuble vendu, ce mandat ne peut être consenti, en cas de vente à terme, que pour assurer le financement de la construction de cet immeuble.

Ce mandat ne précise pas obligatoirement le montant des sommes pour la garantie desquelles le mandataire est autorisé à constituer hypothèque. Il est en tout cas limité à la constitution d'hypothèque garantissant en principal, intérêts et accessoires une somme au plus égale au prix de vente stipulé au contrat, déduction faite, le cas échéant, des sommes déjà garanties par le bien vendu.

Les pouvoirs du maître de l'ouvrage mentionnés à l'article L. 124 comportent ceux de choisir les architectes, entrepreneurs et autres techniciens, d'arrêter librement les conventions passées avec eux et d'effectuer la réception des travaux qu'ils ont faits ou dirigés, y compris de ceux qui sont prévus au second alinéa de l'article R. 22.

Cession par l'acquéreur (Article L125)

La cession par l'acquéreur des droits qu'il tient d'une vente d'immeubles à construire substitue de plein droit le cessionnaire dans les obligations de l'acquéreur envers le vendeur. Si la vente a été assortie d'un mandat, celui-ci se poursuit entre le vendeur et le cessionnaire. Ces dispositions s'appliquent à toute mutation entre vifs, volontaire ou forcée, ou à cause de mort.

Obligations du vendeur en matière de garanties (Articles L127 et L130)

Le vendeur d'un immeuble à construire est tenu, à compter de la réception des travaux, des obligations dont les architectes, entrepreneurs, tâcherons, artisans et autres personnes liées au maître de l'ouvrage par un contrat d'entreprise sont eux-mêmes tenus.

La réception ici visée s'entend de la réception avec ou sans réserve. Toutefois, les garanties du vendeur liées à sa responsabilité en tant que constructeur courent à compter de la réception sans réserve ou du jour où il est constaté la réalisation des travaux satisfaisant aux réserves.

Ces garanties bénéficient aux propriétaires successifs de l'immeuble.

Ces garanties ne pourront donner lieu à résolution de la vente ou diminution du prix.

Ces obligations s'appliquent également au local vendu après achèvement des locaux vendus dans lesquels il s'inscrit. L'action exercée à ce titre ne pourra être faite par les acquéreurs successifs qu'à l'encontre du vendeur originaire.

Lorsque l'un des locaux composant un immeuble a été vendu à terme ou en l'état futur d'achèvement, la vente, après achèvement, d'un local compris dans cet immeuble est assujettie aux dispositions de l'article L 127.

Achèvement de la construction (Articles R.169, R.170 et R.179)

L'immeuble vendu à terme ou en l'état futur d'achèvement est réputé achevé au sens des articles L. 122 et L. 131 lorsque sont exécutés les ouvrages et sont installés les éléments d'équipement qui sont indispensables à l'utilisation, conformément à sa destination, de l'immeuble faisant l'objet du contrat.

Pour l'appréciation de cet achèvement, les défauts de conformité avec les prévisions du contrat ne sont pas pris en considération lorsqu'ils n'ont pas un caractère substantiel ni les malfaçons qui ne rendent pas les ouvrages ou éléments ci-dessus précisés impropres à leur utilisation.

La constatation de l'achèvement n'emporte par elle-même ni reconnaissance de la conformité aux prévisions du contrat ni renonciation aux droits que l'acquéreur tient de l'article L. 126.

L'achèvement de l'immeuble vendu à terme est constaté soit par les parties, soit par une personne qualifiée.

La constatation par les parties fait l'objet d'un acte du notaire qui a reçu la vente à terme. Cet accord vaut livraison de l'immeuble. La constatation est faite par une personne qualifiée lorsque l'acte de vente l'a prévu ou lorsqu'il n'y a pas accord des parties.

Cette personne est désignée par ordonnance sur requête, non susceptible de recours, du Président de la juridiction compétente du lieu d'implantation de l'immeuble, soit parmi celles que la juridiction commet habituellement, soit parmi celles figurant sur une liste établie par arrêté du Ministre de la Justice et du Ministre chargé de la Construction. La constatation de l'achèvement fait l'objet par la personne qualifiée ainsi désignée d'une déclaration devant le notaire qui a reçu la vente.

La constatation de l'achèvement est parfaite par la déclaration ainsi faite.

Elle est notifiée par la partie la plus diligente à l'autre par lettre. La notification vaut livraison de l'immeuble à la date de cette réception.

La constatation de l'achèvement des fondations est certifiée par un homme de l'art.

Action résultant des vices rédhibitoires (Article L128)

L'action résultant des vices rédhibitoires doit être intentée par l'acquéreur dans un délai fixé par décret suivant la nature des vices rédhibitoires et l'usage du lieu où la vente a été faite.

Dans le cas de vices apparents, l'action doit être introduite, à peine de forclusion, dans l'année qui suit la date à laquelle le vendeur peut être déchargé de ces vices.

Vices apparents (Article L126)

Le vendeur d'un immeuble à construire ne peut être déchargé, ni avant la réception des travaux, ni avant l'expiration d'un délai d'un mois après la prise de possession par l'acquéreur, des vices de construction alors apparents.

Il n'y aura pas lieu à résolution du contrat ou à diminution du prix si le vendeur s'oblige à réparer le vice.

Publicité foncière de la vente (Article R.171)

La vente à terme est soumise aux règles de la publicité foncière dans les mêmes conditions que la vente sous condition suspensive.

C/Dispositions particulières en matière d'immeuble à usage d'habitation ou à usage d'habitation et professionnel

L'obligation de se soumettre aux dispositions spéciales (Articles L131 et R.180)

Les contrats ayant pour objet le transfert de propriété d'un immeuble ou d'une partie d'immeuble ou d'une partie d'immeuble à usage d'habitation ou à usage professionnel et d'habitation et comportant l'obligation pour l'acheteur d'effectuer des versements ou des dépôts de fonds avant l'achèvement de la construction doivent se soumettre aux dispositions spéciales en la matière sous peine de nullité du contrat.

Celui qui s'oblige à édifier ou à faire édifier un immeuble ou une partie d'immeuble à usage d'habitation ou à usage professionnel et d'habitation, lorsqu'il procure directement ou indirectement le terrain ou le droit de construire sur le terrain à celui qui contracte l'obligation d'effectuer les versements ou les dépôts, doit conclure un contrat conforme aux dispositions prévues en la matière, sauf si le terrain ou le droit est procuré à une société civile constituée en vue de l'attribution d'immeubles, à une société constituée en vue de l'attribution d'immeubles aux associés par fractions divises ou à une coopérative d'habitat et de construction, ou si celui qui les procure est un organisme d'habitations à loyer modéré agissant comme prestataire de service.

Le contrat de vente d'immeuble à construire conclu par un organisme d'habitations à loyer modéré, par une société civile immobilière constituée entre deux ou plusieurs organismes d'habitations à loyer modéré, ou par une société d'économie mixte dont le capital appartient pour plus de la moitié à une personne de droit public peut, par dérogation aux dispositions de l'article L123et de l'article L133 :

- stipuler que le transfert de propriété résulte de la constatation du paiement intégral du prix ;

- prévoir que le prix est payable entre les mains du vendeur par fractions échelonnées tant avant qu'après achèvement de la construction.

Si l'acte de vente stipule que l'acquéreur ne recourt pas aux prêts dont le vendeur a fait état, il n'y a pas lieu d'insérer dans l'acte la condition résolutoire prévue par le premier alinéa de l'article L. 131.

Le contenu et la forme du contrat (Article L132)

Le contrat doit être conclu par acte authentique (devant notaire).

Il doit préciser :

- la description de l'immeuble ou de la partie d'immeuble vendu ;
- son prix et les modalités de paiement de celui-ci ;
- le délai de livraison ;
- en matière de VEFA, la garantie de l'achèvement de l'immeuble ou du remboursement des versements effectués en cas de résolution du contrat à défaut d'achèvement.

Toutefois, lorsque la vente concerne une partie d'immeuble, le contrat peut ne comporter que les indications propres à cette partie, les autres précisions prévues à l'alinéa précédent doivent alors figurer, soit dans un document annexé à l'acte, soit dans un document déposé au rang des minutes d'un notaire et auquel l'acte fait référence.

Il doit également mentionner si le prix est ou non révisable et, dans l'affirmative, les modalités de sa révision.

Il doit, en outre, comporter en annexes, ou par référence à des documents déposés chez un notaire, les indications utiles relatives à la consistance et aux caractéristiques techniques de l'immeuble.

Le règlement de copropriété est remis à chaque acquéreur lors de la signature du contrat. Il doit lui être communiqué préalablement.

L'échelonnement du prix pour la VEFA (Article L133 et R.182)

Dans le cas de vente en l'état futur d'achèvement, le vendeur ne peut exiger ni accepter aucun versement, aucun dépôt, aucune souscription ou acceptation d'effets de commerce avant la signature du contrat, ni avant la date à laquelle la créance est exigible.

Le contrat de vente à terme peut seulement stipuler que des dépôts de garantie seront faits, à mesure de l'avancement des travaux, à un compte spécial ouvert au nom de l'acquéreur par un organisme habilité à cet effet. Les fonds ainsi déposés sont incessibles, insaisissables et indisponibles dans la limite des sommes dues par l'acheteur, sauf pour le paiement du prix.

Les paiements ou dépôts ne peuvent excéder au total :

- trente-cinq pour cent du prix à l'achèvement des fondations ;
- soixante-dix pour cent à la mise hors d'eau ;
- quatre-vingt-quinze pour cent à l'achèvement de l'immeuble.

Le solde est payable lors de la mise du local à la disposition de l'acquéreur ; toutefois il peut être consigné en cas de contestation sur la conformité avec les prévisions du contrat.

Si la vente est conclue sous condition suspensive, aucun versement ni dépôt ne peut être effectué avant la réalisation de cette condition.

Dans les limites ci-dessus, les sommes à payer ou à déposer en cours d'exécution des travaux sont exigibles :

- soit par versements périodiques constants ;
- soit par versements successifs dont le montant est déterminé en fonction de l'avancement des travaux.

Si le contrat prévoit une pénalité de retard dans les paiements ou les versements, le taux de celle-ci sera fixé conformément à la réglementation en vigueur.

Les clauses abusives (Article L135)

Toute clause contraire aux dispositions des articles L131à L134 et à celles des articles L122et L127, est réputée non écrite.

D. Les garanties d'achèvement et remboursement

Elles font l'objet de dispositions développées aux articles R183 à R.190 du Code de la construction qui en définissent les formes, conditions et régimes.

E/. Dépôt de garantie

Le montant du dépôt (Article R.194)

Le montant du dépôt de garantie ne peut excéder cinq pour cent du prix prévisionnel de vente si le délai de réalisation de la vente n'excède pas un an. Ce pourcentage est limité à deux pour cent si ce délai n'excède pas deux ans. Aucun dépôt ne peut être exigé si ce délai excède deux ans.

La réalisation du dépôt de garantie (Article R.195)

Le dépôt de garantie est fait dans un compte spécial ouvert au nom du réservataire dans une banque ou un établissement spécialement habilité à cet effet ou chez un notaire. Les dépôts des réservataires des différents locaux composant un même immeuble ou un même ensemble immobilier peuvent être groupés dans un compte unique spécial comportant une rubrique par réservataire.

La notification du projet d'acte de vente (Article R.196)

Le réservant doit notifier au réservataire le projet d'acte de vente un mois au moins avant la date de la signature de cet acte.

Les conditions de la restitution du dépôt de garantie (Article R.197)

Le dépôt de garantie est restitué, sans retenue ni pénalité, au réservataire :

a) si le contrat de vente n'est pas conclu du fait du vendeur dans le délai prévu au contrat préliminaire ;

b) si le prix de vente excède de plus de cinq pour cent le prix prévisionnel, révisé le cas échéant conformément aux dispositions du contrat préliminaire. Il en est ainsi, quelles que soient les autres causes de l'augmentation du prix, même si elles sont dues à une augmentation de la consistance de l'immeuble ou à une amélioration de sa qualité ;

c) si le ou les prêts prévus au contrat préliminaire ne sont pas obtenus ou transmis ou si leur montant est inférieur de dix pour cent aux prévisions dudit contrat ;

d) si l'un des éléments d'équipement prévus au contrat préliminaire ne doit pas être réalisé ;

e) si l'immeuble ou la partie d'immeuble ayant fait l'objet du contrat présente dans sa consistance ou dans la qualité des ouvrages prévus une réduction de valeur supérieure à dix pour cent.

Dans les cas prévus au présent article, le réservataire notifie sa demande de remboursement au vendeur et au dépositaire par lettre. Sous réserve de la justification par le déposant de son droit à restitution, le remboursement intervient dans le délai maximum de trois mois à dater de cette demande.

Le versement du dépôt de garantie au vendeur (Article R.172)

Les fonds qui ont fait l'objet de dépôts de garantie sont valablement versés au vendeur par l'établissement dépositaire, hors la présence et sans le concours de l'acquéreur, sur simple production d'une attestation du notaire ayant reçu l'acte de vente certifiant que l'achèvement de l'immeuble a été constaté.

Le notaire doit informer l'établissement dépositaire et l'acquéreur de la situation hypothécaire. S'il existe sur l'immeuble des inscriptions ou s'il existe quelques autres empêchements au paiement, le notaire indique à l'établissement dépositaire le montant des fonds nécessaires à l'apurement de la situation.

Ces fonds sont conservés par l'établissement dépositaire pour être utilisés au dit apurement, conformément aux instructions données par le notaire.

II/MODIFICATION D'UN PROGRAMME DE CONSTRUCTION

Un programme de construction d'un groupe d'immeubles ou d'un ensemble immobilier se réalise par phases successives. Selon son ampleur, elles s'échelonnent sur une période plus ou moins longue au cours de laquelle divers facteurs sont susceptibles de compromettre les objectifs initiaux du promoteur, tels que la mise en vigueur de nouvelles prescriptions d'urbanisme, une conjoncture moins favorable du marché immobilier, ou la nécessité d'apporter des aménagements ou modifications dans la conception ou la composition des bâtiments.

Le promoteur peut donc être conduit à remodeler le programme en cours de réalisation, soit qu'il le modifie pour l'adapter à ces circonstances imprévues, soit même qu'il renonce à le terminer.

La question se pose alors de savoir dans quelle mesure il est fondé à modifier unilatéralement le projet de construction à une époque où des bâtiments terminés ont entraîné l'application du statut de la copropriété à l'ensemble immobilier – donc y compris les lots non encore bâtis.

La réponse nécessite le rappel de certains préalables.

Observations préliminaires

Le statut de la copropriété s'appliquant dès l'achèvement d'un premier bâtiment. La possibilité, pour le constructeur, de modifier son programme de construction, compte tenu <u>des droits acquis</u> des propriétaires de lots situés dans le ou les immeubles terminés, est conditionnée :

- d'une part, par les conventions passées avec les acquéreurs ;
- d'autre part, par les dispositions de la loi du 16 juin 1988.

A/Respect des droits acquis

Le promoteur qui entend modifier son programme de construction en cours de réalisation ne dispose plus d'une liberté d'action.

Il doit tenir compte des engagements souscrits envers les acquéreurs des lots construits et des obligations résultant pour lui de l'application du statut de la copropriété, lequel s'impose depuis l'achèvement du premier bâtiment.

Les acquéreurs tiennent leurs droits des documents contractuels de leurs acquisitions, et non pas au regard du permis de construire ou du certificat de conformité *(Cass. 3e civ., 16 juill. 1986, n° 84-12.093 : JurisData n° 1986-701423. – CA Paris, 7 mars 2007 : JurisData n° 2007-328579 ; Constr.-Urb. 2007, comm. 93).*

La modification d'un programme immobilier soulève par conséquent un certain nombre de difficultés qui, malheureusement, ne semblent que rarement évoquées dans la jurisprudence. Pour les résoudre, il est tout d'abord indispensable de rappeler les points essentiels suivants.

La situation juridique des acquéreurs des lots commercialisés antérieurement à la modification d'un programme immobilier ainsi que celle du promoteur se présentent comme suit.

En vertu des actes de vente et du règlement de copropriété, les acquéreurs devenus copropriétaires du ou des bâtiments commercialisés bénéficient, de droits acquis qui portent sur une réalisation de l'ensemble immobilier conforme aux prévisions inscrites dans ces documents contractuels à propos de la définition, de la consistance et de la destination des immeubles, ainsi que des services et équipements collectifs les concernant (emplacements de stationnement, espaces verts, aires de jeux, courts de tennis, etc.).

Ces droits acquis s'inscrivent en même temps dans le cadre institutionnel de la copropriété lorsque l'immeuble est achevé : dans la période de sa construction, les droits des acquéreurs sont déterminés par les stipulations des actes de vente.

Dès lors, le syndicat des copropriétaires va être lui-même appelé à intervenir à côté ou à la place de ses membres lorsqu'il s'agira de résoudre les problèmes liés à la modification des plans initiaux s'ils comportent des incidences sur les droits acquis.

Acquéreurs ultérieurs – La situation ne se présente pas dans les mêmes termes pour les acquéreurs de lots non prévus initialement dans le programme puisque, par définition, ils négocient leurs transactions sur la base de nouveaux documents corrigés par le promoteur en fonction d'un projet remanié pour officialiser les modifications qui y sont apportées. Ils ne disposent donc pas de droits acquis relativement au programme d'origine.

B/Conventions relatives à la modification d'un programme

Dans la perspective d'une éventuelle modification d'un programme susceptible de s'étaler sur plusieurs années, le promoteur peut être incité à se réserver, dans les documents contractuels de mutation, la faculté de remodeler son projet, au besoin en se faisant donner mandat de procéder à ces remaniements par les acquéreurs des lots inclus dans les bâtiments déjà commercialisés.

Il est certain qu'un droit unilatéral de modifier à son gré un programme n'est guère compatible avec les principes généraux en matière de contrats, d'autant que la solution se heurterait aux prescriptions d'ordre public de la loi du 16 juin 1988, car elle porterait atteinte aux droits acquis des copropriétaires en place relativement à la destination et aux caractéristiques générales de l'ensemble immobilier.

Le Conseil d'État français a écarté la clause d'un cahier des charges de ventes selon laquelle le promoteur s'était fait donner mandat de demander un permis de construire modificatif en vue de la suppression de plusieurs emplacements de parking, en considérant qu'elle portait atteinte aux droits acquis des copropriétaires sur les parties communes et privatives, tels qu'ils résultaient du statut de la copropriété *(CE, 5 mai 1999 : JurisData n° 1999-102203 ; JCP G 1999, I, n° 175, p. 1880 et la note).*

Conclusion – Finalement, le promoteur dispose de peu d'échappatoires juridiques lui permettant de remodeler librement un programme de construction en cours qui avait été défini dans les divers documents contractuels de ventes intervenues et en fonction desquels les acquéreurs ont accepté de traiter.

Du moins peut-il, à l'occasion de la description qu'il doit fournir des immeubles dans les actes de vente, laisser ouvertes certaines adaptations du programme, à la condition qu'elles soient suffisamment précises et limitées pour que les acquéreurs soient réputés les avoir acceptées en toute connaissance de cause et sans qu'il soit porté atteinte à leurs droits acquis par leurs titres.

C/Inventaire des modifications susceptibles d'intervenir

1/Remaniements d'ordre technique ou architectural

Il s'agit des adaptations relevant des techniques de la construction (utilisation de matériaux différents, modification de l'aspect extérieur, recours à des procédés ou équipements ayant des incidences sur l'esthétique des nouveaux bâtiments), mais sans répercussion sur les autres caractéristiques (implantation, nombre d'étages et de lots...).

À moins qu'il ait pris des engagements précis sur ce point, le promoteur doit disposer d'une certaine latitude pour procéder à des adaptations de ce genre, qu'il peut d'ailleurs se réserver dans les actes de vente. Il est vrai que l'absence de spécification dans les documents contractuels sur certaines des caractéristiques techniques permet d'aboutir, pour ce qui les concerne, à la même solution.

Il serait néanmoins imprudent de conclure à une complète liberté du constructeur, lequel peut engager sa responsabilité dans le cadre de ses obligations contractuelles en sa qualité de vendeur.

2/Modification de l'implantation des bâtiments

La consistance de l'immeuble vendu résulte des documents remis lors de la vente.

Si cet immeuble est compris dans un ensemble immobilier, ces indications doivent être complétées par un plan faisant apparaître le nombre de bâtiments de cet ensemble, leur emplacement et le nombre d'étages de chacun d'eux.

Les caractéristiques techniques résultent du devis descriptif servant de base aux marchés ou d'une notice descriptive. Ces documents s'appliquent au local vendu, à la partie de bâtiment ou du bâtiment dans lequel il se trouve et aux équipements extérieurs et réseaux divers qui s'y rapportent.

Un plan coté du local vendu et une notice indiquant les éléments d'équipements propres à ce local doivent être annexés au contrat de vente.

Tout changement d'implantation nécessiterait par conséquent l'accord des copropriétaires des bâtiments construits.

La règle ne doit cependant pas être entendue de manière trop rigide.

En effet, une implantation peut être différente sans engendrer pour autant des inconvénients ; elle est même susceptible d'apporter une amélioration au profit de certaines constructions.

Inversement, elle risque d'affecter plus ou moins gravement les droits acquis de certains copropriétaires ; par exemple, une nouvelle implantation de bâtiments peut se traduire par la privation de vues étendues dont les acquéreurs de lots dans un immeuble voisin étaient en droit de bénéficier en vertu des documents remis par le promoteur.

La marge de manœuvre du promoteur est conditionnée par les conséquences effectives de la modification sur les droits antérieurement acquis.

Intervention du syndicat des copropriétaires – La solution repose dans chaque cas sur l'application des règles de fond relatives à l'exécution des conventions beaucoup plus que sur celles du statut de la copropriété.

Néanmoins, il ne faut pas perdre de vue que si la modification se situe à une époque où un autre bâtiment vendu par lots est achevé, il est administré par le syndicat des copropriétaires, lequel a en charge la défense des intérêts collectifs, c'est-à-dire la sauvegarde des droits acquis de ses membres à l'égard du promoteur. Il a, à ce titre, vocation à représenter les copropriétaires pour négocier un règlement amiable des engagements du constructeur.

Par suite, si la modification porte véritablement atteinte aux droits des copropriétaires résultant des contrats de vente, le syndicat du ou des bâtiments construits réuni en assemblée générale ne pourrait l'accepter que par une résolution prise à l'unanimité, s'agissant d'une question qui touche aux prérogatives personnelles de ses membres *(cf. JCl. Copropriété, Fasc. 79 ou JCl. Construction-Urbanisme , Fasc. 94-20)* ; voir toutefois, *CA Aix-en-Provence, 24 juin 2004 : Administrer nov. 2004, p. 40)*, admettant que la modification d'un programme de construction pouvait être approuvée à la majorité de l'article 25 de la loi dès lors que le nouveau projet n'affectait ni les constructions existantes ni la destination de l'immeuble.

Il est, d'autre part, évident que si la commercialisation d'un bâtiment dont l'implantation serait modifiée est déjà commencée, l'accord de chaque acquéreur de lot est également requis s'il y a une atteinte à ses droits.

3/Changement de destination des bâtiments

Un ensemble immobilier peut être aménagé à des fins variées : logements exclusivement, ou destinations multiples avec logements, boutiques, éventuellement locaux à usage professionnel ou commercial, parkings, etc. Pour chaque programme, l'affectation des bâtiments est énoncée dans les actes précontractuels et de vente et règlements de copropriété.

Pour apprécier dans quelle mesure le promoteur est habilité à changer la destination des immeubles restant à construire, tout en respectant leurs caractéristiques techniques (nombre, volumes et implantation), il est indispensable de se référer aux documents contractuels, eux-mêmes interprétés en fonction des règles du statut de la copropriété.

S'il ressort des conventions, et notamment du règlement de copropriété, que l'affectation des différents immeubles n'est pas intangible, qu'elle peut être autre que celle envisagée initialement, le promoteur est en droit de la modifier dans le sens de l'option réservée dans le règlement dès lors qu'en procédant ainsi, il ne porte atteinte ni aux droits des premiers copropriétaires, ni à la destination de l'ensemble immobilier, comme l'indique l'article 9 de la loi.

Si, en revanche, la nouvelle destination n'est plus conforme à celle conventionnellement arrêtée (transformation d'un immeuble prévu à usage de logements en bureaux, d'un immeuble à usage de résidences secondaires en logements à caractère social...), il est possible, à la lumière de la jurisprudence actuelle sur le plan général des changements d'affectation à l'intérieur d'une copropriété, de considérer que le promoteur n'a plus la latitude d'agir seul ; il doit se faire autoriser *(cf. JCl. Copropriété, Fasc. 65-10 ou JCl. Construction-Urbanisme, Fasc. 91-20).*

En présence d'une plaquette publicitaire présentant l'ensemble immobilier comme offrant un « style de vie privilégié », d'actes authentiques stipulant que le vendeur est autorisé à modifier unilatéralement l'état descriptif de division, sauf si les modifications envisagées ont pour effet un changement de destination de l'immeuble, la scission de copropriété opérée ayant eu pour effet de permettre l'édification de logements locatifs du secteur aidé à la place des logements du secteur libre initialement prévus doit s'interpréter comme un changement de destination, entraînant un manquement du vendeur à son obligation de délivrer une chose conforme à celle qui a été vendue *(CA Lyon, 28 févr. 2002, n° 1999/00650 : JurisData n° 2002-173407 ; Constr.-Urb. 2002, comm. 197)*.

Que l'on se place sous l'angle de l'exécution des conventions ou du point de vue du statut de la copropriété, le résultat est identique : un changement de destination des bâtiments à construire qui serait contraire à celle stipulée à l'origine requiert le consentement de tous les copropriétaires des bâtiments terminés et, si un immeuble est en cours de commercialisation, de chacun des nouveaux acquéreurs.

Contrôle des copropriétaires – S'il ressort des éléments du dossier que la compatibilité de la nouvelle affectation apparaît discutable eu égard aux caractères généraux que l'ensemble immobilier devait présenter selon le projet primitif, notamment quant à la nature de son utilisation et à la catégorie sociale de ses occupants (notion de destination de l'immeuble), le promoteur prendrait des risques en décidant seul la modification ; pour les éviter, il devrait, par conséquent, faire accepter son nouveau projet.

Cet accord relèverait de la compétence de l'assemblée générale des copropriétaires des bâtiments construits. De plus, si le changement d'affectation concerne un bâtiment en construction déjà en partie commercialisé, il devrait être approuvé par chacun des acquéreurs.

Tantièmes de copropriété et de charges – La modification de la destination d'un immeuble reste sans effet sur la répartition des tantièmes de copropriété et de charges générales. Par contre, si une répartition des charges relatives aux éléments d'équipement commun et services collectifs a été préétablie, elle doit être modifiée pour tenir compte du critère de l'utilité prévu à l'article 10, alinéa 1er, de la loi *(V. JCl. Copropriété, Fasc. 71 ou JCl. Construction-Urbanisme, Fasc. 92-20)*.

4/Modification du nombre de lots sans modification des volumes

Pour faciliter la commercialisation d'un programme, le promoteur peut être incité à modifier le nombre de lots prévus dans un futur bâtiment, mais sans toucher à ses volumes, soit qu'il les augmente en aménageant des locaux de dimensions plus réduites, soit qu'au contraire, il les diminue en construisant des appartements plus vastes.

La solution dépend avant tout du contenu des documents contractuels. S'il en ressort que le constructeur s'est effectivement engagé à aménager un nombre déterminé de lots, dont les acquéreurs auront tenu compte pour acquérir, il ne peut les augmenter, car il porte atteinte aux droits acquis des acheteurs, il doit requérir leur accord ou celui de l'assemblée générale des copropriétaires *(Cass. 3e civ., 12 janv. 1982 : D. 1982, inf. rap. p. 285 ; Administrer juill. 1982, p. 16)*.

De même, on peut considérer que dans un ensemble annoncé comme très résidentiel avec des appartements de grande surface, leur éventuelle transformation en logements deux fois plus petits, avec un doublement des occupants, serait probablement considérée comme contraire aux conventions intervenues, et même à la destination de l'immeuble.

Il faut par conséquent rechercher si les prévisions contractuelles relatives au nombre de lots ont, eu égard à la destination de l'immeuble, revêtu un caractère déterminant aux yeux des acquéreurs au point de leur accorder un droit acquis au maintien du projet initial *(cf. CA Aix-en-Provence, 6 mai 1997 : D. 1999, somm. p. 119).*

5/Modification des surfaces privatives

Le promoteur peut envisager de construire des bâtiments de capacité d'occupation plus importante – ou moindre – que celle prévue au début de la réalisation du programme (modification du nombre d'étages, réaménagement interne d'un bâtiment permettant de dégager des surfaces d'utilisation supplémentaires, suppression d'un bâtiment...).

Ces adaptations vont se traduire par un changement de l'étendue des parties privatives.

Il est nécessaire de se référer aux documents contractuels et, le cas échéant, précontractuels, afin de déterminer la portée des engagements pris par le vendeur relativement à l'édification des divers bâtiments qui doivent constituer l'ensemble immobilier.

a-Restructuration interne

Le remodelage des structures internes aboutit à une modification des surfaces privatives ; elle emporte des conséquences sur les droits acquis des copropriétaires puisque leurs titres d'acquisition comportent forcément la superficie du bien qu'ils ont acheté ; le constructeur doit par conséquent requérir leur accord tant sur cette modification à propos de la répartition des tantièmes de propriété qu'à celle des charges dont l'actualisation est rendue nécessaire du fait de la modification des surfaces privatives initialement prévues.

b-Constructions nouvelles

Si la modification consiste à construire des étages supplémentaires ou de nouveaux bâtiments non prévus dans le programme d'origine, elle ne correspond plus aux conventions déjà conclues, car les actes de vente ont annoncé le nombre de bâtiments et celui de leurs étages inclus dans l'opération.

La modification déroge en même temps au règlement de copropriété et à son état descriptif de division puisqu'il y a création de nouveaux lots, nécessitant une nouvelle répartition des tantièmes de propriété et de charges.

Comme indiqué ci-dessus, les copropriétaires en place sont fondés à invoquer des droits acquis, ce qui oblige le promoteur à demander leur accord en assemblée générale (cf. *CE, 4 juill. 1994, n° 116779 : JurisData n° 1994-044802 ; JCP G 1994, IV, 28* , estimant que les nouvelles constructions, affectant les parties communes existantes et l'aspect extérieur de l'immeuble, nécessitaient une autorisation du syndicat en application de l'article 25, b, de la loi du 10 juillet 1965. – Dans le même sens, *CA Aix-en-Provence, 24 juin 2004 : Administrer nov. 2004, p. 40)*.

c-Réduction des constructions

À l'inverse, le promoteur peut être conduit à édifier des bâtiments moins importants (par exemple, en supprimant des étages). Comme dans la précédente hypothèse, elle est contraire aux prévisions contractuelles et se traduit par une réduction du nombre de lots conventionnellement déterminé dans l'état descriptif de division ; elle appelle donc, théoriquement, la même réponse avec réduction des tantièmes de copropriété et de charges s'il s'agit du même immeuble.

6/Modification des parties communes et équipements collectifs

La construction d'un ensemble immobilier comprend généralement l'aménagement d'installations communes et d'équipements collectifs (voies d'accès, aires de stationnement, espaces verts, terrains de jeux, courts de tennis, locaux pour réunions, etc.).

Ces aménagements sont prévus à la fois dans le permis de construire et dans les documents contractuels, notamment le règlement de copropriété et, bien souvent, dans les documents précontractuels qui engagent également le promoteur. Ce dernier est, par conséquent, tenu de les livrer avec les immeubles proprement dits ; les règles du droit commun en matière d'exécution des contrats sont applicables purement et simplement.

Il est possible qu'en cours de travaux le promoteur désire soit changer la destination d'une partie commune ou d'un équipement collectif (par exemple, utiliser un espace vert pour agrandir un parking, ou transformer celui-ci en jardin ou aire de jeux), soit même le supprimer (par exemple, en renonçant à construire une piscine). Mais étant lié par ses engagements antérieurs, il ne peut agir d'office. Il lui faut l'accord des acquéreurs bénéficiaires de ces engagements.

Comme il appartient au syndicat des copropriétaires de veiller au respect du règlement de copropriété, c'est donc avec lui que le changement d'affectation ou la suppression d'une partie commune ou d'un élément d'équipement doit être négocié.

Sur ce point du moins, la jurisprudence est assez nette : le syndicat est fondé à exiger du promoteur le respect de ses engagements relatifs aux services et équipements communs annoncés dans les documents contractuels et le permis de construire.

Le constructeur-vendeur d'un ensemble immobilier est tenu de veiller au respect non seulement des stipulations contractuelles le liant aux acquéreurs, mais également de l'ensemble des prescriptions administratives applicables au projet de construction et, en particulier, aux dispositions des permis de construire y afférents *(CA Paris, 6 janv. 1995 : Loyers et copr. 1995, comm. 285. – CA Aix-en-Provence, 6 mai 1997 : D. 1999, somm. p. 119)*.

De même, le syndicat peut réclamer réparation du préjudice causé à l'ensemble des copropriétaires par l'absence de conciergerie prévue dans le permis de construire *(Cass. 3e civ., 19 févr. 1980 : Bull. civ. 1980, III, n° 41)*.

Mais pour agir contre le constructeur, le syndicat doit apporter la preuve que les plans et permis de construire mentionnant les équipements non réalisés (en l'espèce des garages et emplacements de stationnement) ont été joints aux documents d'acquisition des copropriétaires *(Cass. 3e civ., 5 oct 1994, n° 93-11.509 : JurisData n° 1994-002627 ; Rev. Huissiers 1995, p. 360)*.

III/ABANDON DU PROGRAMME

A/Solutions possibles

Le promoteur peut renoncer à poursuivre la réalisation de son programme soit en raison des difficultés de commercialisation, soit du fait de changements intervenus dans la réglementation relevant de l'urbanisme et de la construction (modification d'un plan d'occupation des sols, du COS, etc.).

Par précaution, il ne prend d'engagements fermes que pour la tranche du programme immobilier en cours, faisant l'objet des ventes en l'état futur d'achèvement, se réservant de donner ou non suite aux phases ultérieures.

Dès lors, s'il renonce à poursuivre l'opération, le promoteur se trouve placé devant l'option suivante :

- il se substitue un autre opérateur disposé à poursuivre les travaux ; la solution ne soulève pas d'objection particulière. Substitué dans les droits et obligations de son vendeur, le nouveau promoteur pourra réaliser la suite du programme immobilier soit d'après les plans d'origine soit en procédant aux adaptations jugées par lui nécessaires.
- le promoteur entend se dégager définitivement :
  - soit en exerçant un droit de retrait de la copropriété en vertu de l'article 12 du décret du 15 février 2002
  - soit en abandonnant par acte notarié ses droits indivis sur les terrains à construire

L'abandon des sols peut se réaliser par un transfert des tantièmes de copropriété détenus jusqu'alors par le promoteur au profit soit du syndicat des copropriétaires constitué depuis l'achèvement d'un premier bâtiment, soit même d'un tiers désirant les acquérir.

Le syndicat dispose de la capacité voulue pour procéder à l'acquisition *(Loi 16 juin 1988, art. 14 et 26 alinéa1)*. Il appartient à l'assemblée générale d'en décider à la majorité de l'article 26.

B/cas de responsabilité du promoteur

D'autres problèmes peuvent se poser, tel que le maintien en état de viabilité suffisant pour que les terrains dépourvus de constructions ne soient pas source de nuisance pour les voisins (sols en friches, excavations, dépôts d'ordures ou de vieux matériaux, etc.) durant la période où le promoteur les conserve dans son patrimoine.

Le syndicat des copropriétaires serait sans doute fondé, devant une éventuelle carence du promoteur, pour remédier aux inconvénients constatés, à prendre les mesures conservatoires nécessaires dans le cadre des pouvoirs d'administration qu'il tient de l'article 14 de la loi, puis à réclamer le remboursement de ses dépenses au responsable.

D'autre part, les copropriétaires des bâtiments construits qui subiraient un préjudice en raison du mauvais état d'entretien des terrains délaissés sont en droit de réclamer des dommages-intérêts au promoteur, sur le fondement de troubles anormaux de voisinage *(Cass. 3e civ., 13 mai 1987 : JCP N 1987, II, p. 270, note Atias).*

Le syndicat des copropriétaires serait également habilité à agir en justice à l'encontre du promoteur si les troubles en question revêtent un caractère collectif au sens de l'article 15 de la loi du 16 juin 1988.

Inobservation des prescriptions administratives relatives à la construction – Le promoteur engage également sa responsabilité à l'égard des acquéreurs lorsqu'il ne respecte pas les prescriptions du permis de construire ou de ses modificatifs dès lors qu'ils supportent un préjudice certain, par exemple en ne réalisant pas les parkings privés *(CA Paris, 6 janv. 1995 : Loyers et copr. 1995, comm. 285).* La responsabilité est également engagée en cas de refus de délivrance du certificat de conformité.

Ayant retenu que le vendeur d'immeuble à construire était tenu de délivrer la chose et ses accessoires, au nombre desquels figurait le certificat de conformité, et devait respecter les prescriptions des autorisations administratives, notamment au titre du permis de construire, la cour d'appel en a déduit, à bon droit, que le vendeur d'immeuble à construire devait assurer la mise en place des équipements prévus dans le permis. *(Cass. 3e civ., 26 avr. 2006, n° 05-10.500 : JurisData n° 2006-033243 ; Loyers et copr. 2006, comm. 160).*

Conclusion

Les explications précédentes mettent en évidence la complexité des problèmes inhérents au déroulement d'un programme immobilier du fait de l'application du statut de la copropriété à partir de l'achèvement d'un premier bâtiment, faute par la loi d'avoir envisagé de telles situations.

Les difficultés relatées sont finalement assez dissuasives pour placer sous un régime de copropriété globale la totalité des sols compris dans le périmètre d'une opération de trop grande ampleur.

Sur l'ensemble de ces problèmes, voir également Christophe Sizaire, Promotion de l'immeuble collectif et modifications au règlement de copropriété en vente en état futur d'achèvement *(Inf. rap. copr. mai 2013, p. 17).*

Il est donc conseillé aux promoteurs d'envisager :

- – soit de créer une copropriété par tranche de commercialisation, le promoteur conservant la maîtrise des sols en attente jusqu'au moment où il les placera dans une nouvelle copropriété correspondant à la phase subséquente de réalisation, et en mettant en place un organisme de gestion de services et équipements communs à l'ensemble immobilier
- – soit de créer un syndicat de copropriétaires par bâtiment achevé avec, là également, la constitution d'un organisme de gestion des services et équipements qui seront mis à la disposition des copropriétaires des divers syndicats. »

SOURCE : LEXIS NEXIS : le statut de la copropriété

SECTION 4 : RESPONSABILITÉ DES CONSTRUCTEURS D'IMMEUBLES À CONSTRUIRE ET ASSURANCES OBLIGATOIRES

Conflits avec les constructeurs – Très fréquents, ces litiges mettent en cause la garantie décennale, la garantie de bon fonctionnement et la garantie de parfait achèvement des constructeurs d'ouvrage, des architectes, entrepreneurs, bureaux d'étude ainsi que de leurs assureurs du fait des malfaçons constatées dans l'exécution des travaux commandés par le syndicat.

Le Syndicat pour les parties communes et les copropriétaires pour leurs parties privatives ont donc qualité pour agir à propos des dommages qui peuvent survenir à la condition :

-que le premier syndic ait procédé à la réception des parties communes

-que les copropriétaires aient procédé à la réception de leurs parties privatives

C'est en effet la réception provisoire qui fait courir la garantie de parfait achèvement et la garantie de bon fonctionnement des équipements dissociables de l'ouvrage.

La réception provisoire est l'acte par lequel le maître de l'ouvrage déclare accepter l'ouvrage avec ou sans réserve.

Le constructeur a un an à compter de la réception pour lever les désordres apparents signalés dans le PV de réception concernant la construction et les éléments indissociables de la construction (garantie de parfait achèvement) d'une part et les équipements dissociables de l'ouvrage tels que la climatisation d'autre part (garantie de bon fonctionnement des équipements dissociables de l'ouvrage).

Après la levée des éventuelles réserves concernant les désordres apparents signalés et réparés ou repris, les parties procèdent à la réception définitive qui fait courir la garantie décennale laquelle concerne les désordres cachés à la réception qui compromettent la solidité et la stabilité de l'ouvrage ou des éléments d'équipements indissociables.

Les articles L13 et L20 du Code de la construction prévoient une responsabilité de plein droit (responsabilité présumée) du constructeur.

Mais il arrive souvent que la mauvaise exécution des travaux porte en même temps sur les parties privatives des lots, notamment dans les constructions neuves. Dans un souci de simplification des procédures, la jurisprudence considère que le syndicat peut agir pour toutes les malfaçons constatées dès lors qu'elles affectent l'ensemble de l'immeuble, de manière indivisible, sans dissociation possible entre les différentes parties de la copropriété (notion du préjudice collectif)

I/LA GARANTIE DÉCENNALE, LA GARANTIE DE BON FONCTIONNEMENT ET LA GARANTIE DE PARFAIT ACHÈVEMENT

La responsabilité des constructeurs figurait déjà **dans le COCC (articles 450 à 453)** lesquels prévoient une présomption de responsabilité des architectes et des entrepreneurs lorsque l'édifice est détruit partiellement ou en totalité à la suite d'un vice du sol ou d'un vice de construction.

Cette responsabilité peut être engagée dans un délai maximum d'un an après la réception pour les vices apparents et dans un délai maximum de 10 ans à compter de la réception définitive pour les vices cachés, toute clause contraire étant réputée non écrite.

Seule une action en justice, même un référé, interrompt la prescription.

Ces règles sont reprises avec plus de précisions par les **articles L13 à L22 de la Loi n° 2009-23 du 8 juillet 2009 portant partie législative du Code de la construction et par les articles R.41 à R.44 du Décret n° 2010/99 du 27 janvier 2010 portant partie règlementaire du même Code.**

A/Personnes tenues à garantie

Le Code de la construction considère comme constructeur (Article L13) :

- Tout architecte, entrepreneur, ingénieur, technicien, bureau d'étude, bureau de contrôle technique ou autre personne intervenant dans la conception, la réalisation ou le contrôle de l'ouvrage et liée au maître de l'ouvrage par un contrat de louage d'ouvrage ou de service ;

- Toute personne qui, bien qu'agissant en qualité de mandataire du propriétaire de l'ouvrage, accomplit une mission identique à celle prévue par un contrat d'entreprise.

Par ailleurs, le mandataire, dont la mission est assimilable à celle d'un locateur d'ouvrage, encourt une responsabilité contractuelle de la même nature que celle des constructeurs en cas de manquement au devoir de conseil ou à l'obligation d'informer, de renseigner ou de contrôler. (Article L14)

Tout constructeur d'un ouvrage est responsable de plein droit, envers le maître ou l'acquéreur de l'ouvrage, des dommages, même résultant d'un vice du sol, qui en compromettent la solidité et la stabilité.

Cette responsabilité s'étend à toute personne qui vend, après achèvement, un ouvrage qu'elle a construit ou fait construire.

B/Bénéficiaires des garanties

En principe, les garanties bénéficient à ceux qui ont contracté avec les personnes obligées : Maître de l'ouvrage ou acheteur du bien immobilier.

Mais la jurisprudence étend la garantie aux successeurs du Maître de l'ouvrage ou de l'acheteur, que ce soit en raison d'un décès ou en raison d'une vente du bien, la garantie se rapportant au bien, et non au propriétaire initial.

En effet, la garantie est censée suivre la chose en tant qu'accessoire de la propriété. En conséquence, l'ayant cause, désormais bénéficiaire de la garantie, ne pourra pas agir contre le constructeur en responsabilité délictuelle, car il n'est plus un tiers, ayant hérité de la garantie.

La règle est en effet le non-cumul de la responsabilité de droit commun et du régime de présomption de responsabilité prévue par le Code de la Construction.

Pour le cas particulier des copropriétés, l'action appartient normalement au syndicat des copropriétaires en cas de vice affectant les parties communes, l'action individuelle concernant normalement les parties privatives.

Cependant, suivant la jurisprudence, rien ne s'oppose à l'exercice de l'action individuelle en cas de carence du syndicat des copropriétaires. (Cass. Civ. 18 décembre 1973 ; JCP 74 II-17682 Note GUILLOT ; Cass. Civ. 14 mai 1974 Bull. Civ. III n° 190)

C/la réception provisoire fait courir la garantie de parfait achèvement et la garantie de bon fonctionnement des équipements dissociables de l'ouvrage

La réception provisoire est l'acte par lequel le maître de l'ouvrage déclare accepter l'ouvrage avec ou sans réserves. Elle intervient à la demande de la partie la plus diligente, soit à l'amiable, soit, à défaut, judiciairement. Elle est, en tout état de cause, établie contradictoirement. (Article L 19 du code de la construction)

À défaut de signature d'un PV de réception, l'article 451 du COCC autorise la réception tacite qui coïncide avec l'entrée dans les lieux par le client. On parle alors de prise de possession matérielle (Cour d'Appel DAKAR Arrêt n° 81 du 31 mars 1972 : NANG C/PELLISSIER)

En admettant la réception judiciaire, se pose le problème de sa date : est-ce celle du jugement ou est-ce celle du moment où les travaux sont en état d'être reçus ? En admettant la réception tacite par prise de possession des lieux, la Cour de Cassation penche en faveur de la seconde solution, ce qui permet également de pallier l'éventuelle longueur d'une procédure. Il suffira de demander au tribunal de dire et juger qu'il y a eu réception tacite par prise de possession des lieux à charge pour le maître de l'ouvrage d'en rapporter la preuve par tous moyens. (Date de point de départ du contrat multirisque habitation, ou d'un abonnement tel que le téléphone ou l'électricité, attestation de voisin, etc.)

D/La garantie de parfait achèvement concerne les désordres apparents

La garantie de parfait achèvement à laquelle l'entrepreneur est tenu pendant un délai d'un an à compter de la réception provisoire s'étend à la réparation de tous les désordres signalés par le maître de l'ouvrage, soit au moyen de réserves mentionnées au procès-verbal de réception provisoire, soit par voie de notification écrite pour ceux révélés postérieurement à la réception provisoire. Les délais nécessaires à l'exécution des travaux de réparation sont fixés d'un commun accord par le maître de l'ouvrage et l'entrepreneur concerné. En l'absence d'un tel accord ou en cas d'inexécution dans le délai fixé, les travaux peuvent, après mise en demeure restée infructueuse, être exécutés aux frais et risques de l'entrepreneur défaillant.

L'exécution des travaux exigés au titre de la garantie de parfait achèvement est constatée d'un commun accord, ou, à défaut, judiciairement.

La garantie ne s'étend pas aux travaux nécessaires pour remédier aux effets de l'usure normale ou de l'usage. (Article L 19 du Code de la construction)

E/La garantie de bon fonctionnement des équipements dissociables de l'ouvrage

Articles L16 et L17 : Les autres éléments d'équipement du bâtiment (les éléments d'équipements dissociables de l'ouvrage n'altérant que le fonctionnement des éléments d'équipement (climatisation par exemple) font l'objet d'une garantie de bon fonctionnement d'une durée minimale d'un an à compter de la réception provisoire de l'ouvrage.

Le constructeur d'un ouvrage, d'une partie d'ouvrage ou d'un élément d'équipement conçu et produit pour satisfaire, en état de service, à des exigences précises et déterminées à l'avance, est solidairement responsable, des obligations des constructeurs, à la charge de celui qui a mis en œuvre, sans modification et conformément aux règles édictées par le fabricant, l'ouvrage, la partie d'ouvrage ou l'élément d'équipement considéré.

Est assimilé au constructeur pour l'application du présent article :

-celui qui a importé un ouvrage, une partie d'ouvrage ou un élément d'équipement fabriqué à l'étranger ;

-celui qui l'a présenté comme son œuvre en faisant figurer sur lui son nom, sa marque de fabrique ou tout autre signe distinctif.

F/la réception définitive fait courir la garantie décennale

La réception définitive constitue le point de départ de la garantie décennale.

Article R.41 : La réception des travaux constitue, pour ceux à l'égard desquels aucune réserve n'est faite, le point de départ de la garantie prévue.

Pour les travaux qui font l'objet de réserves, la garantie court du jour où il est constaté que l'exécution des travaux satisfait à ces réserves.

1re condition : désordre procédant d'un défaut caché

Le dommage pris en compte au titre des garanties doit provenir d'un **vice caché** à la réception qui compromet la solidité et la stabilité de l'ouvrage ; la présomption vise également les dommages qui résultent d'un vice du sol.

Le défaut est caché lorsqu'à la réception, il n'est pas susceptible d'être décelé par un **profane.** Les juges apprécient le caractère apparent ou caché du vice en tenant compte de différents éléments : la nécessité **de recourir à une expertise** pour le déceler, l'impossibilité pour le maître de l'ouvrage de mesurer l'importance du désordre ou encore le fait que la cause du désordre n'ait pu être déterminée qu'après la réception.

2e condition : désordre procédant d'un vice de construction ou d'un vice du sol

Le désordre provient généralement d'un vice de construction.

Elle peut aussi se traduire par une détérioration de la construction. Peu importe à cet égard que l'étendue du dommage ne soit pas d'ores et déjà mesurable : **un dommage futur**, mais certain au moment où l'action est engagée suffit (chute inévitable à terme d'éléments de la construction, défaut de tuiles rendant à terme la toiture inutilisable)

Les désordres esthétiques en revanche, ne sont pas des malfaçons relevant de la garantie décennale. Ils ne peuvent être pris en compte qu'au titre de la responsabilité de droit commun.

Aux malfaçons qui caractérisent un défaut de construction, la loi assimile les désordres qui résultent d'un **vice du sol**, sauf si le maître de l'ouvrage notoirement compétent a fait le choix du terrain en connaissance de cause.

Cependant, même dans ce cas, le constructeur au sens général du terme (ce qui inclut l'architecte) n'est pas déchargé de **son devoir de Conseil.**

3e condition : la gravité des désordres doit affecter l'ouvrage ou des éléments d'équipements indissociables

La présomption de responsabilité du constructeur ne peut être engagée dans un délai maximum de 10 ans à compter de la réception définitive que si ce dernier est responsable de dommages qui compromettent la solidité ou la stabilité de l'ouvrage.

Il suffit que la solidité de l'ouvrage soit compromise (même dans un futur proche, comme indiqué ci-dessus) ou que le désordre affecte seulement un élément de construction ou d'équipement indissociable.

Selon le Code de la Construction, un élément d'équipement est considéré comme formant indissociablement corps avec l'un des ouvrages mentionnés à l'alinéa précédent lorsque sa dépose, son démontage ou son remplacement ne peut s'effectuer sans détérioration ou enlèvement de matière de cet ouvrage. (Canalisation par exemple)

G/La Présomption de responsabilité

Articles L13 et L20 : Tout constructeur d'un ouvrage est responsable de plein droit, pour une durée de 10 ans, envers le maître ou l'acquéreur de l'ouvrage, des dommages, même résultant d'un vice du sol, qui en compromettent la solidité et la stabilité.

Cette présomption de responsabilité établie s'étend également aux dommages qui affectent la solidité des éléments d'équipement d'un ouvrage, mais seulement lorsque ceux-ci font indissociablement corps avec les ouvrages de viabilité, de fondation, d'ossature, de clos ou de couvert.

Un élément d'équipement est considéré comme formant indissociablement corps avec l'un des ouvrages mentionnés à l'alinéa précédent lorsque sa dépose, son démontage ou son remplacement ne peut s'effectuer sans détérioration ou enlèvement de matière de cet ouvrage.

La présomption de responsabilité a comme conséquence que tout constructeur d'un ouvrage est responsable de **plein droit**, à moins que le dommage ne procède d'une cause étrangère.

Il a une obligation **de résultat.**

Il y a présomption de fait, que le désordre résulte du vice de la chose ou du vice du sol.

Le maître de l'ouvrage n'a pas à établir la nature et l'origine du désordre : il n'a qu'à **constater** où le faire constater par huissier et montrer qu'il est de nature de ceux qui sont couverts par la décennale.

Force de la présomption : elle entraîne un renversement de la charge de la preuve : il appartient au constructeur de démontrer qu'il n'est pas responsable et non au maître de l'ouvrage d'apporter la preuve de sa responsabilité dès lors qu'il est établi l'existence d'un vice caché, apparu après réception, affectant l'ouvrage, ou un élément d'équipement indissociable, ou même un vice du sol.

Cette présomption de responsabilité ne cède que devant la preuve **d'une cause étrangère**.

La cause étrangère s'entend d'un cas de force majeure, du fait d'un tiers, ou du fait du maître de l'ouvrage.

- **Force majeure :** elle doit être irrésistible, imprévisible et extérieure à l'évènement.

  Les intempéries sont parfois retenues, mais à des conditions très strictes (ouragan d'une violence exceptionnelle, les mauvaises conditions climatiques étant le plus invoquées pour justifier uniquement un retard de livraison.)

  Le vice du sol n'est pas un cas de force majeure, car l'entrepreneur comme l'architecte doit faire procéder à une étude du sol. Seul un mouvement de terrain d'une grande ampleur pourrait être considéré comme un cas de force majeure.

  La mauvaise qualité des matériaux n'est pas un cas de force majeure.

  L'évolution des règles de l'Art qui conduit à abandonner certaines techniques n'est pas un cas de force majeure.

- **Fait d'un tiers :** Le constructeur ne peut s'exonérer de la présomption qui pèse sur lui en invoquant **le fait d'une personne qu'il garantit** comme un sous-traitant.

Il peut en revanche se prévaloir du fait d'un tiers dont il ne répond pas, l'architecte pouvant se prévaloir du fait de l'entrepreneur et inversement.

- **La faute du maître de l'ouvrage** : Le maître de l'ouvrage peut engager sa responsabilité sans immixtion dans la réalisation de la construction en cas de manquement à l'obligation de renseignement qui lui incombe. (Changement d'entrepreneur sans en informer l'architecte ou modification unilatérale et inconsidérée des projets.)

De même le maître de l'ouvrage ne doit pas s'immiscer dans la réalisation de l'ouvrage sans prendre le risque d'endosser la responsabilité technique de l'opération ce qui suppose néanmoins deux conditions :

- Être notoirement compétent
- L'immixtion doit être fautive.

H/La responsabilité contractuelle de droit commun

1/la responsabilité avant réception

Avant la réception, la responsabilité contractuelle de droit commun peut résulter du retard dans l'exécution des travaux et dans la livraison de l'ouvrage.

Entre dans la responsabilité avant réception, des malfaçons prédécennales, désordres qui se sont manifestés avant que l'ouvrage ne soit achevé (effondrement partiel par exemple)

Dans ce cas, la faute du constructeur donne lieu soit à des dommages et intérêts et parfois même à la résiliation du marché conformément au droit commun de la responsabilité contractuelle.

2/La responsabilité de droit commun après réception

a/Désordres apparents

Les désordres apparents à l'inverse des vices cachés à la réception relèvent de la responsabilité contractuelle de droit commun.

Il est parfois soutenu que les désordres apparents échappent à la responsabilité contractuelle de droit commun pour relever seulement de la garantie de parfait achèvement d'un an à compter de la réception provisoire.

Il n'en est rien si l'entrepreneur conteste son obligation de réparer dans le cadre de la garantie de parfait achèvement.

De même, si le délai de garantie de parfait achèvement est d'un an, ce délai n'est pas un délai d'exécution ni un délai d'action à peine de forclusion.

Par conséquent, si l'entrepreneur refuse de procéder aux réparations, le maître de l'ouvrage pourra l'assigner tant que la prescription de droit commun n'est pas acquise.

b/Les dommages intermédiaires

Il s'agit des dommages qui se manifestent après la réception, mais qui ne rentrent pas dans le cadre de la garantie décennale. Il s'agit des désordres qui ne compromettent ni la stabilité, ni la solidité de l'ouvrage ou des éléments d'équipements indissociables.

c/Les défauts de conformité

Il peut s'agir d'un défaut de conformité aux règles de l'Art, aux plans, à la réglementation, aux clauses du marché.

Ce ne sont pas techniquement des désordres et ne relèvent pas en principe de la responsabilité décennale sauf si ces défauts de conformité compromettent la stabilité et la solidité de l'ouvrage.

d/Les dommages immatériels

Lorsque les dommages sont immatériels (perte d'exploitation, perte locative) ils relèvent de la responsabilité de droit commun et non de la garantie décennale.

III/DISPOSITIONS DIVERSES

Nullité des clauses de non-responsabilité

Article L18 : Toute clause d'un contrat qui a pour objet soit d'exclure ou de limiter la responsabilité du constructeur ou d'en limiter la portée soit d'écarter ou de limiter la solidarité prévue par le Code de la construction est nulle et non avenue, sauf en cas de force majeure ou de la faute d'un tiers dont la preuve devra être rapportée par le constructeur.

Les obligations du constructeur en matière d'autorisation d'urbanisme et de performances énergétiques

Article L21 : Les dispositions prévues en matière de documents et d'autorisations d'urbanisme (Article L2 du même Code) ainsi que celles en matière énergétique (Article L9 du Code de la construction) s'imposent aux personnes qui construisent ou font construire des bâtiments ainsi qu'aux architectes, techniciens, entrepreneurs, tâcherons et artisans et autres personnes responsables de l'exécution de ces constructions.

IV/ASSURANCE DES TRAVAUX DE BÂTIMENT

L'assurance des travaux de bâtiment est abordée par les articles L28 à L37 de la Loi n° 2009-23 du 8 juillet 2009 portant partie législative du Code de la construction.

A/Assurance de responsabilité obligatoire : l'assurance décennale du constructeur (Articles L28 et L29)

Toute personne physique ou morale dont la responsabilité peut être engagée sur le fondement de la présomption établie pour les constructeurs par le Code de la construction, à propos de travaux de bâtiment, doit être couverte par une assurance.

Pour rappel, les articles L13 et L20 du Code de la construction disposent que tout constructeur d'un ouvrage est responsable de plein droit, pour une durée de 10 ans, envers le maître ou l'acquéreur de l'ouvrage, des dommages, même résultant d'un vice du sol, qui en compromettent la solidité et la stabilité.

Cette présomption de responsabilité établie s'étend également aux dommages qui affectent la solidité des éléments d'équipement d'un ouvrage, mais seulement lorsque ceux-ci font indissociablement corps avec les ouvrages de viabilité, de fondation, d'ossature, de clos ou de couvert.

Un élément d'équipement est considéré comme formant indissociablement corps avec l'un des ouvrages mentionnés à l'alinéa précédent lorsque sa dépose, son démontage ou son remplacement ne peut s'effectuer sans détérioration ou enlèvement de matière de cet ouvrage.

Comme précédemment indiqué, cette responsabilité suppose que 3 conditions soient remplies :

- qu'il y ait eu réception (expresse par la signature d'un PV de réception ou tacite par la prise de possession de l'ouvrage)
- que les désordres soient cachés.

- et qu'ils compromettent la solidité et la stabilité de l'ouvrage.

À défaut, l'entrepreneur et/ou son assureur décennal seraient en droit d'invoquer l'exclusion de garantie.

En effet, il ne fait aucun doute que le risque décennal est le seul qui soit soumis à l'assurance de responsabilité obligatoire précitée.

À l'ouverture de tout chantier, la personne physique ou morale doit être en mesure de justifier qu'elle a souscrit un contrat d'assurance la couvrant pour les responsabilités encourues.

Tout contrat d'assurance souscrit en ce sens est, nonobstant toute stipulation contraire, réputé comporter une clause assurant le maintien de la garantie pour la durée de la responsabilité pesant sur la personne assujettie à l'obligation d'assurance.

Celui qui fait réaliser pour le compte d'autrui des travaux de bâtiment doit être couvert par une assurance de responsabilité garantissant les dommages, même résultants d'un vice du sol, qui en compromettent la solidité et la stabilité, et résultant de son fait.

Il en est de même lorsque les bâtiments sont construits en vue de la vente.

B/Assurance obligatoire tous risques souscrite par le propriétaire de l'immeuble ou son mandataire. (Article L30)

→L'assurance dommage ouvrage : c'est une assurance de la **chose**.

Elle incombe à « *Toute personne physique ou morale, qui agissant en qualité de propriétaire de l'ouvrage, de vendeur ou de mandataire du propriétaire de l'ouvrage, fait réaliser des travaux de bâtiment avant l'ouverture du chantier, pour son compte ou pour celui des propriétaires successifs* »

Cette assurance garantit, en dehors de toute recherche des responsabilités, le paiement des travaux de réparation des dommages de la nature de ceux dont sont responsables les constructeurs, les fabricants et importateurs ou le contrôleur technique.

Le souscripteur conclut tant le contrat pour son compte que pour celui des acquéreurs successifs. Ainsi le vendeur d'immeuble à construire et son acquéreur ont simultanément ou successivement la qualité de souscripteur et d'assuré. En application de ce principe, ce n'est pas le maître de l'ouvrage souscripteur, mais le syndicat des copropriétaires, qui a hérité des, qui seul peut agir contre l'assureur dommage ouvrage. (Exemple : infiltrations et désordres dans les parties communes.)

La garantie porte sur les travaux de réparation de toute nature dont sont responsables les constructeurs au sens des articles L13 et L20 du Code de la Construction, mais également les fabricants et importateurs des matériaux de la construction ou le contrôleur technique.

Ces deux articles visent aussi les dommages de nature décennale. Il suffit par conséquent de renvoyer à ce qui a été vu sur ce point, étant rappelé que la condition relative à des travaux de construction du bâtiment est toujours nécessaire, ce qui exclut notamment le ravalement.

Comme le précise l'article L 30, la différence essentielle avec l'assurance décennale tient au fait que le dommage ouvrage garantit le souscripteur en dehors de toute recherche de responsabilité du constructeur.

Il suffit que soit constaté après réception définitive un désordre caché d'une gravité suffisante pour compromettre la stabilité ou la solidité de l'ouvrage.

C'est le résultat qui importe. Cette condition est suffisante : **peu importe sa cause**, qu'il y ait absence de conformité aux règles de l'Art, à la réglementation, aux dispositions du marché, etc.

« Toutefois, elle garantit le paiement des réparations nécessaires lorsque :

- *avant la réception, après mise en demeure restée infructueuse, le contrat de louage d'ouvrage conclu avec l'entrepreneur est résilié pour inexécution par celui-ci de ses obligations ;*
- *après la réception, après mise en demeure restée infructueuse, l'entrepreneur n'a pas exécuté ses obligations. »*

Il est important de souligner que contrairement à l'assurance dommage ouvrage en France qui précise expressément la durée de la garantie (10 ans à compter de la réception) l'article L 30 du Code de la Construction se contente de procéder par renvoi *« aux dommages de la nature de ceux dont sont responsables les constructeurs, les fabricants et importateurs ou le contrôleur technique. »* (L 13 et L 20)

On peut donc en conclure que « *cette assurance prend effet après l'expiration du délai de garantie de parfait achèvement d'un an, à compter de la réception provisoire* » pour une durée de 10 ans.

→L'assurance tous risques chantier valable pendant la phase de chantier et pendant les opérations de maintenance, garantit, en cours des travaux, les dommages matériels occasionnés accidentellement à l'ouvrage en construction et les biens se trouvant sur le chantier appartenant au maître de l'ouvrage ou qui lui sont confiés. Cette assurance garantit aussi, dans un délai de douze mois après réception provisoire, les dommages accidentels affectant tout ou partie de l'ouvrage consécutif à une négligence, maladresse ou fausse imputables aux intervenants assurés durant leurs visites de maintenance.

Toute entreprise d'assurance agréée conformément au Code des Assurances pour les risques de la construction est habilitée à prendre en charge les risques prévus au présent article.

Cette obligation ne s'applique pas à l'État lorsqu'il construit pour son propre compte.

Dans certains cas, visés par l'article L31 du Code de la construction, le promoteur peut être obligé souscrire à une telle assurance.

C/Dispositions communes aux assurances de bâtiment

1/Domaine

Les bâtiments et opérations concernés par l'obligation d'assurance (Article L32)

Les obligations d'assurance s'appliquent :

a- aux bâtiments neufs recevant du public ;

b- aux bâtiments anciens ou neufs nécessitant des reprises en sous-œuvre ou des travaux de soutènement d'ouvrage voisins, sur une hauteur supérieure à cinq mètres.

c- aux opérations de construction et ouvrage soumis à l'obligation de contrôle technique

2/La preuve de l'assurance (Article L33)

Les personnes soumises aux obligations d'assurance tous risques décennale doivent être en mesure d'en justifier l'accomplissement notamment en se conformant aux formalités fixées à cet effet par arrêté à conjoint du Ministre chargé des assurances et du Ministre chargé de la Construction.

Cette justification doit être produite à toute réquisition et être jointe à la déclaration d'ouverture de chantier ; en pratique, le constructeur devra obtenir une **attestation d'assurance**.

3/Que faire en cas de refus d'une compagnie d'assurance ?

La saisine du Ministère chargé des assurances suite à un refus d'assurance (Articles L34 et L35)

Toute personne assujettie à l'obligation de s'assurer qui, ayant sollicité la souscription d'un contrat auprès d'une entreprise d'assurance dont les statuts n'interdisent pas la prise en charge du risque en cause en raison de sa nature, se voit opposer un refus, peut saisir le Ministère chargé des assurances.

Toute entreprise d'assurance qui maintient son refus de garantir un risque dont la prime a été fixée par l'autorité compétente est considérée comme ne fonctionnant plus conformément à la réglementation en vigueur et encourt les sanctions prévues par le Code des Assurances à cet effet.

En effet, dès lors que le Code de la Construction pose comme principe que l'assurance décennale est obligatoire, les compagnies ont l'obligation d'assurer. La règle s'applique à toutes sociétés d'assurance.

4/L'option d'action directe contre l'assureur en cas de règlement judiciaire ou liquidation de bien de l'assuré (Article L36)

Les victimes des dommages prévus en matière de caractéristiques acoustiques, de responsabilité des constructeurs d'ouvrage de contrôle technique et d'assurance des travaux de bâtiment, ont la possibilité d'agir directement contre l'assureur du responsable desdits dommages si ce dernier est en règlement judiciaire ou en liquidation de biens.

Cela suppose bien entendu que l'action devant les Tribunaux soit engagée avant la prescription de 10 ans à compter de la réception, si l'assureur n'a pas, avant ce délai, notifié son accord écrit pour couvrir le sinistre. Il convient de préciser que les conclusions d'un expert amiable mandaté par la compagnie d'assurance qui confirmerait la réalité des désordres sur le plan technique n'engagent pas cette dernière, la compagnie d'assurance étant libre de réserver sa position sur le plan juridique.

Sources : « *Le Droit immobilier au Sénégal* », Me Franck ZEITOUN, Sept. 2015, Éditions L'HARMATTAN)

CHAPITRE III

DIVISION DE L'IMMEUBLE EN COPROPRIÉTÉ

Les articles 2 à 7 traitent de la répartition des diverses parties de l'immeuble en parties privatives, communes et mitoyennes.

Les parties communes sont l'objet d'une propriété indivise entre l'ensemble des copropriétaires ou certains d'entre eux seulement ***(article 4 Loi du 16 juin 1988).***

I/LES PARTIES COMMUNES ET PRIVATIVES

A/ CAS GÉNÉRAL

Sont privatives, les parties des bâtiments et des terrains réservées à l'usage exclusif d'un copropriétaire déterminé.

Les parties privatives sont la propriété exclusive de chaque copropriétaire ***(article 2)***

Sont communes les parties des bâtiments et des terrains affectées à l'usage et à l'utilité de tous les copropriétaires ou de plusieurs d'entre eux.

Dans le silence ou la contradiction des titres, sont réputées parties communes :

– Le sol, les cours, les parcs et jardins, les voies d'accès ;

– Le gros œuvre des bâtiments, les éléments d'équipements communs y compris les parties des canalisations y afférents qui traversent les locaux privatifs ;

– Les coffres, gaines ;

– Les locaux des services communs ;

– Les passages et corridors, notamment.

Sont réputés droits accessoires aux parties communes dans le silence ou la contradiction des titres (de propriété) :

– Le droit de surélever un bâtiment affecté à l'usage commun ou comportant plusieurs locaux qui constituent des parties privatives différentes ou d'en affouiller le sol ;

– Le droit d'édifier des bâtiments nouveaux dans des cours, parcs ou jardins constituant des parties communes ;

– Le droit d'affouiller de tels cours, parcs ou jardins ;

– Le droit de mitoyenneté afférent aux parties communes ». (***Article 3 - Loi du 16 juin 1988)***

La loi du 16 juin 1988 énumère, « dans le silence ou la contradiction des titres », *ce qui est partie commune dans une copropriété, c'est-à-dire ce qui est affecté à l'utilité de tous les copropriétaires ou de plusieurs d'entre eux* (art. 3 de la loi).

Il s'agit, essentiellement, du terrain et de la viabilité (voirie, réseaux divers), du gros œuvre des bâtiments, et des locaux ou accessoires immobiliers communs à tous (gardien, local poubelles, etc.).

À l'inverse, il sera possible à un copropriétaire de racheter une partie commune si elle ne présente aucune utilité pour la copropriété.

B/Les parties communes spéciales à certains copropriétaires

Il est possible de créer des **parties communes à certains copropriétaires** seulement.

Typiquement, en cas de pluralité de bâtiments, il en sera ainsi du gros œuvre de chacun de ces bâtiments.

Cette faculté (ce n'est jamais une obligation) permet en général une meilleure gestion de l'ensemble, et une meilleure compréhension de leurs droits et obligations par les copropriétaires.

C/la jouissance de certaines parties communes réservées à des copropriétaires

Le règlement de copropriété peut réserver à certains copropriétaires la **jouissance exclusive d'éléments communs** : par exemple, terrasses, cour intérieure, jardin…

Le droit de jouissance exclusive sur certaines parties communes ne donne pas le droit de les modifier sans autorisation des copropriétaires, selon une Jurisprudence assez fournie, mais non concordante sur les modalités de cette autorisation : certaines décisions admettent que l'autorisation peut être donnée à la majorité des 2/3 des voix, d'autres estiment qu'aucune construction ne peut être édifiée dans ces circonstances, ce qui équivaut à exiger un accord unanime

Ces éléments n'en restent pas moins des parties communes, de sorte que sauf disposition contraire du règlement de copropriété, leur entretien, en tant que parties communes, incombe à la communauté (étanchéité de la terrasse, par exemple), le titulaire de sa jouissance n'en ayant que l'entretien correspondant (carrelage de la terrasse), sauf si le règlement en dispose autrement (Cass. 3e civ., 26 juin 1974 : *bull.*civ. III, n° 269).

D/Dispositions diverses

Les parties communes et les droits qui leur sont accessoires ne peuvent faire l'objet séparément des parties privatives, d'une action en partage ni d'une licitation forcée. ***(Article 6 - Loi du 16 juin 1988)***

Les cloisons ou murs séparant des parties privatives et non compris dans le gros œuvre sont présumés mitoyens entre les locaux qu'ils séparent. (***Article 7 - Loi du 16 juin 1988)***

II/LA QUOTE-PART DE PARTIES COMMUNES ATTACHÉE AUX LOTS

A/Les textes

La définition du « lot » donnée par la loi suppose que soit déterminée la quote-part de parties communes attachée à chacun de ces lots.

Les articles 5 de la loi et 1er du décret donnent à ce sujet des indications qui ne sont pas d'ordre public, et auxquelles il est donc possible de déroger.

Dans le silence ou la contradiction des titres, la quote-part des parties communes afférentes à chaque lot est proportionnelle à la valeur relative de chaque partie privative par rapport à l'ensemble des valeurs desdites parties, telles que ces valeurs résultent lors de l'établissement de la copropriété, de la consistance, de la superficie et de la situation des lots, sans égard à leur utilisation. **(Article 5 - Loi du 16 juin 1988)**

L'état de répartition des charges fixe, conformément aux dispositions de l'article 10, alinéa 3 et, s'il y a lieu de l'article 24, alinéa 2 de la loi du 16 juin 1988 susvisée, la quote-part qui incombe à chaque lot dans chacune des catégories de charges ; à défaut, il indique les bases selon lesquelles la répartition est faite pour une ou plusieurs catégories de charges. (***Article premier - Décret n° 2002-160 du 15 février 2002)***

Les **critères de répartition** de la propriété des parties communes sont, selon ce texte, la consistance, la superficie et la situation comparée des lots, sans égard à leur utilisation, le tout envisagé lors de l'établissement de la copropriété.

En pratique, l'adoption de ces critères conduit à partir de la superficie des lots et à utiliser divers critères de différenciation : coefficient d'étage, coefficient d'orientation, coefficients minorateurs pour les balcons, terrasses, locaux secondaires (caves, greniers, garages, parkings), coefficient d'ensoleillement…

B/Les tantièmes, millièmes ou dix-millièmes

La répartition des tantièmes, millièmes ou dix-millièmes de parties communes est établie dans l'« état descriptif de division ».

La quote-part de chaque lot est exprimée par des tantièmes, des millièmes ou des dix -millièmes, le calcul reposant sur la superficie, pondérée le cas échéant par la situation dans l'immeuble ou l'usage.

L'expression mathématique est une fraction exprimant la part dans l'ensemble de la copropriété ; le principe est d'une simplicité évidente : le total des tantièmes, millièmes ou dix -millièmes correspond à la somme de ceux des lots.

La vie de la copropriété est régulée par les tantièmes, millièmes ou dix -millièmes au prorata desquels :

- s'expriment les votes en assemblée générale : le nombre de voix dont dispose un copropriétaire correspond à ses tantièmes sont payées les charges de copropriété, du moins les charges dites « communes » ;
- les dépenses nécessaires au fonctionnement de la copropriété et en particulier au fonctionnement de l'immeuble et à l'entretien des parties communes, sont réparties en fonction des tantièmes.

Dans la copropriété les lots ne sont pas d'égale importance, dans le même immeuble on peut trouver à la fois des studios et de vastes appartements, et d'autre part dans l'espace de l'immeuble coexistent des parties privatives et des parties communes (hall d'entrée, cour, etc.).

Le système des tantièmes, millièmes ou dix -millièmes permet de gérer cette diversité des éléments de l'immeuble en attribuant à chaque lot, donc à chaque copropriétaire, des parts de copropriété, on dit des quotes-parts, comprenant à la fois la prise en compte des caractéristiques des lots, et de l'usage des parties communes. Ces tantièmes, millièmes ou dix-millièmes sont définis lors de la mise en copropriété et répertoriés dans le règlement de copropriété et l'état descriptif de division. Ils ne sont pas révisables, sauf en cas de modification de la consistance du lot.

C/Intangibilité

La répartition des tantièmes, millièmes ou dix-millièmes de parties communes, une fois adoptée, est en effet **intangible** sauf à l'unanimité (hormis quelques hypothèses particulières telles que la modification des lots). Elle détermine la consistance exacte de la propriété foncière de chaque copropriétaire.

CHAPITRE IV

DROIT DES COPROPRIÉTAIRES SUR LEUR LOT

SECTION 1 : LE RÈGLEMENT DE COPROPRIÉTÉ ET L'ÉTAT DESCRIPTIF DE DIVISION

I/LE RÈGLEMENT DE COPROPRIÉTÉ

Le règlement de copropriété, **document obligatoire**, constitue en quelque sorte **la charte de la copropriété**.

Il a donc **valeur contractuelle** entre le syndicat des copropriétaires et chaque copropriétaire à partir de l'acte d'acquisition qui doit comporter en annexe le règlement de copropriété auquel on adhère automatiquement par l'acte d'achat.

Plusieurs textes de la loi s'y réfèrent directement :

1/le contenu du règlement de copropriété (et éventuellement de l'état descriptif de division) est fixé par l'article 8 de la loi, que complètent les articles 1, 2 et 3 du décret du 15 février 2002 ;

Un règlement conventionnel de copropriété incluant ou non l'état descriptif de division, détermine la destination des parties tant privatives que communes, ainsi que les conditions de leur jouissance ; il fixe également sous réserve des dispositions de la présente loi, les règles relatives à l'administration des parties communes.

Le règlement de copropriété ne peut imposer aucune restriction aux droits des copropriétaires en dehors de celles qui seraient justifiées par la destination de l'immeuble, telle qu'elle est définie aux actes par ses caractères ou sa situation ***(article 8 loi du 16 juin 1988).***

Le règlement de copropriété mentionné par l'article 8 de la loi n° 88-04 du 16 juin 1988 fixant le statut de la copropriété des immeubles bâtis comporte les stipulations relatives aux objets visés par l'alinéa premier dudit article ainsi que l'état de répartition des charges prévu au dernier alinéa de l'article 10 de ladite loi. Cet état définit les différentes catégories de charges et distingue celles relatives au fonctionnement et à l'entretien de chacun des éléments d'équipements communs et celles entraînées par chaque service collectif.

L'état de répartition des charges fixe, conformément aux dispositions de l'article 10, alinéa 3 et, s'il y a lieu de l'article 24, alinéa 2 de la loi du 16 juin 1988 susvisée, la quote-part qui incombe à chaque lot dans chacune des catégories de charges ; à défaut, il indique les bases selon lesquelles la répartition est faite pour une ou plusieurs catégories de charges. (***Article premier - Décret n° 2002-160 du 15 février 2002)***

Le règlement de copropriété peut également comporter :

1° l'état descriptif de division de l'immeuble ;

2° la ou les conventions relatives à l'exercice de l'un des droits accessoires aux parties communes. (***Article 2 - Décret n° 2002-160 du 15 février 2002)***

Les règlements, états et conventions énumérés aux articles qui précèdent peuvent faire l'objet d'un acte conventionnel ou résulter d'un acte judiciaire, suivant le cas, ayant pour objet de réaliser, constater ou ordonner la division de la propriété d'un immeuble dans les conditions fixées par l'article premier de la loi du 16 juin 1988 susvisée.

Si le règlement de copropriété comprend un état descriptif de division et les conventions visées à l'article 2 ci-dessus, il doit être rédigé de manière à éviter toute confusion entre ses différentes parties et les clauses particulières au règlement de copropriété doivent se distinguer nettement des autres.

Dans ce cas, seules les stipulations dont l'objet est précisé à l'article premier du présent décret constituent le règlement de copropriété au sens et pour l'application de ladite loi. ***(Article 3 - Décret n° 2002-160 du 15 février 2002)***

2/le problème de l'opposabilité du règlement de copropriété est évoqué par l'article 13 de la loi et par l'article 4 du décret, à l'occasion de la vente d'un lot ou de la constitution d'un droit réel sur ce dernier

Le règlement de copropriété et les modifications qui peuvent lui être apportées ne sont opposables aux ayants cause à titre particulier des copropriétaires qu'à dater de leur publication aux livres fonciers ***(Article 13 – loi du 16 juin 1988)***

Tout acte conventionnel réalisant ou constatant le transfert de propriété d'un lot ou d'une fraction de lot, ou la constitution sur ces derniers d'un droit réel, doit mentionner expressément que l'acquéreur ou le titulaire du droit a eu préalablement connaissance, s'ils ont été publiés dans les conditions prévues par l'article 13 de la loi du 16 juin 1988 susvisée, du règlement de copropriété ainsi que des actes qui l'ont modifié.

Il en est de même en ce qui concerne l'état descriptif de division et des actes qui l'ont modifié, lorsqu'ils existent et ont été publiés.

Le règlement de copropriété, l'état descriptif de division et les actes qui les ont modifiés, même s'ils n'ont pas été publiés au livre foncier, s'imposent à l'acquéreur ou au titulaire du droit s'il est expressément constaté aux actes visés au présent article qu'il en a eu préalablement connaissance et qu'il a adhéré aux obligations qui en résultent (***article 4 - Décret n° 2002-160 du 15 février 2002).***

Cependant, si une clause du règlement de copropriété est contraire à la loi et d'ordre public, cette clause est réputée non écrite (voir en ce sens CA PARIS, 19e ch., 9 avr. 1992 : *loyers et copr.* 1992, 308.- CA PARIS, 23e ch., 29 mai 1992 : *loyer et copr.* 1992, 400).

3/<u>les droits et obligations des copropriétaires</u> sont évoqués à l'article 9 de la loi, lequel dispose :

Chaque copropriétaire dispose des parties comprises dans son lot : il use et jouit librement des parties privatives et des parties communes sous la condition de ne porter atteinte ni aux droits des autres copropriétaires ni à la destination de l'immeuble ***(article 9 du 16 juin 1988).***

Le lot de copropriété – composé de la partie privative et de sa quote-part des parties communes – est un bien immeuble dont le propriétaire use et dispose à son gré, sous réserve des conditions et des règles fixées par le **règlement de copropriété**.

Ce règlement ne peut imposer **aucune restriction** aux droits des copropriétaires en dehors de celles qui seraient justifiées par la **destination de l'immeuble : habitation, commercial ou mixte** (art. 8 alinéa 2 de la loi).

Chaque propriétaire dispose des parties privatives de son lot, et jouit librement des parties privatives et communes, à condition de ne porter atteinte ni aux droits des autres copropriétaires ni à la destination de l'immeuble (***art. 9 de la loi*).**

Par arrêt numéro 222 rendu le 11 juin 2015, la Cour d'appel de Dakar avait rejeté la demande de démolition de constructions édifiées dans la cour privative d'un appartement au rez-de-chaussée qui portaient atteinte au droit de jouissance paisible du demandeur au motif que « *le vendeur des appartements, la société SEBEL INVEST a attesté que les cours avant et arrière des appartements du rez-de-chaussée sont privées et relèvent du droit exclusif du propriétaire qui en dispose librement sans préjudicier aux tiers ou violer la loi.* »

Par arrêt numéro 82 rendu le 19 octobre 2016, la Chambre civile et commerciale de la Cour Suprême a cassé est annulé en toutes ces dispositions l'arrêt du 11 juin 2015 et renvoyé la cause et les parties devant la Cour d'appel de Thiès au motif qu'« *en se déterminant ainsi sans rechercher, ainsi qu'il le lui avait été demandé, si les constructions ne portaient pas atteinte au droit de jouissance paisible des autres copropriétaires, la cour d'appel n'a pas donné de base légale à sa décision* » **(HOUNTOUDJI C/FOIN, pourvoi J/395 ; RG 15)**

La **destination de l'immeuble** est « définie aux actes, par ses caractères ou sa situation » (art. 8 de la loi).

Cette notion floue, objet de très nombreuses décisions de jurisprudence, est une notion-clé à laquelle la loi se réfère en plusieurs endroits et qui a pour objet essentiel de situer l'immeuble dans une sorte de définition de base, qui est à la fois la limite et la protection des copropriétaires.

La situation de l'immeuble résulte des actes (l'immeuble est à usage d'habitation, les commerces y sont autorisés ou non, etc.), des caractères de l'immeuble (aspect, standing, « niveau social »...), et de sa situation (quartier, environnement).

Un copropriétaire ne peut pas s'inscrire à l'encontre de cette destination – et la collectivité ne peut pas le contraindre par une décision qui serait contraire à cette destination.

SECTION 2 : APPLICATIONS

Affectation des lots : un lot a une affectation donnée (appartement, boutique, cave, grenier...). La Jurisprudence tend, malgré son manque d'unité, à estimer que cette affectation ne peut pas être modifiée, sauf accord unanime des copropriétaires.

Mais la question reste controversée et, s'il y a des cas où la solution s'impose (impossibilité de créer un commerce si l'immeuble est à destination exclusive d'habitation, par exemple), il en est d'autres où l'hésitation est permise : ainsi, dans un immeuble à destination d'habitation, la transformation d'un grenier en appartement paraît conforme à la destination de l'immeuble…

– **Location des lots** : la location est **libre**, mais les locataires doivent respecter les clauses contenues dans le règlement de copropriété et les assemblées que le propriétaire a l'obligation de notifier à ses locataires lors de la location sous peine de voir sa responsabilité engagée

Le propriétaire devra également respecter et faire respecter par son locataire la destination de l'immeuble et de chaque lot : ainsi, on ne peut pas exercer une activité commerciale dans un lot à usage d'habitation (seules les professions libérales sont autorisées)

À l'inverse, les clauses limitatives du droit de louer (interdiction de louer les chambres de service à des non-copropriétaires, interdiction de louer les pièces d'un même appartement à des personnes différentes, agence immobilière imposée par le promoteur d'un programme pour louer son lot, etc.) ne peuvent se concevoir, sauf rares exceptions (si elles sont justifiées par la destination de l'immeuble ; Jurisprudence nombreuse et concordante sur ce point).

– **Vente des lots** : elle est totalement libre, mais peut éventuellement être justifiée par la destination de l'immeuble, l'interdiction de vendre les chambres de service séparément des locaux principaux (ne pas multiplier le nombre des occupants de l'immeuble) ; mais n'est pas justifiée l'obligation d'obtenir une autorisation de l'assemblée des copropriétaires pour vendre, ainsi qu'un pacte de préférence au profit des autres copropriétaires (jurisprudence nombreuse et non unifiée sur ces points).

– **Clauses de non-concurrence**, c'est-à-dire interdisant, dans un ensemble commercial, d'exercer un commerce déjà exercé par un copropriétaire en place.

Ces clauses sont en principe **illicites**, favorisant des intérêts particuliers, et non ceux collectifs ; mais elles peuvent, parfois, être justifiées par la destination de l'immeuble.

– Clauses relatives à l'usage des parties communes : la destination de l'immeuble justifie la réglementation du stationnement, du bruit, de l'étendage du linge, de la publicité… dans les parties communes.

SECTION 3 : QUE FAIRE SI DES CLAUSES DU RÈGLEMENT DE COPROPRIÉTÉ SONT CONTRAIRES À LA LOI ET AU RÈGLEMENT

Les articles de la loi du 16 juin 1988 et du décret d'application du 15 février 2002 sont d'ordre public sauf si le législateur a expressément mentionné dans certains articles la mention « *à défaut de dispositions du règlement de copropriété ou de décision de l'Assemblée générale* ».

Cela veut dire qu'il est possible de personnaliser le fonctionnement de la copropriété en apportant certaines précisions dans le règlement de copropriété ou par voie d'Assemblée, mais à la condition que ces précisions ne soient pas contraires à la loi de 1988 et son décret d'application de 2002.

À défaut, toute clause du règlement ou toute résolution prises en assemblée contraires à la loi et au décret sont **réputées « non écrites »**

À l'inverse, la loi et le décret s'appliquent si le règlement de copropriété n'a rien prévu.

Il faut bien entendu consulter un avocat spécialisé, qui pourra le cas échéant saisir le tribunal pour obtenir l'annulation des clauses du règlement litigieuses au cas par cas.

Tout **copropriétaire** (ou le syndicat, mais non le syndic, qui n'y est pas habilité) peut faire constater par le Tribunal de grande instance (TGI) la non-conformité des clauses du règlement aux **dispositions** légales et règlementaires sous réserve des règles de prescription.

C'est souvent en effectuant une remise à plat à la faveur de l'adaptation des règlements de **copropriété** que sont mises en lumière certaines clauses irrégulières .

SECTION 4 : APRÈS LA LOI, LA JURISPRUDENCE

La loi peut s'avérer imprécise, floue ou muette.

Dans ce cas et sur certains sujets précis, il est difficile de savoir quelle règle appliquer.

Chacun fait alors un peu ce qu'il veut jusqu'à ce que les juges tranchent, même s'il leur arrive parfois d'être aussi désavoués.

Les Cours d'Appels peuvent ainsi corriger la décision des juges de première instance.

Et au-dessus des Cours d'Appels, la Cour de Cassation en France et la Cour Suprême au Sénégal définissent le droit quand la loi est insuffisamment précise.

Cette situation est en partie normale, la loi ne pouvant tout prévoir.

NB : La jurisprudence la plus abondante a été rendue en France, compte tenu du caractère encore récent du décret d'application du 15 février 2002.

Cette jurisprudence est généralement suivie au Sénégal si les articles de la loi ou du décret ont leur équivalent, mais ce n'est pas une obligation, chaque Cour disposant de son propre pouvoir d'appréciation

CHAPITRE V

OBLIGATIONS DES COPROPRIÉTAIRES

SECTION 1 : RÉPARTITION DES CHARGES

En dehors de l'obligation de respecter le règlement de copropriété, la destination de l'immeuble et le droit des autres copropriétaires (voir CHAP. III), les copropriétaires ont pour principale obligation de contribuer **au paiement des charges** de l'immeuble en vertu de **l'article 10 de la Loi n° 88-04 du 16 juin 1988 d'ordre public qui dispose :**

« Les copropriétaires sont tous tenus de participer aux charges entraînées par les services collectifs et les éléments d'équipement commun en fonction de l'utilité que ces services et éléments présentent à l'égard de chaque lot.

Ils sont tenus de participer aux charges relatives à la conservation, à l'entretien et à l'administration des parties communes proportionnellement aux valeurs relatives des parties privatives comprises dans leurs lots, tel que ces valeurs résultent de dispositions de l'article 5.

Le règlement de copropriété fixe la quote-part afférente à chaque lot dans chacune des catégories de charges ».

L'Article premier du Décret n° 2002-160 du 15 février 2002 précise :

« Le règlement de copropriété mentionné par l'article 8 de la loi n° 88-04 du 16 juin 1988 fixant le statut de la copropriété des immeubles bâtis comporte les stipulations relatives aux objets visés par l'alinéa premier dudit article ainsi que l'état de répartition des charges prévu au dernier alinéa de l'article 10 de ladite loi. Cet état définit les différentes catégories de charges et distingue celles relatives au fonctionnement et à l'entretien de chacun des éléments d'équipements communs et celles entraînées par chaque service collectif.

L'état de répartition des charges fixe, conformément aux dispositions de l'article 10, alinéa 3 et, s'il y a lieu de l'article 24, alinéa 2 de la loi du 16 juin 1988 susvisée, la quote-part qui incombe à chaque lot dans chacune des catégories de charges ; à défaut, il indique les bases selon lesquelles la répartition est faite pour une ou plusieurs catégories de charges. »

Lot devenu inhabitable : lorsqu'un lot devient inhabitable, peut-il être exonéré des charges afférentes aux éléments d'équipement communs et des services collectifs ?

En France certaines juridictions l'avaient admis par exemple en cas d'arrêté de péril portant interdiction d'habiter (Cour d'appel de Paris 8 novembre 1983 Dalloz 1984 informations rapides p. 385), mais la Cour de cassation a pris une position différente ;

Par arrêt du 13 juillet 1993, la 3e chambre civile de la Cour de cassation a déclaré que « le propriétaire d'un lot devenu inhabitable en raison d'infiltrations d'eau devait néanmoins acquitter toutes ses charges de copropriété sans distinction » (13 juillet 93 Loyers et copropriété novembre 93 Numéro 404) et la même solution a été adoptée à propos d'un lot devenu inhabitable à la suite d'un arrêté de Paris (3e chambre civile 17 mai 1995, Loyers et copropriété septembre 95 numéro 388)

La Cour de cassation paraît signifier qu'il n'y a pas à tenir compte d'éléments temporaires et conjoncturels pour approcher l'utilité objective des éléments d'équipement communs et des services collectifs

Cette décision nous paraît conforme à l'article 10 qui rappelle le principe de participation obligatoire de tous les lots en proportion de leurs tantièmes ou millièmes de copropriété

Clause de solidarité : certains règlements de copropriété comportent une clause de solidarité en vertu de laquelle les copropriétaires sont solidairement tenus de payer les charges, y compris celles des copropriétaires défaillants.

Si cette clause a été, dans un premier temps, déclarée illégale par la Cour de cassation française au motif qu'elle est contraire aux dispositions des articles 2093 et 2094 du Code civil, la Cour de cassation dans des arrêts plus récents a déclaré les clauses de solidarité licites (Cass 2e chambre civile 7 juillet 2011, n° 1013913 Jurisdata n° 2011 019897).

Le Tribunal Hors Classe de DAKAR, confirmé par arrêt rendu le 6 mai 2004 par la chambre civile et commerciale de la Cour d'appel de Dakar, avait débouté la Régie Immobilière Mugnier , syndic, de sa demande sur le fondement d'une clause de solidarité de paiement de charges formée contre deux copropriétaires, la CSAR et l'OPCE.

La Régie Immobilière Mugnier a formé un pourvoi en cassation.

Par arrêt numéro 87 rendu le 16 août 2007, la chambre civile et commerciale de la Cour Suprême du Sénégal a rejeté le pourvoi au motif

-d'une part que « *l'article 9 du règlement de copropriété n'a point stipulé une solidarité relativement au règlement par les copropriétaires des sommes dues au titre des charges communes ; que la cour d'appel, hors toute dénaturation relevé la conformité de cet article,*

-d'autre part que *"le contentieux tranché par la cour d'appel n'étant pas liée à un cas d'indivision ordinaire ou héréditaire sur un lot, nulle part dans l'arrêt il est question d'indivision organisée ou deux modalités de recouvrement des charges communes à l'encontre des indivisaires", que la Cour d'Appel a donné une base légale à sa décision »*

(AFF : Régie Immobilière MUGNIER C/CSAR et OPCE)

Il « agit bien sûr d'un cas d'espèce, les magistrats disposant d'un pouvoir d'appréciation de la légalité et de la portée des clauses de solidarité au cas par cas.

Répartition des charges :

L'article 10 de la loi du 16 juin 1988, qui est d'ordre public, distingue **deux catégories de charges** :

– les charges entraînées par les services collectifs et les éléments d'équipements communs ;

– et les charges relatives à la conservation, à l'entretien et à l'administration des parties communes.

I/CHARGES ENTRAÎNÉES PAR LES SERVICES COLLECTIFS ET LES ÉLÉMENTS D'ÉQUIPEMENTS COMMUNS

Ces charges doivent être réparties entre les copropriétaires **en fonction de l'utilité** que ces services et éléments présentent pour chaque lot.

1) Lorsque cette utilité est nulle, le lot ne participe pas aux charges : ainsi, charges de l'ascenseur pour un lot situé au rez-de-chaussée de l'immeuble.

2) L'utilité s'apprécie objectivement : si un copropriétaire déclare ne jamais se servir de l'ascenseur parce qu'il préfère monter chez lui

par l'escalier, il n'en paie pas moins sa quote-part des charges de l'ascenseur.

3) La loi ne définit pas les critères de la mesure de « l'utilité » des services et éléments d'équipements, pour les différents lots. Il incombe aux rédacteurs des règlements de copropriété de la déterminer dans chaque cas particulier.

4) Sont, au sens de l'article 10 de la loi, des « services » ou « éléments d'équipements communs » : les ascenseurs, l'antenne collective de TV, le service collectif de chauffage et d'eau chaude…

II/CHARGES RELATIVES À LA CONSERVATION, À L'ENTRETIEN ET À L'ADMINISTRATION DES PARTIES COMMUNES

Ces charges doivent être réparties entre les copropriétaires *proportionnellement aux valeurs relatives des parties privatives*, tel que ces valeurs résultent des dispositions de l'article 5 de la loi, soit en fonction *des tantièmes*.

On pourra donc, le cas échéant, avoir une répartition de ces charges (appelées en pratique « charges générales »), différente de celle des tantièmes de parties communes.

Ces charges comprennent, notamment, tout ce qui est maintenance de l'immeuble proprement dit (gros œuvre, toiture…), ce qui est fonctionnement du syndicat (honoraires du syndic, responsabilité du syndicat…), ce qui est parties communes extérieures (voiries, réseaux communs…).

Il est possible de **spécialiser les charges** de conservation, d'entretien et d'administration par bâtiment, ou groupes de lots, selon les cas. Dans ces hypothèses, les critères de leur répartition entre les lots intéressés sont les mêmes que ceux dégagés ci-dessus, soit au prorata des tantièmes.

Cette répartition par bâtiment correspond souvent à la spécialisation des parties communes.

Mais la corrélation n'est pas obligatoire, et on peut préférer, dans un règlement de copropriété, conserver des parties communes générales non spécialisées (le gros œuvre de chaque immeuble appartenant à tous les copropriétaires de l'ensemble immobilier), et spécialiser pourtant les charges par bâtiment, par cage d'escalier, etc.

SECTION 2 : MODALITÉS D'APPELS DES CHARGES

Le syndic peut exiger le versement :

1° de l'avance de trésorerie permanente prévue au règlement de copropriété (ou à défaut par voie d'assemblée)

2° au début de chaque exercice, d'une provision qui, sous réserve des stipulations du règlement de copropriété ou, à défaut, des décisions de l'assemblée générale, ne peut excéder soit le quart du budget prévisionnel voté pour l'exercice considéré, soit la moitié de ce budget si le règlement de copropriété ne prévoit pas le versement d'une avance de trésorerie permanente ;

3° en cours d'exercice, soit d'une somme correspondant au remboursement des dépenses régulièrement engagées et effectivement acquittées, soit de provisions trimestrielles qui ne peuvent, chacune, excéder le quart du budget prévisionnel pour l'exercice considéré ;

4° de provisions spéciales destinées à permettre l'exécution de décisions de l'assemblée générale, comme celles de procéder à la réalisation des travaux prévus au chapitre III de la loi du 16 juin 1988 sus visée et à la section VIII du présent décret, dans les conditions fixées par décisions de ladite assemblée.

L'assemblée générale décide, s'il y a lieu, du mode de placement des fonds ainsi recueillis. *(Article 37 - Décret du 15 février 2002)*

SECTION 3 : MODIFICATION DE LA RÉPARTITION DES CHARGES (ART. 11 DE LA LOI)

Lorsque des travaux ou des actes d'acquisition ou de dispositions sont décidés par l'assemblée générale statuant à la majorité exigée par la loi, la modification de la répartition des charges ainsi rendue nécessaire peut être décidée par ladite assemblée statuant à la même majorité.

En cas d'aliénation séparée d'une ou plusieurs fractions d'un lot, la répartition des charges entre ces fractions est, lorsqu'elle n'est pas fixée par le règlement de copropriété, soumise à l'approbation de l'assemblée générale statuant à la majorité prévue à l'article 24.

À défaut de décision de l'assemblée générale modifiant les bases de répartition des charges dans les cas prévus aux alinéas précédents, tout copropriétaire peut saisir le tribunal régional ou départemental de la situation de l'ensemble à l'effet de faire procéder à la nouvelle répartition rendue nécessaire. ***(Article 11 - Loi n° 88-04 du 16 juin 1988)***

La loi a donc prévu certains cas dans lesquels la modification de la répartition des charges peut intervenir :

1) Travaux rendus obligatoires en vertu de dispositions législatives ou règlementaires ou travaux nécessaires par un changement à l'usage d'une ou plusieurs parties privatives.

2) Actes de disposition sur les parties communes ou sur des droits accessoires à ces parties communes lorsque ces actes résultent d'obligations légales ou règlementaires telles que celles relatives à l'établissement de cours communes, d'autres servitudes ou à la cession de droits de mitoyenneté rendant nécessaire cette modification (ex : création de nouveaux locaux en surélévation, création d'un ascenseur…).

Les charges sont alors modifiées à la même majorité que celle qui est requise pour prendre la décision (art. 25 de la loi) et, à défaut, par le Tribunal.

2) **Division d'un lot** : En cas d'aliénation séparée d'une ou plusieurs fractions d'un lot, la répartition des charges entre ces fractions est, lorsqu'elle n'est pas fixée par le règlement de copropriété, soumise à l'approbation de l'assemblée générale statuant à la majorité prévue à l'article 24.

La répartition des charges du lot initial entre les lots issus de sa division est donc opérée par le propriétaire concerné qui doit mandater un géomètre-expert et soumise ensuite à l'approbation de l'assemblée générale.

Sauf hypothèses particulières justifiées par la destination de l'immeuble, la division d'un lot est libre (Cass. Civ. 3°, 26 mai 1988) à condition seulement qu'en divisant un grand nombre de lots, un même copropriétaire (le promoteur, en pratique) ne multiplie pas le nombre des lots de la copropriété, en lui donnant alors des caractères ne correspondant plus aux données contractuelles présentées aux premiers acquéreurs.

L'assemblée des copropriétaires n'a pas à être consultée a priori. C'est après la division que la sous-répartition des charges lui est soumise pour approbation des nouvelles charges à la majorité de l'article 24 (à défaut d'approbation, le tribunal pourra être saisi à cette fin).

En dehors des cas prévus par l'article 11, la répartition des charges entre les copropriétaires pourra être modifiée en Assemblée s'il existe une difficulté dans l'état descriptif de division (exemple : si la situation réelle des lots ne correspond pas ou plus au descriptif initial si d'autres lots ont été construits dans l'intervalle)

Dans ce cas, la modification ne pourra être adoptée qu'à la majorité des ¾ prévue par l'article 26 puisqu'elle entraîne *« une modification du règlement de copropriété qui concerne la jouissance, l'usage et l'administration des parties communes »*.

Il faudra notifier aux copropriétaires le projet du nouvel état descriptif de division établi par un géomètre-expert avec la convocation en Assemblée.

SECTION 4 : RÉVISION DES CHARGES (ART. 12 DE LA LOI)

Dans les six mois de la publication du règlement de copropriété aux livres fonciers, chaque copropriétaire peut poursuivre en justice la révision de la répartition des charges si la part correspondant à son lot est supérieure de plus d'un quart ou si la part correspondant à celle d'un autre copropriétaire est inférieure de plus d'un quart dans l'une ou l'autre des catégories de charges à celle qui résulterait d'une répartition conforme aux dispositions de l'article 10. Si l'action est reconnue fondée, le tribunal procède à la nouvelle répartition des charges. (***Article 12 - Loi n° 88-04 du 16 juin 1988***)

Précisions :

a) L'écart de 25 % s'apprécie par référence aux critères de répartition visés aux paragraphes A et B.

b) Le délai de six mois court de la publication du règlement de copropriété au Livre foncier, même si, à ce moment- là, la construction n'est pas encore achevée, ni même commencée.

S'il est construit par une société d'attribution, le délai ne court que lorsque, par le partage ou le premier retrait, l'état de copropriété succède au régime social : le règlement de jouissance devient alors, en effet, règlement de copropriété.

En pratique, le Juge du fond désigne un expert (en général un géomètre expert), avant de rendre sa décision.

CHAPITRE VI

VENTE DES LOTS EXISTANTS

La vente d'un lot dans une copropriété est une vente immobilière sans particularité en elle-même. Si la loi s'est préoccupée de règlementer cette vente, c'est en raison des difficultés provenant de l'existence de charges non payées, ou à payer, au moment de la mutation, et qui sont l'objet de fréquents conflits entre le vendeur et l'acheteur.

Ces difficultés sont réglées par l'article 20 de la loi du 16 juin 1988, et les articles 5, 6 et 59 du décret du 12 février 2002.

SECTION 1 : LES ACTEURS DE LA VENTE IMMOBILIÈRE AU SÉNÉGAL

Dans un contexte de marché inorganisé dans un pays dont la législation vous est peut-être inconnue, il est vivement recommandé de s'adresser à des professionnels et aux administrations compétentes avant de vous engager.

Il est notamment conseillé de faire appel aux services d'un notaire et/ou d'une agence immobilière pour éviter certaines pratiques courantes, qui sont à l'origine de nombreux litiges à savoir :

- l'achat de parcelle sans justification de titre de la part du vendeur
- le recours à un acte sous seing privé (c'est-à-dire un acte passé uniquement entre le vendeur et l'acquéreur, sans l'intervention d'un notaire), pour la signature d'une promesse synallagmatique ou l'acquisition d'un titre foncier ou d'un droit réel, alors que c'est obligatoire à peine de nullité (art. 383 COCC)

- l’achat d’une parcelle de terrain dépendant d’une succession ou d’un régime matrimonial en cas de divorce, non liquidés
- l’acquisition d’une parcelle grevée de charges (hypothèque, saisie…)
- l’achat d’une parcelle dans un lotissement irrégulier ou dépendant d’un terrain non morcelé régulièrement
- l’achat d’un terrain par l’intermédiaire d’un mandataire sans procuration valable,

I/LES AGENCES IMMOBILIÈRES

Le secteur de l’immobilier connaît actuellement une dérive vers l’informel, où agissent des intermédiaires, démarcheurs et autres courtiers dont certains ne présentent pas toujours les garanties requises de compétence, de sérieux et d’honnêteté.

En conséquence, si vous achetez un bien, il faut surtout éviter la précipitation et s’assurer que l’intermédiaire dispose d’un mandat signé par le (ou les propriétaires s’il s’agit d’une indivision), par le représentant légal de la personne morale (si le bien est détenu par une société),

Il conviendra d’être très vigilant et de demander une copie du titre de propriété et du certificat d’inscription à la Conservation Foncière afin de vérifier s’il s’agit de la vente d’un bien immobilier en pleine propriété (terrain nu ou terrain construit) ou d’un autre droit réel (cession de droit au bail emphytéotique dans l’hypothèse d’un terrain nu ou cession de droit au bail emphytéotique et des constructions ou impenses si des constructions ont été édifiées, cette liste n’étant pas exhaustive

Il y a lieu de vérifier également si le logement construit a un certificat d’habitabilité (conformité à l’autorisation de construire délivrée).

Toutes ces dispositions participent de la sécurité des transactions immobilières.

Il y a lieu d’être prudent et de s’adresser à une agence immobilière ayant pignon sur rue pour qu’elle effectue pour votre compte toutes ces vérifications.

Il en existe de nombreuses principalement à Dakar, Saint Louis et Saly Portudal. Elles sont régies par la loi N° 82.07 du 30 juin 1982 et son décret d'application n° 83-423 du 21 avril 1983, relatifs « *aux activités de transaction et de gestion immobilière*, ». Elles doivent être régulièrement inscrite au Greffe du tribunal de Commerce et être titulaire d'une garantie financière et d'une carte professionnelle à jour valant autorisation d'exercer les activités de transaction et de gestion immobilière, ». Cette carte est délivrée par la Direction du Commerce et des prix qui dépend du Ministère du Commerce.

II/LES SERVICES DE L'URBANISME

On peut leur demande un certificat d'urbanisme, qui renseigne sur la destination et les servitudes à respecter, et la régularité du lotissement dans lequel se trouve la parcelle.

III/LES SERVICES DU CADASTRE

Il s'agit de s'informer auprès d'eux sur la situation foncière et domaniale du terrain, et sur la consistance réelle (superficie et forme) de la parcelle. Les informations fournies par ces services sont très importantes, compte tenu de l'existence au Sénégal de terrains qui relèvent de natures juridiques différentes.

Il est rappelé qu'il existe au Sénégal :

- des terrains inaliénables et imprescriptibles, donc hors de toute transaction commerciale, qui relèvent du Domaine national ou du domaine public de l'État ; en conséquence, il faut éviter d'acheter un terrain non immatriculé (TNI), ce qui est interdit (Art. 380 du COCC) ou une dépendance du domaine public
- des terrains immatriculés, c'est-à-dire ayant fait l'objet d'un titre foncier, donc bénéficiant de garanties tangibles et d'une grande protection à travers la Constitution, les lois et règlements, et qui sont susceptibles de transactions et de constitution de droits réels (droit de propriété, emphytéose, droit de superficie, usufruit, etc.)

IV/Le receveur des Domaines

Il pourra fournir des renseignements sur la nature du titre de propriété du vendeur : titre foncier, bail ordinaire, bail emphytéotique, droit de superficie, permis d'habiter, autorisation d'occuper, etc., et de sa réalité.

V/Le géomètre-expert

Il pourra mesurer la parcelle à acquérir et établir un plan qui pourra être annexé à votre demande de réquisition d'immatriculation

VI/La Conservation de la Propriété Foncière et des Droits Fonciers

Il s'agit du service territorialement compétent, compte tenu de la situation de la parcelle de terrain. On pourra s'enquérir de la situation juridique, de la nature du droit, des charges et droits réels inscrits au livre foncier. Il convient toujours de demander un état des charges et droits réels grevant le terrain en question.

Ce service à l'obligation de communiquer au public, moyennant paiement des droits de recherche et de copie, sur réquisition, tous les renseignements relatifs aux propriétés immobilières et qui sont contenus dans ses archives.

Il suffit pour cela, de présenter au conservateur, une réquisition rédigée en doubles exemplaires. Suivant les cas, cette réquisition peut demander la délivrance :

- d'un certificat de concordance, d'un titre foncier et de la copie dudit titre
- d'un certificat de concordance, entre un certificat d'inscription avec les énonciations du titre foncier
- d'un certificat établissant l'état des droits réels appartenant à une personne déterminée
- d'un certificat établissant l'état des charges et des droits réels grevant un immeuble déterminé.

VII/Le notaire et l'Avocat

Il existe de nombreuses études de Notaires et de nombreux avocats spécialisés réparties sur l'ensemble du territoire

Section 2 : Dispositions communes à toutes les ventes portant sur un bien immatriculé

I : Distinction entre promesse synallagmatique de vente et les autres contrats

L'acquisition d'un bien immobilier en pleine propriété ou d'un droit réel peut (et non doit) être précédée d'une promesse synallagmatique de vente, conformément à l'article 382 du COCC qui dispose :

« L'acte par lequel les parties s'engagent, l'une à céder, l'autre à acquérir un droit sur l'immeuble, est une promesse synallagmatique de contrat.

Elle oblige l'une et l'autre partie à parfaire le contrat en faisant procéder à l'inscription du transfert du droit à la Conservation de la propriété foncière. »

Il ne s'agit pas d'une obligation, mais la signature d'une promesse est toutefois conseillée, notamment si des conditions suspensives ont été prévues (obtention d'un financement ou d'une autorisation de construire dans un certain délai par exemple)

Ces promesses également appelées « compromis » ne doivent pas être confondues avec :

- **Le contrat préliminaire**, signé dans le cadre de la vente d'immeuble à construire (voir articles L134 et R.191 et suivants du Code de la construction sénégalais)
- **La pollicitation**, simple offre de vendre ou d'acquérir que l'offrant peut rétracter jusqu'à ce qu'elle soit acceptée en tant que promesse par celui auquel elle est adressée.
- **La promesse unilatérale,** qui permet à son bénéficiaire d'étudier l'opération sans contracter d'obligation d'achat, mais à charge la plupart du temps d'indemniser le promettant pour l'immobilisation de son bien pendant la durée de la validité de

la promesse, dans le cas où il déciderait de ne pas lever l'option pour des raisons de pure convenance personnelle.

À l'inverse la promesse synallagmatique permet de lier **définitivement** des parties qui se sont mises d'accord sur la chose et sur le prix, mais qui ne peuvent conclure définitivement le contrat de vente, par suite de l'existence d'une ou plusieurs **conditions suspensives** dont la réalisation préalable conditionne la formation du contrat (exemple : obtention d'un financement par l'acquéreur ou d'une autorisation administrative par le vendeur) ou simplement parce que les formalités préalables à l'établissement d'un acte authentique ne sont pas encore accomplies.

La promesse prévoit contractuellement le délai pour la réalisation de la condition suspensive.

La promesse devient caduque à défaut de la réalisation de la condition suspensive dans le délai contractuel, sauf si ce défaut de réalisation a pour origine la faute, la négligence ou la passivité de la personne en charge de la réalisation de cette obligation. Exemples : défaut de diligence de l'acquéreur pour l'obtention de son financement ou absence de dépôt d'un dossier de demande de prêt conforme aux stipulations contractuelles en ce qui concerne la durée, le montant et le taux d'intérêt.

Dans ce cas, l'indemnité d'immobilisation reste acquise au promettant, sauf contestation par le bénéficiaire, obligeant les parties à saisir la juridiction compétente pour les départager.

II. L'OBLIGATION DE SIGNER UN ACTE NOTARIÉ EN CAS DE PROMESSE SYNALLAGMATIQUE ET POUR L'ACQUISITION

L'acquisition du droit réel résulte, selon l'article **381 du COCC,** de la mention au titre foncier du nom du nouveau titulaire du droit. La loi 2011-07 s'énonce aussi dans ce sens. Celui-ci acquiert de ce fait sur l'immeuble un droit définitif et inattaquable dont l'étendue est déterminée juridiquement et matériellement par les énonciations du titre foncier **(article 388).**

L'inscription du transfert du droit doit être faite à la Conservation de la propriété foncière.

Dans les conditions de fond de validité, la **promesse synallagmatique** doit, à peine de nullité absolue, être passée devant un notaire territorialement compétent (**article 383 du COCC**) L'étendue du droit immobilier objet du contrat est fixée par le titre foncier (**article 384).**

La promesse de vente est assujettie obligatoirement aux taux d'enregistrement dans le délai d'un mois à compter de sa date (article 464, I, 5° du code général des impôts)

Attention : si le prix d'une vente effectuée entre un résident sénégalais et un non-résident doit être viré d'une Banque installée dans un État Membre de l'UEMOA, dont le SÉNÉGAL fait partie, la réglementation de change dispose que les transferts au-dessus de 500 000 FCFA ne peuvent être effectués que par l'entremise de la BCEAO, de l'Administration ou de l'Office des Postes, d'un intermédiaire agréé ou d'un agréé de change manuel, dans le cadre de leurs compétences respectives définies à l'Annexe.

Il y aura donc pour le vendeur un délai inévitable lié au contrôle de la régularité de l'opération.

Les documents à fournir sont :

-l'acte de vente enregistré

- le Quitus fiscal du vendeur

Le prix de la transaction doit aussi être fixé dans le contrat (**article 385).**

Il pèse sur le vendeur une obligation spéciale de mise à la disposition de l'acquéreur de la copie du titre foncier (s'il s'agit d'un bien immobilier) ou du certificat d'inscription (mentionnant la cession de l'usufruit, du bail emphytéotique ou du droit de superficie) afin que soit opérée la mutation du droit (**article 386**).

Cette obligation ne souffre d'aucune exception.

Par arrêt numéro 791 rendu le 31 décembre 2007, la Cour d'Appel de Dakar avait rejeté la demande de l'acquéreur d'un appartement aux fins de condamnation du vendeur à lui remettre copie de son titre foncier sur le fondement des articles 380 et s. du COCC au motif que *« le règlement de copropriété n'était pas encore établi par le vendeur »*

Par arrêt numéro 58 rendu le 2 juin 2010, la Chambre Civile et Commerciale de la Cour Suprême a cassé et annulé l'arrêt précité au motif « *qu'en statuant ainsi alors que la mention au livre foncier du nom du nouveau titulaire du droit réel n'est pas subordonnée à l'établissement du règlement de copropriété par le vendeur, la cour d'appel a violé les textes susvisés* » **(AFF : Héritiers Djily MBAYE C/Banque Islamique du Sénégal ; pourvoi J/229 ; RG : 09)**

Dans certains contrats portant sur les immeubles immatriculés, la publicité est obligatoire. Il s'agit notamment, selon les termes de **l'article 390** de la loi 66-70, du bail assorti d'une promesse de vente ; la publicité visant alors à le rendre opposable aux tiers.

Il convient enfin de relever que la loi n° 2013-04 du 8 juillet 2013 institue un régime de déclaration préalable au Ministère de l'Économie et des Finances aux transactions portant sur un immeuble ou un droit réel immobilier, en remplacement de l'autorisation préalable précédemment exigée par la loi 77-85 du 10 août 1977 pour certaines transactions immobilières.

Selon l'article 2 de la loi 2013-08 sont soumises à autorisation préalable : la cession à titre onéreux ou gratuit ; l'échange avec ou sans soulte ; le partage et l'apport en société. Ces opérations sont limitativement énumérées.

La déclaration préalable est déposée auprès de La Direction de l'Enregistrement, des domaines et du Timbre avant dépôt de l'acte constatant la transaction.

Les droits et frais de la vente incombant à l'acquéreur : ils sont d'environ 10 % du prix de vente à la date de publication de cet ouvrage, se décomposant comme suit :

-droits d'enregistrement : 5 % du prix de vente ou de la valeur du bien

-droits de timbre : 2000 FCFA par feuille

-honoraires de rédaction et de formalités

Si le bien fait l'objet d'un titre foncier individuel : frais de formalité foncière au taux de 1 % du prix de vente ou de la valeur de l'immeuble + droit fixe de 7500 FCFA

Sources :

-LE DROIT IMMOBILIER AU SÉNÉGAL par Me Franck ZEITOUN : Éditions L'HARMATTAN)

-Guide Pratique sur les Investissements immobiliers, patrimoine et fiscalité au Sénégal, 2° Edition par Me Thierno SOW)

SECTION 3 : OBLIGATIONS DU VENDEUR VIS-A-VIS DU SYNDIC

I/FORMALITÉS AVANT LA VENTE

Avant la vente, deux formalités sont prévues par les textes :

– d'une part, le vendeur (ou son mandataire, notaire, agent immobilier...) requiert du syndic un « certificat », datant de moins d'un mois, attestant que le vendeur est libre toute obligation à l'égard du syndicat ;

– d'autre part, ces mêmes personnes requièrent du syndic, un état établi en vue de l'information des parties, relatif aux charges « en cours ».

L'article 20 de la loi enjoint au vendeur de requérir du syndic, avant la vente, **un certificat** précisant qu'il est libre de toute obligation envers le syndicat.

Si ce certificat n'est pas délivré avant la vente, ou s'il fait apparaître une dette de charges incombant au vendeur, **un avis de la mutation** doit être envoyé au syndic, par lettre recommandée avec accusé de réception (ou par huissier), à la diligence de l'acquéreur.

Si le certificat est délivré avant la vente, et indique que le vendeur est en règle à l'égard du syndicat, l'avis de mutation n'a pas à être adressé au syndic.

L'effet principal de cet avis, dans les cas où il doit être délivré, est de permettre au syndic de former opposition sur le prix de vente.

Indépendamment de l'avis de mutation, le notaire ou le vendeur requièrent du syndic « **un état daté** » indiquant, « d'une manière même approximative » (art. 5 décret du 15 février 2002) :

– les sommes correspondant à la **quote-part** du cédant dans les charges dont le montant n'est pas encore liquidé ou devenu **exigible** à l'encontre du syndicat et dans les charges qui résulteront d'une décision prise antérieurement par l'assemblée des copropriétaires, mais non encore exécutée ;

– éventuellement, les sommes versées par le cédant à titre **d'avance ou de provision**.

Le principe est, en effet, le suivant : au moment de la vente d'un lot, sont **dues par le vendeur** les charges **liquides et exigibles** au moment où la vente est notifiée au syndic : par exemple, provisions déjà demandées, dépenses engagées (même si les travaux correspondants ne sont pas exécutés).

Au contraire, sont **dues par l'acheteur** les charges qui deviennent liquides et exigibles après la vente (factures à payer à des tiers, par exemple), même si les travaux correspondants ont été votés avant la vente.

L'article 37 du décret du 15 février 2002 donne une énumération de charges dont le paiement peut être exigé par le syndic. Il s'agit essentiellement des avances de trésorerie (ou fonds de roulement) et provisions sur charges normales ou exceptionnelles.

Les parties peuvent adopter, quant aux charges dues au moment de la vente, toutes conventions qu'elles désirent. Ces conventions sont valables, mais non opposables au syndic.

Le syndic, alerté par « l'avis de mutation », peut, dans les huit jours de la réception de cet avis, former **opposition**, par acte d'huissier, au versement des fonds provenant de la vente, pour obtenir le paiement des sommes restant dues par le vendeur.

Aucun paiement ou transfert n'est opposable au syndic qui se sera ainsi valablement opposé (art. 20 de la loi).

L'opposition doit énoncer le montant et les causes de la créance, et contenir élection de domicile dans le ressort du tribunal de grande instance du lieu de l'immeuble.

Elle est l'équivalent d'une **véritable saisie-arrêt**, qui rend indisponible le prix et peut être cantonnée (avec affectation spéciale de la créance cantonnée au profit du créancier).

Elle doit être validée par jugement, comme toute saisie-arrêt.

a) L'opposition ne confère pas de privilège au syndicat, qui continue malgré celle-ci à être primé par les créanciers hypothécaires (Cass. Civ. 3°, 17 janvier 1978 et 27 janvier 1979).

b) Si l'acheteur, omettant d'aviser le syndic de la cession, met celui-ci dans l'impossibilité de faire opposition sur le prix de vente pour les dettes alors dues par le vendeur, il peut être condamné au paiement de ces sommes – sauf si l'absence d'avis n'a causé aucun préjudice au syndicat (notamment, parce que les créances hypothécaires absorbaient la totalité du prix).

Cantonnement de l'opposition : Lorsque le syndic s'est opposé dans les conditions prévues à l'article 20 de la loi du 16 juin 1988 susvisée, au paiement du prix de vente d'un lot ou d'une fraction de lot, pour une créance inférieure au montant de ce prix, les effets de l'opposition ainsi formée peuvent être limités, par ordonnance du président du tribunal compétent statuant en référé, au montant des sommes restant dues au syndicat par l'ancien propriétaire. ***(Article 59 - Décret du 15 février 2002***

II/FORMALITÉS APRÈS LA VENTE

Après la vente d'un lot, il faut « sans délai » notifier la vente intervenue au syndic, à défaut de quoi le transfert de propriété est inopposable au syndicat, qui continuera à convoquer le cédant aux assemblées et à lui demander le paiement des charges.

La notification comporte la désignation du lot intéressé, l'état civil de l'acquéreur ou du titulaire du droit, et le nom du mandataire si le lot est en indivision ou grevé d'usufruit (article 6 du décret du 15 février 2002).

La notification incombe aux parties, ou au notaire qui établit l'acte, ou à tout officier ministériel (Avocat, etc.) qui obtient le jugement d'où résulte le transfert de la propriété (article 6 du décret du 15 février 2002). Un acte d'huissier est conseillé.

CHAPITRE VII

FONCTIONNEMENT DE LA COPROPRIÉTÉ

Les copropriétaires sont, par l'effet de la loi, groupés au sein d'un **syndicat de copropriétaires qui a la personnalité morale.** L'organe délibérant du syndicat des copropriétaires est **l'assemblée générale des copropriétaires**.

L'organe **exécutif** en est **le syndic** assisté et contrôlé par le **conseil syndical s'il en existe un**.

SECTION 1 : LE SYNDICAT DES COPROPRIÉTAIRES

Article 14 - Loi n° 88-04 du 16 juin 1988

La collectivité des copropriétaires est constituée en un syndicat qui a la personnalité morale.

– Le syndicat peut revêtir la forme d'un syndicat coopératif régi par la présente loi.

– Il établit et modifie, s'il y'a lieu, le règlement de copropriété.

Il est responsable des dommages causés aux copropriétaires ou aux tiers par le défaut d'entretien des parties communes sans préjudice de toutes actions récursoires

I/DÉFINITION

Les copropriétaires sont, par l'effet de la loi, groupés dans **un syndicat**, qui a **la personnalité morale** (art. 14 de la loi).

Le syndicat naît dès que l'immeuble est achevé bâti et appartient à (au moins) 2 propriétaires différents pour un immeuble existant en cas de division par lot. (copropriété verticale)

En cas de construction d'une résidence composée de villas ou maisons individuelles (copropriété horizontale), la copropriété naît dès la première vente entre le promoteur et l'acquéreur.

Le syndicat, étant **une personne morale**, peut être propriétaire, avoir des dettes et des créances, et être mise en règlement judiciaire ou liquidation de biens.

Le syndicat a pour **objet** la conservation de l'immeuble et l'administration des parties communes

Cet objet – exercé en fait par l'intermédiaire du syndic – est assez limité, et peut difficilement être étendu.

II/Le Syndicat coopératif

Le syndicat des copropriétaires peut revêtir la forme d'un syndicat coopératif, si le règlement de copropriété l'a prévu (art. 14 de la loi).

La forme coopérative peut aussi être adoptée au cours de la vie du syndicat, à la majorité de l'article 26 soit des 2/3 de tous les millièmes (Article 42 décret du 15 février 2002)

L'article 17 de la Loi n° 88-04 du 16 juin 1988 et l'article 43 du décret du 15 février 2002 abordent la question du syndic.

Dans le cas où l'administration de la copropriété est confiée à un syndicat coopératif, la constitution d'un conseil syndical est obligatoire et le syndic est élu par les membres de ce conseil et choisi parmi ceux-ci (article 17 de la loi).

Il faudra donc désigner obligatoirement un conseil syndical dont les membres (au minimum de 3) sont choisis parmi les copropriétaires et élus en Assemblée à la majorité de l'article 25 (50 % de tous les millièmes +1)

Une fois le Conseil syndical mis en place, le **syndic** est alors choisi par le conseil syndical, parmi ses membres.

Le syndic exercera alors de plein droit les fonctions de Président de Conseil syndical.

Le conseil syndical peut aussi élire un vice-président qui suppléera le syndic en cas d'empêchement de celui-ci.

Le syndic est révoqué, de même, par le conseil syndical, et ne peut rester syndic après l'expiration de son mandat à ce conseil.

Le syndicat coopératif s'administre donc lui-même, sans recourir à un syndic professionnel.

Cela nécessite une bonne maîtrise de la copropriété.

Le Conseil syndical peut se faire assister par tout technicien, de façon ponctuelle ou permanente (art. 29 du décret) et engager des préposés.

Le syndicat coopératif fonctionne comme les autres syndicats, la forme coopérative n'étant que d'effet subsidiaire.

III/LA RESPONSABILITÉ DU SYNDICAT DES COPROPRIÉTAIRES

A/Le principe

Contrairement à l'article 14 de la loi française du 10 juillet 1965, la responsabilité de plein droit du syndicat pour les dommages causés aux propriétaires ou aux tiers par le vice de construction ou le défaut d'entretien des parties communes, n'existe pas dans la loi sénégalaise de 1988.

Au Sénégal, le syndicat est responsable en vertu du droit commun envers les tiers de ses fautes, ou des personnes ou objets qu'il a sous sa garde (responsabilité délictuelle)

Par exemple en cas d'accident causé par un défaut d'entretien des parties communes (article 137 du COCC) ou en cas de faute d'un préposé du syndicat (article 146 du COCC).

Il est donc vivement recommandé pour la copropriété de souscrire une assurance couvrant tout dommage dont la copropriété peut être tenue responsable en plus de l'assurance responsabilité professionnelle du syndic, même bénévole.

Par contre comme en France, le syndicat est responsable contractuellement envers les copropriétaires s'il ne remplit pas correctement la mission découlant de son objet.

Par exemple, le Syndicat engage également sa responsabilité contractuelle vis-à-vis des copropriétaires s'il ne fait pas respecter le règlement de copropriété et les assemblées ou s'il ne fait pas exécuter des travaux urgents.

B/L'action récursoire du syndicat

Pour dégager sa responsabilité, le syndicat des copropriétaires pourra exercer une action récursoire contre la personne qu'elle estime responsable.

-un ou plusieurs copropriétaires (exemple : s'ils ont modifié leurs balcons ou leurs terrasses sans autorisation à l'origine d'infiltrations aux étages du dessous)

-le syndic s'il établit que le non-respect du règlement de copropriété et des assemblées incombe exclusivement au syndic malgré une ou plusieurs mises en demeure (émanant en général du Conseil syndical).

Les chances de succès de l'action récursoire auront évidemment plus de chance d'aboutir si le syndic n'a pas été renouvelé dans ses fonctions à l'assemblée suivante ou s'il a été révoqué en cours de mandat à la majorité de l'article 25.

-des tiers (exemple : si une entreprise a causé des dégâts dans l'immeuble à l'occasion de travaux)

IV/ACQUISITION, ALIÉNATION OU CONSTITUTION DE DROIT RÉEL PORTANT SUR DES PARTIES COMMUNES PAR LE SYNDICAT

Tout **acte d'acquisition ou d'aliénation** des parties communes, **toute constitution de droit réel** au profit ou à la charge de celles-ci, régulièrement décidés par l'assemblée des copropriétaires conformément aux dispositions des articles 6, 25 et 26 de la loi du 16 juin 1988, sont valablement passés par le syndicat lui-même et de son chef **(article 16 alinéa 1 de la loi).**

Le syndicat peut acquérir lui-même des parties privatives et les revendre (mais il n'a pas de voix à l'assemblée au titre des lots ainsi acquis) (art. 16 alinéa 2 de la loi).

C'est le syndic qui **établit et publie** ces actes, sans que les copropriétaires aient à intervenir à l'acte, bien que seuls ces derniers soient propriétaires des parties communes.

En cas de vente de parties communes, **le prix** est remis à chaque copropriétaire, au prorata des tantièmes qu'il possédait dans ces parties communes.

V/<u>Disparition du syndicat des copropriétaires</u>

Le syndicat peut disparaître :

– par décision unanime mettant fin à l'état de copropriété (Cass. civ. 3e, 24 janvier 1978) ; ce qui ne peut s'entendre qu'à l'unanimité et suppose que l'immeuble n'est pas nécessairement, et par nature, soumis au statut de la copropriété ;

– par disparition de l'immeuble, et à défaut de reconstruction (art. 67 du décret) ;

– par la réunion de tous les lots dans la même main.

SECTION 2 : LES ASSEMBLÉES GÉNÉRALES DE COPROPRIÉTAIRES

Rôle essentiel de l'assemblée des copropriétaires

Les décisions du syndicat sont prises uniquement en assemblée générale des copropriétaires (art. 17 de la loi de 1988).

Le vote par correspondance est interdit.

Une décision prise par le syndic ou par le conseil syndical qui sortirait de leurs attributions est interdite, le conseil syndical n'ayant aucun pouvoir de décision (sauf délégation expresse sur des actes précis votés en Assemblée à la majorité de l'article 25) d'une part et le syndic n'étant que l'organe exécutif du syndicat chargé d'appliquer le règlement de copropriété et les Assemblées d'autre part.

Le règlement de copropriété ne saurait contenir des dispositions autorisant **d'avance** des travaux ou opérations qui normalement nécessiteraient une décision de l'assemblée des copropriétaires : par exemple, travaux affectant l'aspect extérieur de l'immeuble.

L'organe **délibérant** de la copropriété est **l'assemblée générale des copropriétaires**.

La loi du 16 juin 1988 consacre cinq articles (voir art. 22 à 26 ci-dessus) aux principes régissant les assemblées de copropriétaires.

Le décret du 15 février 2002, dans ses articles 7 à 21, en organise le fonctionnement.

En vertu de l'article 22 de la loi du 16 juin 1988, c'est en principe le règlement de copropriété qui détermine le fonctionnement et les pouvoirs des assemblées, mais en réalité ce fonctionnement et ces pouvoirs sont régis par les textes sus indiqués qui sont **d'ordre public** et le règlement de copropriété ne peut ni les modifier ni y déroger.

Son rôle est donc en cette matière très réduit, et la plupart des règlements se contentent, à cet endroit, de reproduire les textes de la loi et du décret.

I/PRINCIPES GÉNÉRAUX DE FONCTIONNEMENT DES ASSEMBLÉES

Chaque copropriétaire dispose d'un **nombre de voix** correspondant à sa quote-part de parties communes (art. 22 de la loi).

On mesure là l'intérêt d'adopter une répartition des parties communes qui corresponde à la valeur relative des lots, d'autant plus que ce critère de valeur est aussi celui de la répartition des charges générales.

Si un copropriétaire possède **plus de la moitié des parties communes**, le nombre de voix dont il dispose est réduit au nombre de voix des autres copropriétaires.

Ainsi, si un copropriétaire possède 600/1000 des parties communes, il ne disposera que de 400 voix à l'assemblée, celle-ci comportant alors en tout 800 voix (art. 22 alinéa 3 de la loi).

a) Ce texte aboutit, lorsque la copropriété ne comprend que deux membres, à un blocage inévitable en cas de désaccord, blocage qui ne peut trouver sa solution qu'en justice.

b) Les tribunaux prononcent la nullité des ventes frauduleuses faites dans le seul but de permettre à un associé majoritaire de s'assurer la voix d'un autre copropriétaire (ce qui suffit à lui assurer la décision malgré la règle de l'article 22 de la loi) ou les déclarent inopposables aux autres copropriétaires, ou encore annulent les décisions obtenues par ce subterfuge.

Qui a accès à l'assemblée ?

Tout copropriétaire a **accès** à l'assemblée, même si la décision à prendre ne le concerne pas personnellement et même si le copropriétaire est débiteur.

Il n'en est autrement que lorsque le syndicat est lui-même propriétaire de lots (auquel cas l'article 16 de la loi le prive de voix aux assemblées quant à ces lots) et en cas d'existence d'assemblées spéciales.

Il y a lieu à **assemblée spéciale** lorsque, le règlement mettant à la charge de certains copropriétaires seulement les dépenses relatives à une partie de l'immeuble – ou à un élément d'équipement déterminé –, ce règlement prévoit aussi que ces copropriétaires seuls prennent part aux décisions concernant ces dépenses (art. 24, al. 2 de la loi).

Des assemblées spéciales sont aussi prévues par la loi en cas de syndicats secondaires, de scission de copropriété, de vente du droit de surélever et de reconstruction de l'immeuble.

S'agissant d'une réunion privée, les tiers ne sont pas autorisés sauf bien entendu s'ils sont munis d'une procuration pour représenter un copropriétaire absent.

Un huissier ou un Avocat ne peuvent être présents que si la majorité des copropriétaires présents ou représentés ne s'y opposent pas. Par contre, le syndic a parfaitement le droit d'appeler un avocat en cours d'Assemblée.

II/PROCURATIONS

Les copropriétaires peuvent se faire représenter aux assemblées par **un mandataire**, que celui-ci soit membre du syndicat des copropriétaires ou non.

Les mandats doivent nécessairement être écrits (Cass. 3e civ., 19 juillet 1995, *Bull.* civ. III n° 203, *loyers et copr.* nov. 1995 n° 493)

L'écrit peut résulter d'une correspondance ou d'un fax, le modèle de procuration envoyé par le Syndic étant facultatif.

La validité du mandat n'exige pas qu'il mentionne « Bon pour mandat » (CA PARIS, 23e Ch. B, 27 mars 2003 : *loyers et copr.* 2003, 181.).

Un mandataire ne peut recevoir plus de trois pouvoirs sauf si le total de ses propres voix et de celles de ses mandants n'excède pas 5 % du total des voix du syndicat ou si, assistant à l'assemblée d'un syndicat principal, tous ses mandats appartiennent au même syndicat secondaire.

À défaut de mandataire dûment habilité, tout copropriétaire absent ou présumé absent, est représenté par le curateur aux Successions et Biens vacants.

Le syndic, son conjoint et ses préposés, ne peuvent pas recevoir mandat de représenter un copropriétaire.

Si le Syndic a reçu des pouvoirs en blanc, il est tenu de les distribuer au Président du Conseil syndical qui les répartira, ne pouvant priver les copropriétaires de leur droit de vote, sous peine de voir risquer l'Assemblée annulée (CA PARIS, 23e ch. B, 28 fév. 2002 : *AJDI* 2002, page 469).

Le mandat peut contenir le sens du vote à respecter par le mandataire sous peine de prendre le risque de voir sa responsabilité engagée par son mandant ou lui laisser toute liberté.

À défaut, le mandataire vote librement.

III/CAS DES LOTS QUI SONT LA PROPRIÉTÉ SOIT D'UNE SOCIÉTÉ, SOIT D'UNE INDIVISION, SOIT GREVÉS D'UN USUFRUIT

L'article 23 de la loi et l'article 14 du décret régissent la situation des copropriétés dans lesquelles des lots sont la propriété soit d'une **société, soit d'une indivision, soit grevés d'un usufruit.**

Lot appartenant à une société : lorsque plusieurs lots sont attribués à des personnes qui ont constitué une société propriétaire de ces lots, chaque associé peut participer à l'assemblée générale du syndicat et y dispose d'un nombre de voix égal à la quote-part dans les parties communes correspondant au lot dont il a la jouissance (article 23 loi de 1988 alinéa 1).

À cet effet, le représentant légal de la société est tenu de communiquer, sans frais, au syndic ainsi que, le cas échéant, à toute personne habilitée à convoquer l'assemblée, et à la demande de ces derniers, les nom et domicile, réel ou élu, de chacun des associés. Il doit immédiatement informer le syndic de toute modification des renseignements ainsi communiqués.

À l'égard du syndicat, la qualité d'associé résulte suffisamment de la communication faite en application de l'alinéa qui précède.

La convocation de l'assemblée générale des copropriétaires est également notifiée au représentant légal de la société visée audit article 23, alinéa premier ; ce dernier peut assister à la réunion avec voix consultative (article 14 décret de 2002).

En cas d'indivision ou d'usufruit d'un lot, les intéressés doivent sauf stipulation contraire du règlement de copropriété, être représentés par un mandataire commun qui sera, à défaut d'accord, désigné par le président du tribunal régional ou départemental (aujourd'hui Tribunal de Grande Instance ou Tribunal d'Instance) à la requête de l'un d'entre eux ou du syndic. ***(Article 23 alinéa 2 du 16 juin 1988)***

Cela suppose bien entendu que les copropriétaires aient au préalable notifié au syndic l'acte notarié mentionnant :

- l'identité des indivisaires en cas d'indivision (ex : suite à un divorce ou d'une succession
- l'identité du (es) nu-propriétaire(s) et de(s) l'usufruitier(s) en cas d'usufruit. (**article 6 décret de 2002)**

IV/RÈGLES DE FORME CONCERNANT LES ASSEMBLÉES

A/Nombre minimum d'Assemblées

Dans tout syndicat de copropriété, il est tenu, au moins une fois chaque année, une assemblée générale des copropriétaires. (Article 8 décret 15 février 2002)

Il s'agit de l'Assemblée générale ordinaire annuelle qui doit statuer au minimum sur les comptes annuels, le budget prévisionnel de l'exercice suivant et le renouvellement des contrats s'ils sont annuels (exemple : le syndic ou les fournisseurs de la copropriété)

Mais en plus de cette Assemblée annuelle qui est obligatoire, les copropriétaires peuvent être convoquées en Assemblée générale extraordinaire sur un ordre du jour précis et urgent en cas de survenance d'un évènement qui ne peut pas attendre l'Assemblée annuelle suivante.

B/Qui peut convoquer l'Assemblée ?

1/Le cas général et les autres cas

a- le cas général

L'assemblée générale est normalement convoquée par le syndic. ***(Article 7 - Décret 15 février 2002)***

b- les autres cas

Mais **l'article 8 Décret du 15 février 2002** prévoit que la convocation de l'assemblée est de droit lorsqu'elle est demandée au syndic soit par :

- le conseil syndical, s'il en existe un,
- soit par un ou plusieurs copropriétaires représentant au moins un quart des voix de tous les copropriétaires, à moins que le règlement de copropriété ne prévoie un nombre inférieur de voix.
- Soit par l'administrateur provisoire dans le cas de l'article 49 du décret de 2002.

La demande, qui est notifiée au syndic, précise les questions dont l'inscription à l'ordre du jour de l'assemblée est demandée.

Si le syndic ne donne pas suite à cette demande (c'est souvent le cas lorsque la convocation demandée par le Conseil syndical ou des copropriétaires représentant au moins un quart des voix met en cause le syndic), les personnes qui ont demandé la tenue de l'Assemblée doivent mettre le syndic en demeure d'adresser les convocations sous huitaine.

Si cette mise en demeure reste infructueuse, dans les deux cas prévus ci-dessus, l'assemblée générale des copropriétaires est valablement convoquée par le Président du conseil syndical, s'il existe un conseil syndical.

-s'il n'existe pas de conseil syndical,

-ou si les membres de ce conseil n'ont pas été désignés,

-ou si le président de ce conseil ne procède pas à la convocation de l'assemblée, tout copropriétaire peut alors demander en référé l'autorisation de procéder à ladite convocation dans les conditions prévues à **l'article 52 du décret n° 2002-160 du 15 février 2002 qui dispose :**

« Dans l'hypothèse prévue à l'article 8, alinéa 3, ci-dessus, le Président du Tribunal compétent, statuant en matière de référé, peut, à la requête de tout copropriétaire, habiliter un copropriétaire ou un mandataire de justice à l'effet de convoquer l'assemblée générale. Dans ce cas, il peut charger ce mandataire de présider l'assemblée.

Sous peine d'irrecevabilité, l'assignation ne devra intervenir qu'après une mise en demeure adressée au syndic ou le cas échéant au président du conseil syndical, si elle reste infructueuse après un délai de 8 jours ».

L'assignation en référé devra être délivrée au syndic (ou au Président du conseil syndical qui n'aura pas convoqué) devant le Juge des référés du TGI du lieu de situation de l'immeuble.

Attention : lorsque l'assemblée est convoquée en application des dispositions qui précèdent, la convocation est également notifiée au syndic. **(Article 8 dernier alinéa décret du 15 février 2002)**

c- formalisme et délais de la convocation

Elle est adressée par lettre recommandée avec accusé de réception, ou remise en main propre contre décharge ou par mail, en fonction de ce que prévoient le règlement de copropriété et les Assemblées.

Sauf urgence, cette convocation est notifiée au moins quinze jours avant la date de la réunion, à moins que le règlement de copropriété n'ait prévu un délai plus long. **(Article 9 du décret du 15 février 2002)**

L'urgence, qui permet de raccourcir le délai de convocation, s'entend d'une urgence objective et justifiée par des motifs graves : travaux indispensables, délais contractuels à respecter vis-à-vis de tiers…

d- Ordre du jour complémentaire

L'ordre du jour peut être établi soit par le syndic seul, soit en concertation avec le conseil syndical s'il en existe un, mais ce n'est pas une obligation **puisque l'article 10 - Décret n° 2002-160 du 15 février 2002 dispose :**

« *Dans les six jours de la convocation, un ou plusieurs copropriétaires ou le conseil syndical, s'il en existe un, notifient à la personne qui a convoqué l'assemblée les questions dont ils demandent l'inscription à l'ordre du jour.* »

Le syndic ou le copropriétaire qui forme une demande dans les 6 jours de la convocation devra également rédiger et joindre son projet de résolution lorsque l'assemblée est appelée à statuer sur l'une des questions visées aux articles 18, alinéa 2, 25 a et b, 27 alinéa premier, 28 et 30 (alinéa 3 et 4) de la loi du 16 juin 1988 et les articles 65 et 67 du décret, ou à autoriser, s'il y a lieu, le syndic à introduire une demande en justice. (**Article 13 dernier alinéa du décret du 15 février 2002)**

Ces questions complémentaires seront accompagnées des pièces obligatoires prévues à l'article 13 du décret du 15 février 2002 notamment s'il s'agit de se prononcer sur un contrat ou un devis (syndic, prestataire, entreprise) ainsi que la majorité requise (article 24, 25, 26 ou unanimité)

Exemples :

-si un copropriétaire demande la désignation d'un autre syndic, il devra notifier au syndic en exercice dans les 6 jours de la convocation le projet de contrat de son candidat et toutes pièces qu'il estimera utiles.

-si un copropriétaire propose une autre entreprise pour des travaux à l'ordre du jour, il devra notifier dans le même délai les conditions essentielles du contrat (au minimum un devis) et toutes pièces qu'il estimera utiles.

-si un copropriétaire demande l'autorisation d'effectuer des travaux, il devra notifier dans le même délai les conditions essentielles de son projet (au minimum des plans, un devis et les références des intervenants)

La personne qui convoque l'Assemblée notifie aux membres de l'assemblée générale un état de ces questions cinq jours au moins avant la date de cette réunion. **(Article 10 du décret dernier alinéa)**

Cet article permet ainsi à la personne qui convoque l'Assemblée de notifier en une seule fois 5 jours au moins avant l'Assemblée l'ensemble des résolutions supplémentaires qu'il aura éventuellement reçu dans les 6 jours de la convocation.

La personne qui convoque l'Assemblée peut aussi reproduire dans son courrier les résolutions supplémentaires qu'il aura reçues à la condition de ne pas modifier le texte, et ce même si la résolution est mal rédigée ou incomplète, le syndic ne pouvant pallier la carence du copropriétaire demandeur.

L'ordre du jour définitif (questions initiales complétées le cas échéant par des copropriétaires dans les 6 jours de la convocation) doit préciser chacune des questions soumises à la délibération de l'assemblée avec la majorité pour voter (articles 24, 25, 26 ou unanimité). Seules ces questions peuvent donner lieu à un vote.

Les questions diverses, s'il en est prévu, ne peuvent pas donner lieu à un vote, mais seulement à discussion (art. 15 du décret du 15 février 2002).

e- Pièces à joindre obligatoirement à la convocation

L'article 13 du décret du 15 février 2002 dispose que « sont notifiés au plus tard en même temps que l'ordre du jour :

1° le compte des recettes et des dépenses de l'exercice écoulé, un état des dettes et créances et la situation de la trésorerie, lorsque l'assemblée est appelée à approuver les comptes ;

2° le budget prévisionnel accompagné des documents prévus au 1° alinéa ci-dessus, lorsque l'assemblée est appelée à voter les crédits du prochain exercice ;

3° le projet de règlement de copropriété, de l'état descriptif de division, de l'état de répartition des charges ou le projet de modification desdits actes, lorsque l'assemblée est appelée, suivant le cas, à établir ou à modifier ces actes, notamment s'il est fait application des articles 11, alinéas premier et 2 ; 25 f, 26 b et 27 alinéa 3, de la loi du 16 juin 1988 susvisée et des articles 11 et 12 du décret ;

4° les conditions essentielles du contrat proposé, lorsque l'assemblée est appelée à approuver ou à autoriser une transaction, un devis ou un marché pour la réalisation de travaux ou l'un des contrats visés aux articles 25 d et 26 a de la loi du 16 juin 1988 susvisée et aux articles 31 et 41 du présent décret ;

5° le projet de résolution lorsque l'assemblée est appelée à statuer sur l'une des questions visées aux articles 18, alinéa 2, 25 a et b, 27 alinéa premier, 28 et 30 (alinéa 3 et 4) de la loi du 16 juin 1988 et les articles 65 et 67 du décret, ou à autoriser, s'il y a lieu, le syndic à introduire une demande en justice. »

Entre la convocation de l'assemblée destinée à approuver les comptes et la tenue de celle-ci, **toutes pièces justificatives** (factures, contrats d'entretien, consommations constatées...) sont tenues à **la disposition** des copropriétaires par le syndic, pendant 1 jour ouvré au moins, selon des modalités définies par l'assemblée.

Le syndic n'est pas tenu de leur délivrer de copies.

Si l'assemblée décide de fixer ce jour à la date de vérification des pièces par le conseil syndical, tout copropriétaire peut, ce jour-là, se joindre à ce conseil.

2/contenu de la convocation, majorité et lieu de l'Assemblée

À défaut de dispositions du règlement de copropriété ou de décision de l'Assemblée générale, la personne qui convoque l'assemblée fixe le lieu la date et l'heure de la réunion. ***(Article 9 - Décret n° 2002-160 du 15 février 2002)***

Sous réserve des stipulations du règlement de copropriété, l'assemblée générale est réunie dans la localité de la situation de l'immeuble. **(Article 9 du décret du 15 février 2002).**

La convocation contient également l'ordre du jour qui précise chacune des questions soumises à la délibération de l'assemblée **avec l'indication de la majorité. (Articles 24, 25, 26 ou unanimité)**

Il appartient donc au syndic (et aux copropriétaires qui souhaitent rajouter des résolutions supplémentaires dans les 6 jours de la convocation) de connaître la majorité à indiquer à côté de chaque résolution figurant dans son ordre du jour.

Si la personne qui rédige la résolution a un doute sur la majorité applicable, il est recommandé de consulter un spécialiste en droit de la copropriété.

a/ L'article 24

La majorité la plus fréquente est celle de l'article 24 de la loi puisqu'il dispose : « *Les décisions sont prises à **la majorité** des voix des propriétaires présents ou représentés, s'il n'en est autrement ordonné par la loi* »

Exemple : S'il y a 20 copropriétaires présents ou représentés, représentant un quorum de 7000 millièmes, la résolution sera valablement adoptée à la majorité de l'article 24 si les résolutions concernées atteignent la moitié du quorum plus un soit dans notre exemple 3501 millièmes.

Les cas dans lesquels il en est autrement ordonné par la loi sont examinés ci-après.

Les **décisions ordinaires** visées par l'article 24 de la loi concernent essentiellement **les actes d'administration** : police des parties communes, travaux d'entretien et travaux peu importants (éclairage d'une cave, bacs à fleurs...), remplacement courant d'éléments d'équipements usagés, déplacement de l'assiette d'une servitude (Cass. civ. 5e, 11 octobre 1961, *Dalloz*, 1962 page 327) ravalement rendu indispensable par l'état des façades, approbation des comptes...).

La majorité est celle des copropriétaires *présents ou représentés* : les voix des abstentionnistes sont donc prises en compte.

Le copropriétaire qui quitte la séance est mentionné comme présent, sauf s'il a fait mentionner son départ sur le procès-verbal.

b/L'article 25

L'article 25 de la loi du 16 juin 1988 énumère **6 cas** dans lesquels la décision ne peut être prise qu'**à la majorité des voix de tous les copropriétaires de l'immeuble** (50 % des millièmes de l'état descriptif de division + 1 ce qui représente en pratique un minimum de 5001 millièmes)

1. **Délégation du pouvoir** (donnée au syndic ou au conseil syndical) de prendre une décision relevant de l'article 24.

Cette délégation ne peut porter que sur un acte déterminé, ou une dépense dont le maximum est fixé (art. 23 du décret du 15 février 2002).

Elle peut toutefois autoriser son bénéficiaire à décider de certaines dépenses dont le montant maximum est fixé par la délégation.

Elle ne peut, en aucun cas, priver l'assemblée générale de son pouvoir de contrôle sur l'administration de l'immeuble et la gestion du syndic.

Dans tous les cas, il sera rendu compte à l'assemblée de l'exécution de la délégation consentie au syndic ou au conseil syndical.

2. Autorisation donnée à certains copropriétaires d'effectuer à leurs frais des travaux affectant les **parties communes ou l'aspect extérieur** de l'immeuble.

Il s'agit de travaux privatifs qui ne présentent un intérêt que pour le ou les copropriétaires qui en font la demande (ex : pose d'une enseigne ou d'une plaque professionnelle sur la façade de l'immeuble, installation d'un WC supplémentaire qui nécessite un passage dans les parties communes pour le raccordement)

« Affecter les parties » communes ne signifie pas se les approprier.

En cas de refus d'autorisation, les copropriétaires peuvent s'adresser au tribunal, qui fixera alors les conditions des travaux et les modalités de leur usage éventuel par d'autres copropriétaires **(art. 27 alinéa 2 de la loi du 16 juin 1988).**

3. Désignation et révocation du **syndic** et des membres du **conseil syndical**.

4 .Conditions auxquelles sont réalisés **les actes de dispositions** sur les parties communes ou sur des droits accessoires à ces parties communes lorsque ces actes **résultent d'obligations légales ou règlementaires** telles que celles relatives à l'établissement de cours communes, d'autres servitudes ou à la cession de droits de mitoyenneté.

La loi cite à titre d'exemple d'actes de disposition obligatoires la servitude de cour commune, la cession de droits de mitoyenneté.

On peut citer le branchement à l'égout, le ravalement prescrit par l'administration, pour les travaux obligatoires.

5. **Les modalités** de réalisation et d'exécution des travaux rendus obligatoires en vertu des dispositions législatives ou règlementaires ;

6. **La modification de la répartition des charges** visées à l'alinéa premier de l'article 10 rendue nécessaire par un changement à l'usage d'une ou plusieurs parties privatives.

Que faire si les copropriétaires n'atteignent pas la majorité de l'article 25 ?

Lorsque l'assemblée n'atteint pas le nombre de voix nécessaire pour atteindre la majorité des voix de tous les copropriétaires, une nouvelle assemblée générale doit être convoquée pour statuer dans les conditions de majorité prévues par l'article 24 de la même loi

Si l'ordre du jour de cette nouvelle assemblée ne porte que sur des questions déjà inscrites à l'ordre du jour de la précédente assemblée, le délai de convocation peut être réduit à huit jours et les notifications, c'est-à-dire les annexes prévues à l'article 13 du décret n'ont pas à être renouvelées. ***(Article 21 Décret n° 2002-160 du 15 février 2002)***

En pratique, les syndics prévoient souvent dans l'ordre du jour un second vote à l'article 24 dès la tenue de la première assemblée pour éviter une nouvelle convocation, s'inspirant de la loi française.

Il est vrai que l'article 21 du décret du 15 février 2002 prévoit la possibilité d'un second vote à la majorité de l'article 24.

c/L'article 26

L'article 26 de la loi du 16 juin 1988 prévoit une majorité renforcée « **majorité des membres** du syndicat représentant **les 3/4 des millièmes de l'état descriptif de division** » pour les décisions concernant :

– Les **actes d'acquisition** immobilière et les actes de disposition autres que ceux visés à l'article 25.

On rappelle qu'en ce cas, la modification de la répartition des charges résultant des actes d'acquisition ou de disposition est décidée à la même majorité.

– La **modification**, ou éventuellement **l'établissement**, du **règlement de copropriété**, dans la mesure où il concerne la jouissance, l'usage et l'administration des parties communes.

L'assemblée ne peut, à quelque majorité que ce soit, imposer à un copropriétaire une modification de **la destination de ses parties privatives** ou des **modalités de leur jouissance**, tel qu'elles résultent du règlement de copropriété (art. 26 de la loi).

Les modalités de jouissance des parties privatives s'entendent de tous les droits et prérogatives attachés à la possession du lot, et notamment de la possibilité d'user des parties communes et des éléments d'équipement communs ou à l'inverse empêcher les copropriétaires d'user de certaines parties communes (exemple : si elles sont inconstructibles)

Leur modification ou suppression modifie les modalités de jouissance des parties privatives du propriétaire concerné.

d/L'unanimité

-<u>aliénation des parties communes</u> : en vertu de l'article 26 de la loi du 16 juin 1988 « *L'assemblée ne peut pas, <u>sauf à l'unanimité</u> des voix de tous les copropriétaires, décider **l'aliénation des parties communes** dont la conservation est nécessaire au respect de la destination de l'immeuble* »

La détermination des parties communes ainsi visées est évidemment une question de fait.

-amélioration ou transformation d'un ou de plusieurs éléments d'équipements existants - adjonction d'éléments nouveaux.

En vertu de l'article 27 de Loi n° 88-04 du 16 juin ***1988 :*** *« L'assemblée générale des copropriétaires statuant à l'unanimité peut, à condition qu'elle soit conforme à la destination de l'immeuble, décider toute amélioration, telle que la transformation d'un ou de plusieurs éléments d'équipements existants, l'adjonction d'éléments nouveaux, l'aménagement de locaux affectés à l'usage commun ou la création de tels locaux ».*

La loi pose une double condition :

-l'unanimité

-le respect de la destination et du standing de l'immeuble (habitation, commerciale ou bureaux, mixte)

Pour les règlements de copropriété mis en place avant le décret du 15 février 2002, de nombreux notaires se sont inspirés de la loi française qui prévoit la majorité de l'article 26 pour les travaux précités.

Ces dispositions du règlement de copropriété restent valables tant qu'un copropriétaire n'en a pas demandé l'annulation devant le Tribunal de Grande Instance.

-si les copropriétaires veulent mettre fin à l'état de copropriété (Cass. civ. 3e, 24 janvier 1978 précité), ce qui ne peut s'entendre qu'à l'unanimité, et suppose que l'immeuble n'est pas nécessairement, et par nature, soumis au statut de la copropriété ;

3/La tenue de l'Assemblée et la notification du PV

a/Établissement de la feuille de présence et calcul du quorum

La personne qui a convoquée (le plus souvent le syndic) commence par appeler chaque copropriétaire (ou à défaut son mandataire qui devra remettre son ou ses pouvoirs dans la limite de 3) pour signer la feuille de présence laquelle est obligatoire à peine de nullité de l'Assemblée.

L'article 16 du Décret n° 2002-160 du 15 février 2002 dispose en effet :

« *Il est tenu une feuille de présence qui indique les nom et domicile de chaque copropriétaire ou associé, et, le cas échéant, de son mandataire, ainsi que le nombre de voix dont il dispose, compte tenu, s'il y a lieu, des dispositions de l'article 22 (alinéa 2) et de l'article 24 (alinéa 2) de la loi du 16 juin 1988 susvisée.*

Cette feuille est émargée par chaque copropriété ou associé présent, ou par son mandataire.

Elle est certifiée exacte par le Président de l'assemblée ».

Si le pouvoir n'est pas régulier (exemple : s'il n'est pas signé par tous les indivisaires à défaut d'avoir prévu un mandataire commun ou par le gérant de la société si le lot appartient à une personne morale), il devra être écarté.

Il est rappelé, pour éviter toute difficulté sur ce point, qu'à l'occasion de chaque vente, donation ou tout autre acte notarié conférant des droits sur un lot tel que l'usufruit, il est obligatoire de notifier l'acte au syndic. La notification comporte la désignation du lot intéressé, l'état civil de l'acquéreur ou du titulaire du droit, et le nom du mandataire si le lot est en indivision ou grevé d'usufruit (**article 6 du décret du 15 février 2002).**

Une fois cette formalité accomplie, le syndic indique à l'Assemblée le nombre de millièmes présents et représentés **(lesquels additionnés représentent le quorum de l'Assemblée)** ainsi que le nombre de millièmes qui ne sont ni présentes, ni représentés.

Il est conseillé de préciser également le nom des copropriétaires présents, représentés et absents pour une parfaite clarté des débats et de recompter plusieurs fois.

Si des copropriétaires arrivent en retard, ils auront le droit de participer au vote pour les résolutions restantes, mais il faudra penser à indiquer aux copropriétaires le quorum définitif après avoir rajouté les millièmes de ce copropriétaire.

Si un copropriétaire ou un mandataire quitte l'Assemblée avant la fin de celle-ci, il sera considéré comme présent s'il ne signale pas son départ.

Le syndic devra penser à indiquer aux copropriétaires le quorum définitif après prise en compte des millièmes en moins ou en plus par rapport à ceux pris en compte lors du premier décompte.

b/Examen de l'ordre du jour et modalités de vote

Le syndic passe ensuite à l'ordre du jour (initial et complémentaire s'il y en a un) en commençant par la constitution du bureau qui figure toujours dans les premières résolutions soumises au vote de l'Assemblée (à la majorité de l'article 24).

Au début de chaque réunion, l'assemblée générale désigne **le Président de séance** qui préside l'Assemblée (c'est souvent le Président du conseil syndical s'il en existe un) et, le cas échéant, son bureau (un ou plusieurs **scrutateurs**, mais les scrutateurs ne sont pas obligatoires).

Le rôle du Président de séance est d'assurer que les copropriétaires ne délibèrent que sur les questions à l'ordre du jour et qu'il n'y ait pas de différence importante entre ce qui était prévu et ce qui sera voté.

Personne ne peut en cours de séance ajouter une résolution ou modifier tellement un projet de résolution initial que cela revient en définitive à une nouvelle résolution.

En effet, les copropriétaires non présents qui ont donné pouvoir à un mandataire n'ont eu connaissance de ce qui leur a été notifié.

Ex. : il est impossible de voter la désignation d'un expert ou d'une Commission ad hoc composée de copropriétaires pour vérifier les comptes avant de les approuver si cela n'a pas été prévu à l'ordre du jour.

À l'inverse, il n'y a aucune obligation de respecter à la lettre un projet de résolution dès lors que l'on respecte et que l'on se tient au sujet qui était prévu **(art. 15 du décret).**

Quelle que soit la majorité exigée, le vote a lieu **à main levée ou par bulletin écrit**, mais non secret. Le vote à bulletins secrets est impossible, puisqu'il faut relever le nom des opposants ou non et des abstentionnistes.

Le président de séance donne la parole aux personnes qui ont des questions à poser et de manière générale faire en sorte que les débats se déroulent sereinement et dans le respect mutuel en interdisant notamment les prises à parties et questions personnelles malheureusement trop fréquentes dans les Assemblées.

Ces dispositions s'appliquent sous réserve des dispositions de l'article 52 alinéa premier du présent décret (c'est-à-dire si l'Assemblée a été convoquée par un ou plusieurs copropriétaires sur autorisation d'une ordonnance de référé après une mise en demeure adressée au syndic ou au Président du Conseil syndical restée infructueuse au bout de 8 jours) **(article 17 - Décret n° 2002-160 du 15 février 2002)**

Le syndic assure <u>le secrétariat de la séance</u>, mais il peut aussi demander que le PV soit rédigé par un huissier pour éviter toute contestation, sauf décision contraire de l'assemblée générale **(article 17 dernier alinéa du décret n° 2002-160 du 15 février 2002)**

Le syndic, son conjoint et ses préposés ne peuvent pas présider l'assemblée (**art. 22 de la loi du 16 juin 1988**).

Une fois l'ordre du jour épuisé, le Président peut passer à l'examen des éventuelles questions diverses lesquelles ne sont pas des résolutions, et ne donnent lieu à aucun vote.

Personne ne peut donc s'en prévaloir ni les attaquer judiciairement dans les 2 mois de la notification de l'Assemblée puisqu'il ne s'agit pas de résolutions au sens juridique du terme.

c/ Le procès-verbal de l'Assemblée

Le secrétaire de séance (le syndic) établit un **procès-verbal** de la réunion, signé par les membres du bureau (le Président et le (s) scrutateur (s) si l'Assemblée en a désigné)

Il n'a pas à être signé par le bureau si le PV a été établi par un huissier, les actes d'huissier faisant foi jusqu'à inscription de faux.

Le procès-verbal comporte le texte de chaque délibération. Il indique le résultat de chaque vote et précise les noms des copropriétaires ou associés qui se sont opposés à la décision de l'assemblée, de ceux qui n'ont pas pris part au vote et de ceux qui se sont abstenus.

À la demande d'un ou plusieurs copropriétaires ou associés opposants, le procès-verbal mentionne les réserves éventuellement formulées par eux sur la régularité des délibérations.

d/La notification du PV d'Assemblée

Aucun délai n'est prévu par la loi au Sénégal, mais en pratique, il est recommandé au syndic de notifier le PV d'assemblée au maximum dans les deux mois de sa tenue pour mettre en œuvre les résolutions dans des délais raisonnables.

Pour notifier le PV le syndic devra respecter le même formalisme que pour la convocation (en fonction de ce que prévoient le Règlement et les Assemblées : soit par LRAR, soit remise en main propre contre émargement, soit par mail)

Il est obligatoire pour le syndic de reproduire soit à la fin du PV, soit dans la lettre d'accompagnement de notification du PV les dispositions de l'article 33 alinéa 2 de la loi du 16 juin 1988 pour informer les copropriétaires opposants ou défaillants (absents non représentés) qu'ils disposent d'un délai de 2 mois à compter de ladite notification pour contester par voie d'assignation tout ou partie des résolutions votées devant le Tribunal de Grande Instance du lieu de situation de l'immeuble sous peine de forclusion. (***Article 20 alinéa 2 Décret n° 2002-160 du 15 février 2002***

En outre, dans le cas prévu à l'article 23, alinéa 1er de la loi du 16 juin 1988 un extrait du procès-verbal de l'assemblée est notifié au représentant légal de la société propriétaire de lots, s'il n'a pas assisté à la réunion **(article 20 dernier alinéa du décret du 15 février 2002).**

Les procès-verbaux des séances sont inscrits, les uns à la suite des autres, sur un registre spécialement ouvert à cet effet (art. 19 et 35 du décret du 15 février 2002).

Les assemblées spéciales obéissent aux mêmes règles de forme que les assemblées générales (art. 22 du décret du 15 février 2002).

4/Recours contre les décisions de l'assemblée des copropriétaires (art. 33 de la loi et art. 20 et 63 du décret)

Qui peut agir ?

En vertu de l'article 33 alinéa 2 de la loi de 1988, les actions ayant pour objet de contester les décisions (c'est-à-dire une délibération explicite prévue à l'ordre du jour, sanctionnée par un vote, ce qui exclut les questions diverses) doivent être introduites, *par les copropriétaires opposants ou défaillants* (absents non représentés), sous peine d'irrecevabilité de la demande.

Personne d'autre n'a qualité pour contester les décisions d'assemblées sous peine d'irrecevabilité de la demande pour défaut de qualité à agir **(jugement TGI THIES n° 429 du 19 novembre 2015 confirmé par arrêt du 23 août 2016 de la Cour d'Appel de THIES).**

Qui doit-on assigner ? Devant quel Tribunal ?

L'action en justice doit être dirigée contre *« le Syndicat des copropriétaires, représenté par son syndic en exercice »* ou contre « *le Syndicat coopératif représenté par son syndic en exercice* » si le syndicat des copropriétaires a adopté la forme d'un syndicat coopératif

L'action est portée devant le Tribunal de Grande Instance du lieu de situation de l'immeuble statuant en matière civile et au fond (art. 63 du décret du 15 février 2002)

À partir de quand court le délai de 2 mois ?

L'article 20 du décret de 2002 précise que le délai de 2 mois prévu à l'article 33, alinéa 2, de la loi du 16 juin 1988 pour contester les décisions de l'assemblée générale court à compter de la notification de la décision à chacun des copropriétaires opposants ou défaillants (à partir de la réception de la lettre recommandée, de la remise contre émargement ou si elle est autorisée par le règlement ou une assemblée à compter de la notification par mail).

Dans le cas prévu à l'article 23, alinéa premier de la loi du 16 juin 1988 susvisée, cette notification est adressée au représentant légal de la société lorsqu'un ou plusieurs associés se sont opposés ou ont été défaillants.

Pour l'application de ce texte, **les abstentionnistes** ne sont pas considérés comme opposants ou défaillants.

Il faut que la notification du procès-verbal ait été régulièrement opérée ; sinon, le délai de deux mois ne court pas.

« *À défaut de notification du PV d'Assemblée, il est impossible d'opposer aux copropriétaires demandeurs la déchéance de leur action, lequel peut agir pendant 10 ans qui est le délai de prescription prévu en matière de copropriété* » **(jugement Tribunal régional de Thiès 4 mars 2004 DEROUIN & Autres C/SDC COPROPRIÉTÉ TÉRANGA HÔTEL ET RÉSIDENCES).**

Même solution si l'article 33 alinéa 2 de la loi n'est pas reproduit lors de la notification.

Par contre, le demandeur ne peut se prévaloir de l'absence de notification par le syndic s'il a eu connaissance du PV d'Assemblée même si le syndic ne lui a pas notifié le PV **(Civ. 3°, 29 avril 1987, n° 85-18.656, D 1987, IR 2010)**

Le délai de recours de 2 mois (forclusion) n'est également pas opposable au copropriétaire qui n'aurait pas été régulièrement convoqué.

L'action est alors recevable pendant 10 ans (prescription de droit commun prévue à l'article 33 alinéa 1 de la loi de 1988).

C'est un **délai préfix** et non un délai de prescription (Cass. civ. 3e, 27 mai 1974), qui ne peut être interrompu que par *une assignation en justice* (peu importe qu'elle soit enrôlée postérieurement au délai de 2 mois).

Que peut faire le Tribunal ?

Si l'action est recevable, le tribunal ne peut qu'annuler – ou refuser d'annuler – la (les) résolution(s). (En cas d'annulation, une nouvelle assemblée pourra reprendre la même décision, mais cette fois régulièrement).

Conséquences de l'action : la résolution reste valable tant qu'elle n'a pas été annulée par une décision de justice au fond devenue définitive.

Exception : l'exécution par le syndic des travaux décidés par l'assemblée générale en application des articles 25 et 26 de la loi est **suspendue**, sauf en cas d'urgence.

NB : Si l'irrégularité est manifeste, il est toujours possible pour la personne qui a convoqué (le syndic ou le Président du Conseil syndical dans le cas de l'article 8 alinéa 2 du décret de 2002 ou encore l'administrateur provisoire s'il y en a un en place) de renoncer à tenir l'assemblée et s'il a qualité pour le faire, de convoquer une nouvelle assemblée pour procéder spontanément à l'annulation de la ou des délibérations litigieuses pour éviter une procédure inutile.

Si le demandeur maintient sa demande en annulation, celle-ci peut dans ce cas être déclarée irrecevable sans examen du fond pour défaut d'intérêt à agir.

Pour aller plus loin : voir les actions en justice dans la copropriété (CHAPITRE 13)

SECTION 3 : L'ORGANE EXÉCUTIF DU SYNDICAT : LE SYNDIC

TEXTES DE RÉFÉRENCE

Article. 17 et 18 de la loi de 1988

Articles 23 et 30 à 44 du décret de 2002

Articles L 156 et suivants de la loi n° 2009-23 du 8 juillet 2009 portant partie législative du Code de la Construction au Sénégal et R 207 à R 218 du décret n° 2010/99 du 27 janvier 2010 portant partie règlementaire du Code de la Construction.

1/Qui peut être syndic ?

A compter de la première vente, le promoteur devra dans le délai d'un an convoquer la première assemblée générale ayant pour objet :

- soit la ratification de son mandat de syndic provisoire

-soit la désignation d'un nouveau syndic qui pourra être :

a- un syndic non professionnel (un copropriétaire : on parle de syndic bénévole) ou le Président du conseil syndical si le syndicat a adopté la forme d'un syndicat coopératif) : dans ce cas, le mandat peut être exercée librement, la seule condition étant d'être copropriétaire.

b- un syndic professionnel extérieur (en général une agence immobilière) dont l'activité est règlementée et encadrée depuis 2009.

c- À défaut de désignation en Assemblée, un syndic judiciaire ou un administrateur provisoire de copropriété à l'issue de leur mission, ces derniers ayant le droit de présenter leur candidature.

a/le syndic provisoire

L'Article 30 – du Décret n° 2002-160 du 15 février 2002 dispose :

« Sauf dispositions contraires, les fonctions de syndic de la copropriété sont assumées par l'organisme vendeur tant que cet organisme reste propriétaire des logements ».

Sous réserve des dispositions contenues dans le premier alinéa du présent article, et des stipulations particulières du règlement de copropriété, les fonctions de syndic peuvent être assumées par toute personne physique ou morale ».

L'article 17 alinéa 1 de la loi de 1988 dispose : *« Les décisions du syndicat sont prises en assemblée générale des copropriétaires ; leur exécution est confiée à un syndic nommé par l'assemblée générale et placé éventuellement sous le contrôle d'un conseil syndical ».*

L'article 17 alinéa 2 précise : « *Dans le cas où avant la réunion de la première assemblée générale un syndic a été désigné par le règlement de copropriété ou par tout autre accord des parties, sa désignation doit être soumise à la ratification de la première assemblée générale* »

Il résulte des textes précités que sauf disposition contraire du règlement de copropriété :

-le premier syndic dit « *syndic provisoire* » est toujours le promoteur tant qu'il reste propriétaire des logements,

- la désignation du syndic suivant doit être « *soumise à la ratification de la première assemblée générale* »

À défaut, le Syndic provisoire cesse de plein droit ses fonctions (Cass. 3e Civ., 29 janv. 1980 : *JCP G*, 1980 IV, page 144).

Pour se maintenir en place le plus longtemps possible, certains promoteurs font mentionner dans leur règlement de copropriété qu'ils restent syndic provisoire tant qu'ils n'auront pas vendu un nombre minimum de logements.

Cette clause peut être annulée par un Tribunal éventuellement saisi, car elle est totalement contraire à l'article 30 du décret qui permet à l'organisme vendeur d'être syndic *« tant que cet organisme reste propriétaire des logements »*.

La loi ne parle pas d'un nombre minimum de logements, mais bien des logements c'est-à-dire de tous les logements ce qui est logique puisque la copropriété se forme dès la première vente.

Alors que faire en cas de litige ?

La solution nous est donnée par l'**article 7 du décret du 15 février 2002 qui dispose : *« dans tout syndicat de copropriété, il est tenu au moins une fois chaque année, une assemblée générale des copropriétaires »***

Il découle de ces textes que pour être en conformité avec la loi, le promoteur qui exerce les fonctions de syndic provisoire devra, quel que soit le nombre de ventes signées, convoquer un an après la première vente, la première assemblée des copropriétaires ayant pour ordre du jour soit la ratification en assemblée de son mandat du syndic provisoire, soit à défaut d'obtenir cette ratification la désignation d'un nouveau syndic, choisi parmi les copropriétaires ou non.

Dans tous les cas, le syndic est désigné par **l'assemblée des copropriétaires**, à la majorité de l'article 25 de la loi (majorité des voix de tous les copropriétaires : 50 % + 1 voix) ou à défaut à la majorité de l'article 24 après convocation d'une seconde assemblée (**article 21 décret 15 février 2002)** sauf disposition contraire du règlement de copropriété ou d'une résolution prise en assemblée.

Que faire si l'assemblée générale ne parvient pas à désigner un syndic ?

Si l'assemblée générale ne parvient pas à désigner un syndic, celui-ci est désigné par le Président du Tribunal de Grande Instance du lieu de situation de l'immeuble statuant par ordonnance sur requête d'un ou plusieurs copropriétaires **(art. 17 de la loi de 1988).**

L'ordonnance fixe la mission du syndic judiciaire désigné, et sa durée, jusqu'à nomination d'un syndic par l'assemblée générale que le syndic judiciaire devra provoquer **(art. 48 du décret du 15 février 2002).**

b- le syndic non professionnel dit « syndic bénévole » et le syndic en cas d'existence d'un syndicat coopératif

1re hypothèse : S'il s'agit d'un syndic non professionnel dit syndic bénévole, il faut être copropriétaire (à titre personnel s'il s'agit d'une personne physique, ou associé s'il s'agit d'une personne morale)

2° Hypothèse : Dans le cas où le syndicat prend la forme d'un syndicat coopératif, la constitution d'un conseil syndical est obligatoire et le syndic est élu par les membres de ce conseil syndical et choisi parmi ceux-ci. En pratique, il s'agit le plus souvent du Président du Conseil syndical (***Article 17 - Loi n° 88-04 du 16 juin 1988)***

La différence essentielle entre la première hypothèse et la seconde tient à la rémunération, laquelle sera possible si le syndic est un copropriétaire, aucun texte ne l'interdisant.

Par contre, si le syndicat est géré par un syndicat coopératif, aucune rémunération ne sera possible, les fonctions de membres du Conseil syndical ne pouvant donner lieu à aucune rémunération. ***(Article 29 - Décret n° 2002-160 du 15 février 2002)***

Même si elle n'est pas obligatoire il est vivement recommandé pour le syndic bénévole (et le Président du Conseil syndical s'il exerce les fonctions de syndic au sein d'un syndicat coopératif) de souscrire une assurance responsabilité couvrant l'activité, d'autant plus que cette assurance sera sauf convention contraire, prise en charge par le syndicat des copropriétaires compte tenu du caractère bénévole du mandat.

c/ le syndic professionnel

S'il s'agit d'un syndic professionnel (en général une agence immobilière) le syndic peut être une personne physique ou morale.

Les **honoraires du syndic** ne sont pas règlementés au SÉNÉGAL, le décret renvoyant à l'Assemblée des copropriétaires.

L'assemblée fixe ces honoraires à la majorité des décisions ordinaires (art. 31 du décret).

En général, les contrats de syndic prévoient **un forfait par lot** pour la gestion courante et des **honoraires proportionnels** (par exemple, horaires), pour les missions particulières.

Avant 2009, l'activité de syndic professionnel n'était pas règlementée au SÉNÉGAL d'où la nécessité de combler cette lacune.

Les articles L 156 et suivants de la loi n° 2009-23 du 8 juillet 2009 portant partie législative du Code de la Construction au Sénégal ont règlementé l'activité de syndic professionnel le texte prévoyant la création d'une « Carte de syndic de copropriété professionnel » délivrée par les autorités compétentes en pratique la Préfecture du ressort territorial de la copropriété.

La carte de syndic professionnel ne concerne ni les syndics de copropriété bénévoles, ni les syndicats coopératifs, ni les administrateurs ou syndics judiciaires de copropriété. **(Article R216 du décret n° 2010/99 du 27 janvier 2010)**

Pour obtenir la carte, les syndics professionnels doivent :

Justifier de leur aptitude professionnelle

a) Soit être titulaire d'une maîtrise en droit ou en sciences économiques, ou un diplôme délivré par l'État ou une École Privée reconnue par l'État, sanctionnant des études juridiques, économiques, commerciales, ou immobilières (la construction, l'habitation ou la gestion immobilière), d'un niveau égal ou supérieur ;

b) Soit être titulaire de l'un des diplômes suivants :

Diplôme d'aptitude professionnelle aux fonctions de notaire, d'avocat, d'huissier de justice, de géomètres experts

c) Soit être titulaire d'une attestation délivrée par leur Ordre respectif aux anciens notaires, aux anciens avocats, aux anciens huissiers de justice, aux anciens géomètres-experts.

d) Soit avoir occupé pendant 5 ans au moins l'un des emplois ou l'une des fonctions suivantes :

-Emploi dans les organismes d'habitations à loyer modéré

-Fonctions de Gérant, de mandataire social ou activité salariée dans une agence immobilière titulaire de la carte professionnelle d'agent immobilier

-Clerc de notaire, clerc d'avocat ou clerc d'huissier

-Expert judiciaire inscrit sur la liste des experts, spécialisé dans le droit immobilier.

-Emploi se rattachant à une activité relative aux transactions immobilières ou à la gestion immobilière.

Pour les personnes visées au présent article, une connaissance suffisante de la réglementation en vigueur est requise du demandeur.

Les dispositions prévues aux articles ci-dessus s'appliquent également aux étrangers établis sur le territoire national, sous réserve d'avoir une bonne maîtrise de la langue française (**Article R212 du décret n° 2010/99 du 27 janvier 2010 portant partie règlementaire du Code de la Construction)**

Justifier d'une garantie financière permettant
le remboursement des fonds, effets ou valeur déposés
et spécialement affectée à ce dernier

La garantie financière prévue à l'article R208 du décret n° 2010/99 du 27 janvier 2010 portant partie règlementaire du Code de la Construction doit permettre le remboursement des fonds, effets, valeurs remis par les copropriétaires au syndic de copropriété

Elle résulte :

1° Soit d'un cautionnement déposé par le demandeur dans une Banque et spécialement affecté au remboursement précité

2° Soit d'une caution écrite fournie par une entreprise d'assurance agréée à cet effet

3° Soit d'une caution écrite fournie par un établissement de crédit habilité à donner caution.

Le montant doit résulter d'une déclaration annuelle signée par le syndic et le Président du Conseil Syndical de chaque copropriété concernée, accompagnée d'une copie certifiée conforme à l'original du Procès-verbal d'assemblée ayant désigné le demandeur aux

fonctions de syndic de copropriété, d'une copie certifiée conforme du procès-verbal d'assemblée ayant voté l'avance permanente de trésorerie et d'une copie certifiée conforme du relevé bancaire justifiant du dépôt des fonds sur le compte bancaire ouvert au nom du syndicat des copropriétaires par le syndic. **(Article 213 du décret n° 2010/99 du 27 janvier 2010)**

NB : Le texte est clair : la garantie financière n'est obligatoire que pour permettre le remboursement de l'avance permanente de trésorerie ou fonds de roulement éventuellement votée dans les copropriétés par voie d'assemblée pour permettre d'agir contre l'organisme garant en cas de détournement de ces fonds par le syndic.

C'est pourquoi son montant doit résulter d'une déclaration annuelle signée par le syndic et le Président du Conseil Syndical de chaque copropriété concernée, accompagnée d'une copie certifiée conforme à l'original du Procès-verbal d'assemblée ayant désigné le demandeur aux fonctions de syndic de copropriété d'une copie certifiée conforme du procès-verbal d'assemblée ayant voté l'avance permanente de trésorerie.

Si aucune avance permanente de trésorerie ou fonds de roulement n'existe dans la copropriété concernée, il suffira de communiquer chaque année une attestation certifiée conforme par le syndic et le Président du Conseil syndical.

La garantie financière ne concerne pas les provisions appelées par le syndic, lesquelles par nature sont destinées à faire face aux charges courantes.

Contracter une assurance contre les conséquences pécuniaires de leur responsabilité civile professionnelle

Les syndics professionnels doivent justifier qu'elles sont couvertes pour chaque établissement, succursale, agence ou bureau, contre les conséquences pécuniaires la responsabilité civile professionnelle qu'elles peuvent encourir en raison de leurs activités, par un contrat souscrit par elles auprès d'une société d'assurances ou d'un assureur agrée.

Toute suspension de garantie, dénonciation de la tacite reconduction ou résiliation du contrat d'assurance est portée sans délai par la société d'assurance ou l'assureur agréé à la connaissance de l'autorité compétente qui a délivré la carte professionnelle. **(Article 214 du décret n° 2010/99 du 27 janvier 2010)**

Incapacités

Personne ne peut, de manière habituelle, se livrer ou prêter son concours, même à titre accessoire, à l'activité de syndic à titre professionnel s'il a fait l'objet depuis moins de dix ans, au Sénégal ou à l'étranger, d'une condamnation définitive.

- Pour un crime, quelle que soit la durée de la peine ;

- À une peine d'au moins 6 mois d'emprisonnement avec ou sans sursis pour un délit contre la chose publique et les particuliers. **(Article L 157 de la loi n° 2009-23 du 8 juillet 2009)**

L'incapacité prévue à l'article L 157 s'applique également :

a) A toute personne égard de laquelle a été prononcée une mesure définitive de faillite personnelle ou une autre mesure définitive d'interdiction dans les conditions prévues par le Code pénal et le traité de l'OHADA ;

b) Aux experts judiciaires, administrateurs judiciaires et mandataires judiciaires ayant fait l'objet d'une décision de radiation de leur liste ;

c) Aux membres et anciens membres des professions libérales soumises à un statut législatif ou règlementaire ou dont le titre est protégé ayant fait l'objet d'une décision définitive prononçant une interdiction d'exercer d'une durée au moins égale à six mois. **(Article L 158)**

Sanctions

Est puni de six mois à deux ans d'emprisonnement et d'un million à cinq millions d'amendes le fait :

a) De se livrer ou prêter son concours, d'une manière habituelle, même à titre accessoire, des opérations visées à l'article L 155 sans être titulaire de la carte professionnelle ou après l'avoir restituée ou en ayant omis de la restituer après injonction de l'autorité administrative compétente ;

b) Pour toute personne qui assume la direction d'un établissement, d'une entreprise, d'une succursale, d'une agence ou d'un bureau, de n'avoir pas effectué la déclaration préalable d'activité prévue pour obtenir la carte professionnelle ;

c) Pour toute personne qui exerce les fonctions de représentant légal ou statutaire d'une personne morale, de se livrer ou de prêter son concours, même à titre accessoire, d'une manière habituelle à l'activité de syndic à titre professionnel visée à l'article L 156, sans remplir ou en ayant cessé de remplir les conditions prévues à cet article pour exercer cette activité. **(Article L 159)**

Les dispositions précitées s'appliquent également aux étrangers établis ou qui souhaitent s'établir sur le territoire sénégalais. **(Article L 160).** Si un syndic professionnel a régulièrement effectué sa demande de carte de syndic professionnel et que la Préfecture ne la lui a pas encore délivrée, il ne sera pas possible d'engager des poursuites ni d'empêcher un syndic professionnel de poursuivre ses mandats en cours, car dans ce cas, l'absence de délivrance de la carte aura pour cause la carence de l'Administration.

Il convient de sensibiliser les Préfectures sur ce point et de les doter des moyens matériels de fournir la carte de syndic professionnel aux personnes physiques et morales qui en font la demande, trop de demandes restant encore sans réponse.

2/Nature du contrat de syndic

Le syndic est l'organe exécutif de la copropriété.

Cette activité est par nature commerciale. (Sauf s'il s'agit d'un syndic bénévole : dans ce cas, il s'agira d'une activité civile)

Suivant une jurisprudence constante, le syndic est un mandataire dont la responsabilité est appréciée avec plus de sévérité s'il est rémunéré.

Le syndic peut se faire représenter par l'un de ses préposés c'est-à-dire un employé (art. 32 du décret du 15 février 2002).

Par contre, il restera seul responsable de sa gestion, et ne pourra en aucun cas se faire substituer. (Article 18 al. 5 de la loi de 1988).

3) Durée du mandat de syndic

L'article 30 dernier alinéa du décret dispose : « *Les fonctions de syndic sont renouvelables pour les durées prévues à l'alinéa précédent* », mais l'alinéa précédent ne parle pas de la durée.

Ceci étant précisé, si contrairement à la France, aucune durée n'est prévue par l'article 30 du décret, les copropriétés au Sénégal appliquent en pratique les mêmes durées de mandat qu'en France (mandat de 1 ou 3 ans qui court de sa désignation jusqu'à l'Assemblée approuvant les comptes de l'exercice suivant sauf dispositions contraires).

Cette durée est en général prévue dans le règlement de copropriété, les assemblées ou à défaut dans le projet de contrat soumis au vote de l'Assemblée.

À l'issue de son mandat, à défaut de renouvellement, le syndic est démis de ses fonctions jusqu'à décision de l'assemblée des copropriétaires sur son renouvellement ou son remplacement.

Il peut arriver que le syndic reste en fonction après expiration de son mandat ou si l'Assemblée qui l'a désigné est annulée en vertu d'une décision de justice exécutoire (soit un jugement du TGI qui a prononcé l'exécution provisoire, soit à défaut, un arrêt de la Cour d'Appel)

On parle de « *Syndic de fait* ».

Ceci est illégal (Cass.3e civ.21 nov. 1978 : *JCP G*, 1979 IV, 37 : *Rev. Loyers* 1979, page 46).

Tout intéressé peut alors demander la **désignation d'un administrateur provisoire** par voie d'ordonnance sur requête devant le Président du TGI du lieu de situation de l'immeuble avec mission de convoquer l'assemblée pour désigner un syndic **(art. 49 du décret du 15 février 2002.**

NB : L'article 49 n'a pas vocation à s'appliquer si le règlement de copropriété ou une Assemblée ont prévu un remplaçant provisoire chargé de convoquer l'Assemblée pour la désignation d'un nouveau syndic (le plus souvent le Président du Conseil syndical)

<u>La démission</u> : Le syndic peut démissionner, sauf abus ou intention de nuire.

Sauf dispense, il doit alors respecter un préavis normalement prévu dans son contrat (entre deux à trois mois en pratique).

Conseil pratique : lire attentivement les clauses du contrat soumis au vote de l'Assemblée pour le faire corriger ou compléter avant de l'approuver s'il semble laconique ou contraire à la loi sur certains points.

4/Missions du syndic

Indépendamment des pouvoirs qui lui seront conférés par d'autres dispositions de la loi de 1988 ou une délibération spéciale de l'assemblée générale, <u>le syndic est chargé</u>, dans les conditions fixées par décret pris sur le fondement de l'article 34 :

a. d'assurer l'exécution des dispositions du règlement de copropriété et des délibérations de l'assemblée générale ;

b. d'administrer l'immeuble, de pourvoir à sa conservation, sa garde et à son entretien et, en cas d'urgence, de faire procéder, de sa propre initiative, à l'exécution de tous travaux nécessaires à la sauvegarde de celui-ci ;

c. de représenter le syndicat dans tous les actes civils et en justice ainsi que pour la publication de l'état descriptif de division du règlement de copropriété ou des modifications apportées à ces actes sans que soit nécessaire l'intervention de chaque copropriétaire à l'acte ou à la réquisition de publication ; (**article 18 de la loi de 1988)**

Il résulte de ce texte que le syndic n'a pas à interférer dans les problèmes privatifs qui peuvent survenir entre copropriétaires ou entre copropriétaires et locataires, sauf si ce problème a pour origine :

-une violation de l'article 9 de la loi du 16 juin 1988 qui dispose : « *chaque copropriétaire use et jouit librement des parties privatives et communes* ***sous la condition de ne pas porter atteinte ni aux droits des autres copropriétaires ni à la destination de l'immeuble*** **».**

-une violation du règlement de copropriété et des résolutions d'Assemblées devenues définitives.

Dans les cas précités, les copropriétaires peuvent demander au syndic d'adresser à la personne qui viole l'article 9 de la loi et/ou des dispositions de Règlement de copropriété ou d'assemblées une mise en demeure d'avoir à cesser l'infraction.

Si cette mise en demeure reste infructueuse, le syndicat des copropriétaires représenté par son syndic pourra assigner le contrevenant pour qu'il mette un terme à ses agissements au besoin sous astreinte en référé s'il y a urgence et au fond dans les autres cas.

En cas de procédure au fond, le syndic devra mettre à l'ordre du jour de la prochaine assemblée l'autorisation donnée au syndic d'ester en justice contre le contrevenant, étant rappelé que l'assemblée l'autorisant à ester en justice peut être communiquée tant que le jugement n'a pas été rendu.

Les exemples les plus fréquents dans lesquels le syndic peut intervenir même dans des parties privatives sont :

- nuisances sonores anormales et répétées, car elles portent atteinte aux droits des autres copropriétaires

- location d'un lot à usage d'habitation à une personne qui y exerce une activité commerciale, car il y a atteinte à la destination de l'immeuble.

-dans les copropriétés dotées de jardins privatifs absence d'entretien des haies en particulier si une hauteur maximale a été prévue et des espaces verts

-dans les copropriétés dotées de balcons ou terrasses privatives, absence d'entretien ou modification de l'étanchéité risquant de provoquer des dégâts des eaux dans les étages au-dessous.

Le décret du 15 février 2002 précise les tâches du syndic

3) Tâches du syndic

5-a) Tâches administratives et sociales

- Le syndic engage et congédie le personnel du syndicat et fixe les conditions de son travail suivant les textes en vigueur.

L'assemblée générale a seule qualité pour fixer le nombre et la catégorie des emplois. ***(Article 33 - Décret n° 2002-160 du 15 février 2002)***

- Le syndic établit et tient à jour une liste de tous les copropriétaires avec indication des lots qui leur appartiennent, ainsi que de tous les titulaires des droits visés à l'article 6 du présent décret. Il mentionne leur état civil ainsi que leur domicile réel ou élu. ***(Article 34 - Décret n° 2002-160 du 15 février 2002)***

- Le syndic détient les archives du syndicat, notamment une expédition ou une copie des actes énumérés aux articles premier à 3 du décret ainsi que toutes conventions, pièces, correspondances, plans, registres, documents relatifs à l'immeuble et au syndicat. Il détient, en particulier, les registres contenant les procès-verbaux des assemblées générales des copropriétaires et les pièces annexes ***(Article 35 - Décret n° 2002-160 du 15 février 2002)***

5-b) Comptabilité – appels de fonds

- Le syndic tient, pour chaque syndicat de copropriétaires, une comptabilité séparée de manière à faire apparaître la position comptable de chaque copropriétaire à l'égard du syndicat.

Il prépare le budget prévisionnel qui est voté par l'assemblée générale. ***(Article 36 - Décret n° 2002-160 du 15 février 2002)***

- **Le syndic peut exiger le versement** :

1° de l'avance de trésorerie permanente prévue au règlement de copropriété ;

2° au début de chaque exercice, d'une provision qui, sous réserve des stipulations du règlement de copropriété ou, à défaut, des décisions de l'assemblée générale, ne peut excéder soit le quart du budget prévisionnel voté pour l'exercice considéré, soit la moitié de ce budget si le règlement de copropriété ne prévoit pas le versement d'une avance de trésorerie permanente ;

3° en cours d'exercice, soit d'une somme correspondant au remboursement des dépenses régulièrement engagées et effectivement acquittées, soit de provisions trimestrielles qui ne peuvent, chacune, excéder le quart du budget prévisionnel pour l'exercice considéré ;

4° de provisions spéciales destinées à permettre l'exécution de décisions de l'assemblée générale, comme celles de procéder à la réalisation des travaux prévus au chapitre III de la loi du 16 juin 1988 et à la section VIII du présent décret, dans les conditions fixées par décisions de ladite assemblée.

5-c) Placements des fonds du syndicat

Dans le cas où l'immeuble est administré par un syndic, toutes sommes ou valeurs reçues au nom et pour le compte du syndicat doivent être versées sans délai à un compte bancaire ou postal ouvert au nom du syndicat. Le règlement de copropriété ou une décision de l'assemblée générale peut, le cas échéant, dans les conditions et sous réserve des garanties qu'il détermine, fixer le montant maximum des fonds que le syndic peut être autorisé à ne pas verser à ce compte. ***(Article 40 - Décret n° 2002-160 du 15 février 2002)***

L'assemblée générale décide, s'il y a lieu, du mode de placement des fonds ainsi recueillis. ***(Article 37 - Décret n° 2002-160 du 15 février 2002)***

Sauf stipulation contraire du règlement de copropriété, les sommes dues au titre de l'article 37 précité portent intérêt au profit du syndicat. Cet intérêt, fixé au taux légal en matière civile, est dû à compter de la mise en demeure adressée par le syndic au copropriétaire défaillant. ***(Article 38 - Décret n° 2002-160 du 15 février 2002***

5-d) Travaux

Lorsqu'en cas d'urgence le syndic fait procéder, de sa propre initiative à l'exécution de travaux nécessaires à la sauvegarde de l'immeuble, il en informe les copropriétaires et convoque immédiatement une assemblée générale.

Il peut, dans ce cas, en vue de l'ouverture du chantier et de son premier approvisionnement, demander, sans délibération préalable de l'assemblée générale, mais après avoir pris l'avis du conseil syndical, s'il en existe un, le versement d'une provision qui ne peut excéder le tiers du montant du devis estimatif des travaux. ***(Article 39 Décret n° 2002-160 du 15 février 2002)***

4) Conventions passées avec le syndic

Toute **convention** entre le syndic, ses préposés, parents ou alliés jusqu'au 3e degré (ou ceux de son conjoint au même degré) et le syndicat, doit être autorisée par l'assemblée générale des copropriétaires.

Il en est de même des contrats passés entre le syndicat et une entreprise dont les mêmes personnes sont propriétaires, associées ou dirigeantes (**art. 41 du décret**).

5) Remise des archives et de la trésorerie par l'ancien syndic à son successeur en cas de changement de syndic

Dans la loi française, en cas de **changement de syndic**, l'ancien syndic doit remettre au nouveau syndic, **dans le mois** de la cessation de ses fonctions, tous les fonds immédiatement disponibles et documents du syndicat.

Dans un nouveau délai de 2 mois, il doit lui remettre le solde des fonds, et lui donner l'état des comptes du syndicat et des copropriétaires.

La loi sénégalaise ne reprend pas ces dispositions.

Cependant, après mise en demeure restée infructueuse du nouveau syndic, cette remise peut être ordonnée par le juge des référés du TGI du lieu de situation de l'immeuble et sous astreinte, sur le fondement de l'urgence et du trouble manifestement illicite résultant de la résistance de l'ancien syndic

Ordonnance de référé n ° 37 du 6 janvier 2016 Tribunal de Grande Instance Hors Classe de Dakar, SDC Port 100 représenté par AGIPCO C/SIGP SARL et Ordonnance de référé n ° 118 du 18 janvier 2016 Tribunal de Grande Instance Hors Classe de Dakar, SDC Port 300 représenté par AGIPCO C/SIGP SARL.

Le juge des référés peut même ordonner l'expulsion de l'ancien syndic devenu occupant sans droit ni titre si des locaux ont été mis à sa disposition par le syndicat des copropriétaires dans le cadre de son mandat. **(AFF : SDC SAFARI VILLAGE représenté par AGIPCO C/ Meissa NDIAYE : ordonnance de référé n° 25 du 28 janvier 2016 rendue par le Président du Tribunal de Grande**

Instance de THIÈS, confirmée par arrêt du 19 juillet 2016 de la Cour d'Appel de THIÈS)

8) Responsabilité du syndic

À l'occasion de l'exécution de sa mission, le syndic peut se faire représenter par l'un de ses préposés. (***Article 32 - Décret n° 2002-160 du 15 février 2002*), mais il reste seul responsable de sa gestion. (Article 18 de la loi de 1988)**

a/Responsabilité civile

Le syndic est responsable civilement :

– Envers **le syndicat** si lui ou l'un de ses préposés remplit incorrectement sa mission.

Sa responsabilité est alors celle d'un mandataire, et elle n'est couverte que par le quitus assorti d'aucune réserve, des actes accomplis, dont le syndicat a eu connaissance.

NB : Le quitus ne doit pas être confondu avec l'approbation des comptes, les copropriétaires pouvant approuver les comptes d'un exercice s'ils sont justes, sans pour autant donner quitus au syndic pour le même exercice, s'il a commis des fautes par ailleurs. (Ex. : si le syndic n'a pas exécuté une résolution d'une assemblée générale ou s'il l'a mal exécutée).

– Envers **les copropriétaires** en cas de « faute détachable » de ses fonctions et dans les termes des articles 118 et suivants du Code des Obligations Civiles et Commerciales (COCC).

– Envers **les tiers**, éventuellement, sur le même fondement quasi délictuel (art. 118 et suivants du COCC).

b/responsabilité pénale

Il n'existe pas de dispositions pénales dans la loi du 16 juin 1988 et dans le décret d'application du 15 février 2002.

Mais le syndic est **pénalement** responsable en cas de délit volontaire (détournement de fonds, faux en écriture, abus de confiance, violation des règles d'urbanisme en cas de travaux effectués sans permis) ou involontaire (blessure par négligence, par exemple).

La responsabilité pénale des personnes morales n'existe pas au SÉNÉGAL, mais la société peut être déclarée civilement responsable en cas de condamnation pénale du prévenu. Exemple : si un salarié de la société ou son gérant ont détourné des fonds.

c/assurance

Il est recommandé aux syndics de consulter un Avocat en cas de la mise en cause de leur responsabilité du syndic et si leur responsabilité semble susceptible d'être retenue, de faire une déclaration de sinistre auprès de l'Assurance responsabilité en respectant les clauses du contrat.

Attention : les conditions générales des contrats d'assurance responsabilité civile et professionnelle prévoient en général une exclusion de garantie en cas de responsabilité pénale ou de faute lourde ou intentionnelle du syndic.

c. L'organe de liaison entre le syndic et les copropriétaires : le conseil syndical

Parce que le syndic peut difficilement répondre à toutes les questions qui lui sont posées par les copropriétaires sur le fonctionnement général de la copropriété, la loi a institué un organe de liaison entre le syndic et les copropriétaires : le conseil syndical.

Sa mission essentielle est d'assister bénévolement le syndic par des avis (qui lui sont demandés par les copropriétaires ou qu'il donne de sa propre initiative).

1/caractère facultatif à défaut de clause dans le règlement et de syndicat coopératif

Contrairement à la France, le conseil syndical au SÉNÉGAL n'est pas obligatoire ; l'article 21 de la loi n° 88-04 du 16 juin 1988 dispose en effet : « *Un conseil syndical peut, à tout moment, être institué en vue d'assister le syndic et de contrôler sa gestion* ».

Exception : le conseil syndical est obligatoire dans le cas où le syndicat des copropriétaires décide d'adopter la forme d'un syndicat coopératif : les fonctions de syndic sont dans ce cas confiées au Président du Conseil syndical (article 17 dernier alinéa de la loi de 1988).

En dehors de cette hypothèse, s'il n'a pas été prévu par le règlement de copropriété, il est vivement conseillé de prévoir la mise en place d'un Conseil syndical par voie d'Assemblée.

En effet, un conseil syndical peut être institué à tout moment par décision de l'assemblée générale des copropriétaires, prise à la majorité des membres du syndicat représentant au moins les trois quarts des voix (article 26 de la loi du 16 juin 1988 susvisée).

Dans ce dernier cas ainsi qu'en l'absence de stipulation particulière du règlement de copropriété qui a créé un conseil syndical, l'assemblée générale, statuant à la même majorité, fixe les règles prévues à l'alinéa premier du présent article. ***Article 24 - Décret n° 2002-160 du 15 février 2002***

II/DÉSIGNATION DES MEMBRES DU CONSEIL SYNDICAL

Les membres du conseil syndical sont choisis :

-parmi les **copropriétaires ou leurs conjoints** si le lot est détenu par une personne physique

-parmi **les associés d'une société ou ses représentants légaux** si le lot est détenu par une personne morale. **(Article 25 décret du 15 février 2002)**

Le syndic, sa famille ou ses préposés ne peuvent pas être membres du conseil syndical.

Ce sont les seules conditions posées par la loi, mais rien n'empêche les copropriétaires de voter en Assemblée d'autres conditions telles que la nécessité d'être présent dans la copropriété pendant une période minimum ou d'être à jour de ses charges.

1/Désignation

a/Par l'Assemblée

En l'absence de disposition particulière du règlement de copropriété, l'article 25 du décret du 15 février 2002 dispose que sauf s'ils ont été désignés par le règlement de copropriété ou par le Président du Tribunal, les membres du Conseil syndical sont désignés par l'assemblée à la majorité de l'article 25 de la loi du 16 juin 1988 (50 % + 1 de tous les millièmes).

Cependant, un vote à un second tour à la majorité de l'article 24 est possible (article 21 du décret de 2002).

b/Par le Président du TGI

Si les copropriétaires ne parviennent pas à désigner les membres en Assemblée, le Président du Tribunal de Grande Instance du lieu de situation de l'immeuble, saisi par le syndic ou par un ou des copropriétaires par voie de requête, peut désigner par ordonnance les membres du conseil syndical (**articles 21 de la loi du 16 juin 1988 et 50 du décret du 15 février 2002).**

Avant de statuer, le Président du Tribunal peut charger un mandataire de justice d'une mission d'information qui comprend notamment le droit de convoquer à l'assemblée générale en vue de la désignation des membres du Conseil syndical

L'ordonnance qui désigne les membres du Conseil syndical fixe la durée de leurs fonctions.

Ces fonctions cessent de plein droit à compter de l'acceptation de leur mandat par les membres du conseil syndical désignés par assemblée générale. **(Article 50 du décret du 15 février 2002)**

Cette disposition est logique, la désignation des membres du Conseil syndical par le Président du Tribunal n'étant possible que si elle s'est révélée impossible par voie d'Assemblée.

2/Durée du mandat- nombre de membres- fonctionnement interne

Le **mandat** de membre du conseil syndical ne peut excéder **3 ans** renouvelables (**art. 24 du décret du 15 février 2002).**

Sauf désignation judiciaire, c'est l'assemblée qui fixe le nombre de ces membres, et ses modalités de fonctionnement, à moins que le règlement de copropriété n'y ait pourvu (même article).

La loi ne fixe pas de nombre minimum de membres, mais pour permettre de dégager une majorité au sein du conseil syndical, il faut prévoir un nombre impair (au minimum 3 membres titulaires).

Il est également possible de désigner un ou plusieurs **membres suppléants** au conseil syndical qui deviendront titulaires au fur et à mesure de la vacance des sièges par ordre d'ancienneté, et ce jusqu'à la date d'expiration du mandat du membre titulaire qu'ils remplacent. (***Article 27 - Décret n° 2002-160 du 15 février 2002)***

Le Président du Conseil syndical : Une fois élus, les membres titulaires se réunissent en dehors de l'Assemblée des copropriétaires, élisent leur Président parmi eux, et organisent librement le fonctionnement du conseil, de façon interne.

3/Rôle et Missions du Conseil syndical

Rôle : Après avoir ainsi défini le rôle du conseil syndical, la loi (art. 21) et le décret (art. 24 à 29) en précisant les règles de fonctionnement.

Le conseil syndical :

-**assiste** bénévolement le syndic par des avis (qui lui sont demandés par les copropriétaires ou qu'il donne de sa propre initiative) ;

-**contrôle la gestion du syndic**, notamment la comptabilité de ce dernier, la répartition des dépenses, les conditions dans lesquelles sont passés et exécutés les marchés et tous autres contrats. (Article 21 de la loi et art. 28 du décret).

Un ou plusieurs membres du conseil, habilités à cet effet par ce dernier, peuvent prendre connaissance et copie, au bureau du syndic, après lui en avoir donné avis, de toutes pièces, documents, correspondances, registres se rapportant à la gestion du syndic et, d'une manière générale, à l'administration de la copropriété

Les avis et observations du Conseil syndical ne lient pas le syndic.

Les Membres du Conseil syndical n'ont **aucun pouvoir de décision** laquelle incombe exclusivement au syndic **sauf délégations et missions particulières confiées par l'Assemblée**, mais qui ne portent que sur des opérations ponctuelles.

En effet, la délégation de pouvoir donnée, en application de l'article 25 a de la loi du 16 juin 1988 par l'assemblée générale au syndic, au conseil syndical ou à toute personne ne peut porter que sur un acte expressément déterminé.

Elle peut toutefois autoriser son bénéficiaire à décider de certaines dépenses dont le montant maximum est fixé par la délégation par voie d'Assemblée.

Elle ne peut, en aucun cas, priver l'assemblée générale de son pouvoir de contrôle sur l'administration de l'immeuble et la gestion du syndic.

Il sera rendu compte à l'assemblée de l'exécution de la délégation.

(Article 23 - Décret n° 2002-160 du 15 février 2002)

4/Bénévolat

Les membres du conseil syndical ne sont **pas rémunérés**, mais les techniciens qu'ils peuvent appeler pour les assister (expert-comptable, géomètre-expert, avocat...) sont rémunérés par la copropriété, au titre des charges d'administration (**art. 29 du décret du 15 février 2002**).

5/Fin du mandat des membres du Conseil syndical

Le mandat des membres du Conseil syndical prend fin :

-soit à l'issue de leur mandat de 3 ans, mais rien ne leur interdit de se présenter de nouveau lors de l'Assemblée suivante,

- soit en cours de mandat en cas de démission ou de révocation. Un ou plusieurs membres du conseil peuvent en effet être révoqués en cours de mandat si cette résolution figure à l'ordre du jour de l'Assemblée.

La majorité à respecter celle de l'article 25 de la loi de 1988 (50 % des millièmes +1) sauf si le(s) membre(s) du conseil syndical révoqué(s) avait (ent) été désignés par le règlement de copropriété ou par l'assemblée créant le conseil syndical. Dans cette hypothèse, la décision de l'Assemblée devra être prise à la majorité de l'article 26 **(article 25 dernier alinéa du décret du 15 février 2002)**

La révocation pourra intervenir également judiciairement devant le Juge du fond si la responsabilité d'un ou plusieurs membres du Conseil syndical est engagée.

Dans tous les cas, le conseil syndical n'est plus régulièrement constitué si plus d'un quart des sièges devient vacant pour quelque cause que ce soit. ***(Article 27 - Décret n° 2002-160 du 15 février 2002)***

Il faut donc sans délai convoquer une assemblée générale extraordinaire en urgence pour désigner les membres du Conseil syndical.

6/le conseil syndical en cas d'existence de syndicats secondaires

Lorsque l'immeuble comporte **plusieurs bâtiments**, ou plusieurs tranches de villas individuelles, les copropriétaires dont les lots composent l'un de ces bâtiments peuvent, réunis en assemblée spéciale et à la majorité de l'article 25, décider **la constitution entre eux** d'un syndicat secondaire.

Ce syndicat assure **la gestion et l'amélioration du bâtiment** considéré, sous réserve des dispositions du règlement de copropriété.

Le syndicat secondaire a, comme le syndicat principal, **la personnalité morale (art. 11 dernier du décret du 15 février 2002).**

a/ le conseil syndical du syndicat secondaire

En l'absence de stipulation particulière du règlement de copropriété du syndicat principal, les copropriétaires du syndicat secondaire désignent leurs représentants au conseil syndical de ce syndicat :

-soit au cours d'une assemblée générale du syndicat secondaire, dans le cas prévu à l'alinéa premier du présent article

-soit au cours d'une assemblée générale du syndicat principal dans le cas prévu à l'alinéa précédent. ***(Article 26 dernier alinéa Décret n° 2002-160 du 15 février 2002)***

b/ la représentation de plein droit du syndicat secondaire au sein du syndicat principal : règle de la proportionnalité

Le syndicat secondaire est représenté au conseil syndical du syndicat principal (**art. 11 dernier alinéa du décret du 15 février 2002).**

Pour assurer la représentation prévue au dernier alinéa de l'article 11 du décret, il est tenu compte, en cas de constitution d'un ou plusieurs syndicats secondaires, des dispositions de l'article 26 ci-après pour fixer le nombre des membres du conseil syndical du syndicat principal, chaque syndicat secondaire disposant de plein droit d'un siège au moins à ce conseil. ***(Article 24 - Décret n° 2002-160 du 15 février 2002).***

Lorsqu'il existe un ou plusieurs syndicats secondaires, la représentation au conseil syndical du syndicat principal attribuée à un syndicat secondaire est proportionnelle à l'importance du ou des lots qui constituent ce syndicat secondaire par rapport à celle de l'ensemble des lots qui composent le syndicat principal.

Le ou les copropriétaires du ou des lots ne sont pas constitués en syndicat secondaire disposent ensemble, s'il y a lieu, des autres sièges au conseil syndical du syndicat principal. ***(Article 26 - Décret n° 2002-160 du 15 février 2002.*** Il résulte clairement de ces dispositions que :

- chaque syndicat a un nombre de voix proportionnel au nombre de tantièmes de parties communes qu'il possède dans le total de ces tantièmes ;
- les sièges restants sont attribués aux copropriétaires de lots non constitués en syndicats secondaires. Il conviendra donc de désigner par voie d'Assemblée uniquement les membres du Conseil syndical qui ne font pas partie d'un syndicat secondaire à

la majorité de l'article 25 (ou de l'article 24 en cas d'un second vote).

En effet, les membres du syndicat secondaire sont membres de plein droit du syndicat principal.

Chapitre VIII

Garanties du syndicat

En vertu de l'article 19 de la Loi n° 88-04 du 16 juin 1988 : « *Les créances de toute nature du syndicat à l'encontre de chaque copropriétaire sont, qu'il s'agisse de provision ou de paiement définitif, garanties par une hypothèque légale sur son lot.*

L'hypothèque peut être inscrite après mise en demeure restée infructueuse.

Le syndic a qualité pour faire inscrire cette hypothèque au profit du syndicat : il peut valablement consentir la mainlevée et requérir la radiation en cas d'extinction de la dette sans l'intervention de l'assemblée générale.

Le copropriétaire défaillant peut, sous condition d'une offre de paiement suffisante ou d'une garantie équivalente, demander mainlevée totale ou partielle au président du tribunal régional ou départemental statuant comme en matière de référé ».

Section 1 : Conditions préalables

Une hypothèque ne peut être inscrite que sur un droit réel ce qui suppose en premier lieu que le terrain soit immatriculé.

Comme indiqué au CHAPITRE II, la grande majorité des terres ne sont pas encore immatriculées au SÉNÉGAL au sein duquel coexistent deux grands régimes fonciers :

- les terrains non immatriculés savoir le Domaine National (80 % du territoire environ) régi par la loi 64-46 du 17 juin 1964
- les terrains immatriculés (20 % du territoire environ) lesquels relèvent de la loi 2011-07 du 30 mars 2011 portant Régime de la Propriété Foncière qui comprend le Domaine de l'État et des collectivités locales et la propriété des personnes privées.

L'immatriculation est facultative sauf en cas de cession ou d'acquisition d'un droit réel à peine de nullité de la vente (article 380 du Code des Obligations Civiles et Commerciales)

Avant d'inscrire l'hypothèque légale du syndicat sur un lot en garantie d'une créance sur un copropriétaire débiteur, il faudra donc vérifier si le terrain sur lequel a été construite la copropriété est immatriculé.

Et s'il est immatriculé si le titre d'occupation est un droit réel.

Si le but de l'inscription d'hypothèque est la saisie immobilière du lot après obtention d'un jugement définitif condamnant le débiteur (c'est souvent le cas quand un débiteur a une dette importante soit parce qu'il est totalement impécunieux, soit parce qu'il a disparu, soit parce qu'il est décédé et que ses héritiers se désintéressent de la situation) le créancier (le syndicat) devra requérir l'immatriculation préalable à la Conservation foncière après y avoir été autorisé par décision du Président de la Juridiction compétente de la situation des biens, rendue sur requête et non susceptible de recours.

En effet, en vertu de l'article 253 de l'Acte Uniforme Ohada sur les Voies d'Exécution « *à peine de nullité, le commandement visé à l'article 254 de l'Acte Uniforme Ohada sur les Voies d'Exécution ne peut être signifié qu'après le dépôt de la réquisition d'immatriculation et la vente de peut avoir lieu qu'après la délivrance du titre foncier* ».

En effet, l'État et les collectivités locales peuvent accorder sur leur domaine privé non affecté des titres d'occupation qui ne doivent pas être confondus avec les titres fonciers, qui peuvent être classés en deux catégories :

1/les droits d'occupation personnels non susceptible d'hypothèque

a) les autorisations d'occuper à titre précaire et révocable prévues par l'article 37 de la loi 76-66 du 2 juillet 1976

b) et les baux ordinaires prévus par l'article 38 de la loi 76-66 du 2 juillet 1976 (dont la durée maximale est de 18 ans) qui ne confèrent qu'un droit personnel.

2/les droits d'occupation réels susceptibles d'hypothèque :

- Le bail emphytéotique ou emphytéose (article 39 de la loi de 1976)

Le bail emphytéotique est consenti pour une durée comprise entre 18 et 50 ans maximum selon les textes en vigueur soit un bail de 30 ans et éventuellement un renouvellement de 20 ans et non plus de 99 ans.

L'État ne transfère que la jouissance du sol. À l'expiration du bail et à défaut de demande de prorogation ou de renouvellement, l'État reprend le terrain dans l'état où il se trouve, à moins qu'il ne demande la remise en état des lieux, et ce, à la charge du bénéficiaire du bail.

Le bail emphytéotique peut donner lieu au paiement par l'État d'une indemnité, en cas de reprise avant terme, de rejet de la demande de renouvellement, ou de rejet de la demande de prorogation.

Le bénéficiaire d'un bail emphytéotique a un droit réel, susceptible d'hypothèque, dont les modalités de transfert sont fixées par la circulaire N° 00651 MEF du 31 mai 2000.

- la concession d'un droit de superficie

Le droit de superficie consiste dans le fait de posséder des constructions, ouvrages ou plantations, sur un fonds appartenant à autrui ou d'être autorisé à en établir.

« *Il y a lieu* – ajoute l'article 40 de la loi de 1976- *à concession du droit de superficie qu'à l'égard des terrains situés dans une zone résidentielle dotée d'un plan d'urbanisme de détail et destinés à la construction de logement ou d'immeubles à usage d'habitation.* »

Le droit de superficie est concédé sous condition résolutoire obligatoire de mise en valeur pour une durée comprise entre 25 et 50 ans, avec possibilité de renouvellement. Il est susceptible d'être hypothéqué. Le prix est égal à la valeur du sol et peut être payé en plusieurs versements.

Le droit de superficie, droit réel susceptible d'hypothèque, présente plus de garanties que la plupart des titres d'occupation du domaine privé immobilier de l'État. La propriété du sol reste à l'État, mais le concessionnaire est propriétaire des constructions qu'il a réalisées.

Le Notaire du promoteur aura l'obligation d'indiquer dans le règlement de copropriété et dans l'acte de vente des lots de copropriété le titre d'occupation concédé par l'État au promoteur (en général, il s'agit d'un bail emphytéotique)

Les actes de vente au profit des copropriétaires porteront donc sur une cession d'impenses (les constructions) et une cession de droit au bail pour une surface à détacher du terrain loué au promoteur et pour la durée restant à courir de son bail emphytéotique.

Ces précisions étant apportées, examinons les conditions de la prise d'hypothèque dans les copropriétés.

SECTION 2 : LA GARANTIE LÉGALE DU SYNDICAT : L'INSCRIPTION D'HYPOTHÈQUE

Il s'agit des garanties pour les créances de toute nature que le syndicat peut avoir contre un copropriétaire, qu'il s'agisse de provision ou de paiement définitif (art. 19 de la loi du 16 juin 1988).

La loi accorde au syndicat une garantie particulière : **l'hypothèque légale** du syndicat, qui peut être inscrite après mise en demeure du copropriétaire, ou dès que celui-ci demande le bénéfice du paiement par annuité des travaux d'amélioration.

Il ne s'agit que d'une mesure conservatoire, dans l'attente de l'obtention d'un titre exécutoire (un jugement définitif) qui ne doit pas être confondue avec la saisie immobilière, laquelle ne peut engager qu'après obtention d'un titre exécutoire (un jugement définitif) conformément aux articles 246 à 334 de l'Acte Uniforme Ohada sur le recouvrement des créances et les voies d'exécutions (JO Ohada n° 5)

A/Créances garanties

Le texte vise les « *créances de toute nature* » (les charges majorées des intérêts, frais et accessoires et même une provision pour frais de procédure si le règlement de copropriété les met à la charge du débiteur), mais doit s'agir d'une « **créance exigible** », parce que la loi parle de **mise en demeure préalable**.

Conditions de l'inscription :

La loi exige une mise en demeure préalable.

Pour éviter toute contestation, nous recommandons un **commandement d'huissier**, conformément à l'article 68 du décret du 15 février 2002.

Ce commandement sera délivré à l'adresse du débiteur dans la copropriété concernée et non à son domicile principal si son adresse est différente, en particulier s'il habite dans une autre ville voire un autre pays.

En effet, tous les litiges nés de l'application de la loi du 16 juin 1988 et de son décret d'application sont de la compétence du tribunal régional du lieu de situation de l'immeuble. **(Article 63 - Décret n° 2002-160 du 15 février 2002)**

Dette exigible :

La notion de dette exigible suppose que les comptes pour la période concernée aient été approuvés.

II/PRISE D'INSCRIPTION

L'inscription sera prise à l'initiative du syndic qui n'a besoin pour ce faire d'aucune autorisation préalable.

Rappelons qu'un certain nombre d'évènements arrêtent le cours des inscriptions ou empêchent qu'elles puissent être prises utilement : l'hypothèque légale doit donc être inscrite avant qu'ils ne surviennent.

Citons par exemple :

– la publication de la vente du lot, amiable ou sur adjudication ;

– la mise en procédure collective du propriétaire du lot : l'hypothèque ne peut pas être inscrite postérieurement au jugement d'ouverture du redressement judiciaire ;

– le décès du propriétaire du lot, lorsqu'il est suivi d'une acceptation sous bénéfice d'inventaire ou lorsque sa succession est déclarée vacante.

III/ASSIETTE DE L'HYPOTHÈQUE

Deux hypothèses sont possibles :

1) Soit le copropriétaire débiteur est titulaire d'un **titre foncier**, ce qui veut dire qu'il est propriétaire à part entière de ses lots (dans un immeuble en copropriété) ou de la construction, **et d'une parcelle de terrain** (en cas de villa dans un ensemble immobilier).

Dans cette hypothèse, l'hypothèque porte sur les lots concernés, en reprenant fidèlement la désignation telle qu'elle figure à la Conservation de la propriété foncière, conformément à l'article 119 alinéa 1 de l'Acte Uniforme portant organisation des sûretés.

2) Soit le copropriétaire débiteur est propriétaire **seulement des constructions (impenses)** effectuées sur le terrain qui ne lui appartient pas, mais sur lequel a été consenti un titre d'occupation qui constitue un droit réel (voir ci-dessus)

Il est dans cette hypothèse conseillé de signifier l'ensemble des actes de procédure (commandement, assignation) au propriétaire du terrain (État ou Collectivité locale) si l'inscription d'hypothèque est suivie de la saisie du lot, pour que la procédure lui soit opposable.

Cette formalité nous paraît également nécessaire en cas de nantissement sur un fonds de commerce suivi d'une saisie.

C'est le lot, en tant qu'il est un immeuble juridique distinct, qui est hypothéqué, y compris par conséquent sa quote-part de parties communes.

Mainlevée et cantonnement : La mainlevée (totale ou partielle) de l'hypothèque peut être accordée par le juge des référés du TGI du lieu de situation de l'immeuble si le copropriétaire offre paiement ou des garanties jugées suffisantes.

CHAPITRE IX

RÉGIME DES AMÉLIORATIONS, ADDITIONS DE LOCAUX PRIVATIFS ET SURÉLÉVATIONS

TEXTE DE RÉFÉRENCE

Article 27 - Loi n° 88-04 du 16 juin 1988

L'assemblée générale des copropriétaires statuant à l'unanimité peut, à condition qu'elle soit conforme à la destination de l'immeuble, décider toute amélioration, telle que la transformation d'un ou de plusieurs éléments d'équipements existants, l'adjonction d'éléments nouveaux, l'aménagement de locaux affectés à l'usage commun ou la création de tels locaux.

Elle fixe alors, à la même majorité, la répartition du coût des travaux et de la charge des indemnités prévues à l'article 32 en proportion des avantages qui résulteront des travaux envisagés pour chacun des copropriétaires sauf à tenir compte de l'accord de certains d'entre eux pour supporter une part de dépenses plus élevée.

Elle fixe à la même majorité, la répartition des dépenses de fonctionnement, d'entretien et de remplacement des parties communes ou des éléments transformés ou créés.

Lorsque l'assemblée générale refuse l'autorisation prévue à l'article 25, tout copropriétaire ou groupe de copropriétaire peut être autorisé, par le tribunal régional ou départemental après expertise à exécuter, aux conditions fixées par le tribunal, tous travaux d'amélioration visés à l'alinéa premier.

Le tribunal fixe en outre les conditions dans lesquelles les autres copropriétaires pourront utiliser les installations ainsi réalisées.

Lorsqu'il est possible d'en réserver l'usage à ceux des copropriétaires qui les ont exécutées, les autres copropriétaires ne pourront être autorisés à les utiliser qu'en versant leur quote-part du coût de ces installations évalué à la date où cette faculté est exercée.

COMMENTAIRES

SECTION 1 : TRAVAUX D'AMÉLIORATION PORTANT SUR DES ÉQUIPEMENTS ET ÉLÉMENTS COMMUNS

Le principe : Sauf disposition contraire du Règlement de copropriété prévoyant une autre règle de majorité (à l'article 26 par exemple) l'assemblée des copropriétaires peut, à l'unanimité et pourvu qu'elle soit conforme à la destination de l'immeuble, décider toute **amélioration** :

a- transformation d'équipements existants, adjonction d'éléments nouveaux, aménagement

b- ou création de locaux à usage commun (art. 27 de la loi de 1988).

À la même majorité, l'assemblée répartit **le coût** des travaux en proportion des avantages qui seront retirés des travaux par chaque copropriétaire et fixe la répartition des dépenses de fonctionnement et de maintenance des éléments transformés ou créés (même texte).

Elle fixe alors, à la même majorité, la répartition du coût des travaux et de la charge des indemnités prévues à l'article 32. Elle fixe à la même majorité, la répartition des dépenses de fonctionnement, d'entretien et de remplacement des parties communes ou des éléments transformés ou créés.

La loi ne définit pas ce qui est une « **amélioration** ». Elle se distingue du simple entretien, des travaux obligatoires et des travaux somptuaires, mais le remplacement d'un équipement hors d'usage n'est pas une amélioration, même si l'élément acquis en remplacement est plus moderne et plus performant, pourvu qu'on ne tombe dans l'excès (ascenseur qu'il suffisait de réparer, par exemple).

La **répartition des charges** de maintenance et d'utilisation des éléments nouveaux doit se faire en principe selon les critères de l'utilité et non au prorata des millièmes. Cette répartition ne sera donc pas nécessairement la même que celle du coût des travaux.

L'article 28 de la loi de 1988 précise qu'aucun des copropriétaires ou leurs ayants droit ne peut faire obstacle à l'exécution même à l'intérieur de ses des travaux régulièrement et expressément décidés par l'assemblée générale en vertu de l'article 27.

Cependant, la décision d'amélioration n'est pas **opposable** au copropriétaire qui, dans le délai de 2 mois de la notification du Procès-verbal d'Assemblée (article 33 de la loi), a saisi le tribunal pour faire juger que cette amélioration est somptuaire eu égard à l'immeuble (caractères, destination, état…).

Les propriétaires qui subissent, par suite de l'exécution des travaux de surélévation, **un préjudice** répondant aux conditions posées à l'article 27 de la loi, ont droit à **une indemnité prévue à l'article 32** en proportion des avantages qui résulteront des travaux envisagés pour chacun des copropriétaires sauf à tenir compte de l'accord de certains d'entre eux pour supporter une part de dépenses plus élevée.

Celle-ci, à la charge de l'ensemble des copropriétaires, est répartie selon la proportion initiale des droits de chacun dans les parties communes

L'article 27, auquel renvoie le texte ci-dessus, prévoit l'indemnisation des copropriétaires qui subissent, du fait des travaux, **une diminution définitive** de la valeur de leur lot, **un trouble de jouissance** grave, ou **des dégradations**.

La loi dit comment se répartit l'indemnité, mais non comment elle est fixée. À défaut d'accord, le recours au juge paraît nécessaire.

L'indemnité, étant à la charge de tous les copropriétaires, est donc partiellement à la charge de son bénéficiaire lui-même. Il en est de même lorsqu'un copropriétaire obtient en justice des dommages-intérêts contre le syndicat. En pareils cas, la Jurisprudence admet l'allocation de dommages-intérêts particuliers, pour compenser ce manque à indemniser.

La part du coût des travaux, des charges financières y afférentes et des indemnités incombant aux copropriétaires peut n'être payée que par annuités égales.

Lorsque le syndicat n'a pas contracté d'emprunt en vue de la réalisation des travaux, les charges financières dues par les copropriétaires payant par annuités sont égales aux taux légaux d'intérêt.

Toutefois, les sommes visées au précédent alinéa deviennent immédiatement exigibles lors de la première mutation entre vifs du lot de l'intéressé même si cette mutation est réalisée par voie d'apport en société.

Les dispositions qui précèdent ne sont pas applicables lorsqu'il s'agit de travaux imposés par le respect d'obligations légales ou règlementaires. (**Article 30 - Loi n° 88-04 du 16 juin 1988**

Enfin, l'Assemblée fixe à la même majorité (l'unanimité sauf disposition contraire du Règlement de copropriété) la répartition des dépenses de fonctionnement, d'entretien et de remplacement des parties communes ou des éléments transformés ou créés.

SECTION 2 : RECOURS CONTRE LES ASSEMBLÉES QUI REFUSENT À UN COPROPRIÉTAIRE LA DEMANDE D'AUTORISATION DE FAIRE À SES FRAIS DES TRAVAUX DANS SES PARTIES PRIVATIVES MAIS QUI AFFECTENT LES PARTIES COMMUNES

Il est rappelé qu'en vertu de l'article 25 b de la loi de 1988, un copropriétaire peut demander que soit porté à l'ordre du jour de la prochaine assemblée l'autorisation de faire des travaux d'amélioration dans ses locaux privatifs, mais qui ont une incidence sur les parties communes (ex : la toiture d'un immeuble en cas de surélévation) à la condition qu'ils soient conformes à la destination de l'immeuble.

La loi dit en effet qu'est votée à la majorité de l'Article 25 b : « *L'autorisation donnée à certains copropriétaires d'effectuer à leurs frais des travaux affectant les parties communes ou l'aspect extérieur de l'immeuble et conforme à la destination de celui-ci* ».

Lorsque l'assemblée **refuse** à un copropriétaire l'autorisation de faire (à ses frais) les travaux visés ci-dessus, l'art. 27 alinéa 4 et 5 de la loi de 1988 dispose que le tribunal peut autoriser un ou des copropriétaires à effectuer les travaux d'amélioration visés ci-dessus, et fixe alors les conditions d'utilisation de ces éléments par les autres copropriétaires

Il n'est pas nécessaire que « l'amélioration » bénéficie à tous les copropriétaires.

Mais le copropriétaire demandeur doit être, selon la Jurisprudence, propriétaire indivis des parties communes ou de l'élément sur lequel portent les travaux.

Ainsi, le propriétaire d'un appartement non desservi par l'ascenseur ne peut pas utiliser ce texte pour demander des travaux prolongeant la course de l'ascenseur jusqu'à son lot (Cass. civ. 3e, 21 février 1978).

Si **l'usage** des nouvelles installations peut être réservé aux copropriétaires qui les ont réalisées, les autres ne pourront être autorisés à les utiliser qu'en versant leur quote-part de leur coût, évalué à la date où ils demandent à les utiliser (art. 27 de la loi).

SECTION 3 : LA SURÉLÉVATION

« La surélévation ou la construction de bâtiments aux fins de créer de nouveaux locaux à usage privatif ne peut être réalisée par les soins du syndicat que si la décision en est prise à l'unanimité de ses membres » **article 31 - Loi n° 88-04 du 16 juin 1988**

La **surélévation** de l'immeuble aux fins de créer **de nouveaux locaux à usage privatif** nécessite l'accord de l'unanimité des copropriétaires, si elle doit être opérée **par les soins du syndicat**.

La surélévation de l'immeuble pour créer de nouveaux locaux communs relève du régime des améliorations et additions prévue à l'article 27 de la loi.

La surélévation de l'immeuble par une personne **autre que le syndicat** ne relève pas des règles évoquées ci-dessus.

Il s'agit alors, ou de l'exercice d'un « **droit réservé** », ou de l'exercice d'un droit privatif.

Il est traité de cette question au chapitre suivant.

CHAPITRE X

DROITS ACCESSOIRES AUX PARTIES COMMUNES

L'article 3 de la loi du 16 juin 1988 répute « **droits accessoires aux parties communes** », dans le silence ou la contradiction des titres :

– le droit de surélever un bâtiment commun ou composé de plusieurs lots privatifs ;

– le droit d'édifier de nouveaux bâtiments dans les cours et jardins communs ;

– le droit d'affouiller les cours et jardins ;

– le droit de mitoyenneté afférent aux parties communes.

Il ne sera traité dans la présente étude que de la surélévation laquelle peut être :

-à l'initiative du syndicat (I)

-à l'initiative d'un copropriétaire (II)

I/SURÉLÉVATION À L'INITIATIVE DU SYNDICAT

Droits accessoires aux parties communes – Selon la loi du 16 juin 1988, le droit de surélever (tout comme le droit de construire de nouveaux bâtiments ou le droit d'affouiller) est considéré, sauf dispositions contraires du règlement de copropriété, comme un droit accessoire aux parties communes. Son exercice appartient donc normalement au syndicat, sauf si ce droit a été réservé par une convention à un copropriétaire ou à un tiers lors de la mise en copropriété (a été accordé à titre privatif à un copropriétaire ou encore a été érigé en lot indépendant

Une servitude antérieure à la mise en copropriété ayant permis la construction d'un bâtiment dans la cour de l'immeuble jusqu'à une certaine hauteur, ne peut conférer aux propriétaires des lots composant ce bâtiment, un droit de surélévation du bâtiment existant, un tel droit étant, dans le silence ou la contradiction des titres, réputé accessoire aux parties communes et donc à la discrétion du syndicat *(Cass. 3e civ., 6 févr. 2002, n° 00-15.343 : AJDI 2002, n° 4, p. 310)*.

Le syndicat peut décider, en assemblée générale, un exhaussement de l'immeuble avec pour objectif soit la création de locaux communs (1°), soit la création de locaux privatifs (2°). Il peut également aliéner ce droit à un tiers (3°).

a) Il peut exister d'autres droits accessoires aux parties communes : le droit d'affichage sur les murs de l'immeuble, par exemple.

b) Le droit de mitoyenneté est en réalité un droit de propriété, semble-t-il, faisant partie des parties communes de l'immeuble.

c) Le droit de surélever un bâtiment entièrement privatif est un droit exclusif du propriétaire de ce bâtiment – sauf à respecter l'article 25-b de la loi relatif à « l'aspect extérieur de l'immeuble ».

II/SURÉLÉVATION À L'INITIATIVE D'UN COPROPRIÉTAIRE

L'article 3 de la loi du 16 juin 1988 régit **les conventions** par lesquelles un propriétaire ou un tiers **se réserve l'exercice** de l'un des droits accessoires.

Cette convention doit être exécutée **dans les 10 ans** de sa date, à peine de caducité.

Avant l'expiration de ce délai, le syndicat, à la majorité absolue, peut s'opposer à l'exercice du droit réservé sauf à en indemniser le titulaire si celui-ci prouve que la réserve du droit comportait une contrepartie à sa charge.

La convention doit indiquer, à peine de nullité, **la consistance et l'importance des locaux** à construire, et la modification que leur exécution entraînerait dans les droits et charges des copropriétaires.

Cas particulier de la construction sur une partie commune affectée en jouissance privative : il s'agit bien de l'exercice de l'un des droits accessoires, mais la Jurisprudence est tout à fait hostile à sa mise en œuvre.

Les « droits accessoires » ne sont accessoires aux parties communes que « dans le silence ou la contradiction des titres » (art. 3 de la loi).

La Jurisprudence a donc très normalement admis que ces droits pouvaient, conventionnellement, être réputés accessoires aux parties privatives, ou même constituer des lots privatifs : par exemple, lot comprenant le droit de surélever l'immeuble ou lot consistant en des locaux à créer en surélévation.

CHAPITRE XI

LA RECONSTRUCTION

SECTION 1 : TEXTES DE BASE : ARTICLES 64 À 67 DU DÉCRET DE 2002

1) Article 64

En cas de destruction totale ou partielle, l'assemblée générale des copropriétaires dont les lots composent le bâtiment sinistré peut décider, à la majorité des voix (50 % + 1) de ces copropriétaires, la reconstruction de ce bâtiment ou la remise en état de la partie endommagée.

Dans le cas où la destruction affecte moins de la moitié du bâtiment, la remise en état est obligatoire si la majorité des copropriétaires sinistrés la demande.

Les copropriétaires qui participent à l'entretien des bâtiments ayant subi les dommages sont tenus de participer dans les mêmes proportions et suivant les mêmes règles aux dépenses des travaux, c'est-à-dire au **prorata des millièmes**.

L'approbation de la nouvelle grille de millièmes se fait à la majorité des voix (50 % + 1), et non à l'unanimité.

2) Article 65

En cas d'amélioration ou d'addition par rapport à l'état antérieur au sinistre, les dispositions du chapitre III de la loi du 16 juin 1988 susvisée sont applicables.

3) Article 66

Les indemnités compensatrices de l'immeuble détruit sont, sous réserve des droits des créanciers inscrits, affectées par priorité à la reconstruction.

4) Article 67

Si la décision est prise, dans les conditions prévues à l'article 34 du décret, de ne pas remettre en état le bâtiment sinistré, il est procédé à la liquidation des droits dans la copropriété et à l'indemnisation de ceux des copropriétaires dont le lot n'est pas reconstitué.

SECTION 2 : COMMENTAIRES

I/QU'ENTEND ON PAR DESTRUCTION ?

« Caractère supplétif de la réglementation – La reconstruction de l'immeuble peut se révéler nécessaire à la suite de divers évènements (incendie, explosion, inondation, tremblement de terre, etc., mais aussi simple vétusté ou encore effondrement provoqué par les opérations de construction menées sur un chantier voisin).

Les articles 64 à 67 du décret du 15 février 2002 qui concernent la matière ne font pas partie des dispositions d'ordre public de ce texte : le règlement de copropriété pourrait donc comporter valablement des dispositions différentes. En pratique c'est rarement le cas.

Notion de destruction – Pour qu'il y ait matière à reconstruction, il faut que l'immeuble ait été détruit en totalité ou en partie. La loi ne précise pas à partir de quel degré de destruction les dispositions légales s'appliquent. La notion de destruction serait essentiellement une question de fait *(F. Givord, C. Giverdon, P. Capoulade, La copropriété : Dalloz Action, 8e éd. 2012-2013, n° 1158)*. On peut penser que l'hypothèse de destruction partielle implique le sinistre simultané de plusieurs lots ou encore, dans le cas d'une copropriété comportant plusieurs bâtiments, de l'un d'entre eux.

Quant à l'objet de la destruction, on considère qu'il doit porter à la fois sur les parties privatives et les parties communes. Car si la destruction se limitait aux parties communes, le syndicat, chargé aux termes de l'article 14 de la loi, de la conservation de l'immeuble, devrait procéder à la réfection. Inversement, si seules les parties privatives étaient concernées par la destruction, c'est le propriétaire sinistré qui aurait seul la charge de la reconstruction. En cas de destruction d'une terrasse, partie commune à jouissance exclusive d'un copropriétaire, le syndicat a la charge de la reconstruction *(Ch. Atias, Propriété indivise et usage privatif : terrasses et terrains privés en copropriété immobilière : JCP N 1987, I, 101091)*.

Survie du syndicat – En cas de destruction totale de l'immeuble se pose une question préalable : celle de la survie du syndicat des copropriétaires lui-même *(E.-J. Guillot, La disparition du syndicat des copropriétaires : Administrer avr. 1979, n° 90, p. 4)*. S'il s'agit d'un bâtiment unique et que celui-ci a entièrement disparu, il ne reste plus qu'un sol non bâti sur lequel les anciens copropriétaires conservent des droits concurrents à proportion de leurs quotes-parts de copropriété. On peut se demander si le statut de la copropriété est encore applicable : ce statut ne régit-il pas seulement l'immeuble bâti dont la propriété est répartie entre plusieurs personnes par lots.

L'article 64 du décret fournit un élément de réponse ; il pose le principe que l'assemblée générale se réunit pour décider d'une éventuelle reconstruction, et ceci sans distinguer selon que la destruction est totale ou partielle. Implicitement, la loi prévoit donc la « survie » de la copropriété et le maintien du syndicat au moins jusqu'à cette prise de décision *(P. Capoulade, obs. ss Cass. 3e civ., 8 mars 1989 : Inf. rap. copr. janv. 1990, p. 10*, qui s'interroge malgré tout sur l'étendue exacte de la compétence du syndicat entre la destruction et la décision de reconstruire).

Qualité pour agir – Dans un arrêt rendu en France le 8 mars 1989, les opérations de construction menées sur un chantier voisin avaient provoqué l'effondrement de l'immeuble dont la démolition avait été ordonnée par l'autorité administrative à la suite d'un arrêté de péril. La Cour de cassation admet que le syndicat a, en vertu de l'article 15 de la loi, qualité pour agir en justice, au nom de tous les copropriétaires, en réparation du préjudice qui résulte pour eux de la destruction totale du bâtiment dont la reconstruction a été décidée. Cette action collective n'interdit pas aux copropriétaires de réclamer, par ailleurs, la réparation des préjudices personnellement éprouvés à partir de la date d'acquisition de leur lot, par exemple l'obligation de se loger ailleurs en attendant la reconstruction *(Cass. 3e civ., 8 mars 1989, n° 87-13.267 : JurisData n° 1989-703019 ; Bull. civ. 1989, III, n° 57 ; Administrer 1989, n ° 206, p. 38, obs. E.-J. Guillot ; Ann. loyers 1990, p. 449, obs. R. Martin ; Inf. rap. copr. janv. 1990, p. 10, obs. P. Capoulade ; Defrénois 1990, art. 34750, p. 374, obs. H. Souleau)*.

Destruction totale – L'article 64 du décret de 2002 considère comme destruction totale celle qui s'étend à plus de la moitié de l'immeuble (ou du nombre de lots de la copropriété).

Concernant la survie du syndicat et les actions en justice, il faut distinguer plusieurs hypothèses. Si, à la suite de la destruction totale de l'immeuble, l'assemblée générale décide de le faire reconstruire, il n'y a pas dissolution du syndicat ; ce dernier continue d'exister et l'action syndicale doit être admise.

En revanche, si la reconstruction n'est pas votée, le syndicat disparaît *(C. Cambon et P. Lebatteux, Les difficultés concrètes liées à la disparition du syndicat des copropriétaires : Administrer juin 2013, n° 466, p. 26)*. C'est donc cette décision négative qui constitue l'acte de décès du syndicat *(J. Lafond, Liquidation des syndicats de copropriétaires : l'impasse : JCP N 2008, 1286)*. Il doit alors être procédé à la liquidation des droits des anciens copropriétaires et à l'indemnisation de ceux des copropriétaires dont le lot n'est pas reconstitué. (Article 67 du décret)

Destruction partielle – Si la destruction concerne moins de la moitié de l'immeuble (ou du nombre de lots qui composent la copropriété), le syndicat continue d'exister, même s'il est modifié dans sa composition.

II/DÉCISION DE RECONSTRUIRE

L'article 64 – qui n'est que supplétif – prévoit plusieurs dispositions à ce sujet, tandis que l'article 66 indique que les indemnités représentatives de l'immeuble détruit sont, sous réserve des droits des créanciers inscrits, affectées par priorité à la reconstruction.

A/Composition de l'assemblée appelée à se prononcer sur la reconstruction

Assemblée spéciale au bâtiment sinistré – Qu'il s'agisse de destruction totale ou partielle, l'article 64 dispose que l'assemblée est composée des *« copropriétaires dont les lots composent le bâtiment sinistré »*. Si la copropriété ne comporte qu'un seul bâtiment, c'est une assemblée générale ordinaire qui sera réunie. Mais si la copropriété comporte plusieurs bâtiments, ce n'est pas l'assemblée générale regroupant l'ensemble des copropriétaires qui a qualité pour délibérer, mais une assemblée spéciale aux copropriétaires du bâtiment sinistré *(TGI Albertville, 25 nov. 1983 : Administrer mai 1985, n° 157, p. 34, obs. E.-J. Guillot. – Adde E.-J. Guillot, La remise en état d'un bâtiment sinistré faisant partie d'un groupe d'immeubles : Administrer janv. 1982, n° 120, p. 21).* En revanche, tous les copropriétaires du bâtiment sinistré sont appelés à voter lors de cette assemblée spéciale, que leur lot ait ou non subi des dommages (V. cependant, le cas particulier où la destruction affecte moins de la moitié du bâtiment).

En tant que professionnel, le syndic est tenu d'une obligation de conseil ; il ne doit pas laisser l'assemblée générale se défaire de ses pouvoirs de contrôle sur la reconstruction de l'immeuble, en acceptant la création d'un « comité de reconstruction » aux mains de quelques copropriétaires influents *(CA Paris, 23e ch. A, 30 avr. 2003, n° 2002/16905 : JurisData n° 2003-219012).*

Ni une autorisation du syndic ni une réunion informelle des copropriétaires ne peuvent pallier l'absence de saisine et d'autorisation de l'assemblée générale. Un copropriétaire ne peut entreprendre des travaux de reconstruction d'un bâtiment endommagé sans cette autorisation *(CA Paris, 23e ch. A, 1er mars 2000, n° 1998/10919 : JurisData n° 2000-109541).*

Dans un cas particulier où le bâtiment sinistré appartenait à un seul copropriétaire, il a été cependant jugé qu'il n'y avait pas lieu de réunir une assemblée spéciale : possédant tous les millièmes, ce propriétaire ne pouvait délibérer qu'avec lui-même. En faisant l'avance d'une importante somme d'argent, il avait manifesté son intention de reconstruire le bâtiment et ne pouvait arguer de l'absence de décision de l'assemblée générale *(CA Paris, 23e ch. B, 20 mai 1999, n° 1997/13116 : JurisData n° 1999-023201 ; JCP G 2000, IV, 1203 ; Loyers et copr. 2000, comm. 26, G. Vigneron ; AJDI 1999, p. 719).*

B/Majorité

Majorité absolue – L'article 64 prévoit que la reconstruction doit être décidée par l'assemblée générale des copropriétaires dont les lots composent le bâtiment sinistré *« à la majorité des voix de ces copropriétaires »*. (Article 25) Il faut donc que la moitié plus une des voix se prononce en faveur de la reconstruction (majorité absolue calculée par rapport aux voix, appartenant à tous les copropriétaires du bâtiment concerné par le sinistre et non pas seulement par rapport aux présents ou représentés).

Difficultés pratiques de la reconstruction – Le notariat souligne, à juste titre, les difficultés pratiques de la reconstruction qui doit respecter au centimètre près la topographie de l'ancien immeuble (étage, composition du lot et superficie de chaque lot), sous peine de nécessiter des modificatifs complexes au règlement de copropriété *(G. Delattre et C. Becqué-Deverre, La modification du lot de copropriété, 103e Congrès des notaires de France :* L'unanimité devrait alors être requise.

Il a été pourtant jugé que dans le cas d'une importante réhabilitation de l'immeuble (comportant des modifications internes et même une surélévation), l'adoption d'une nouvelle répartition des charges et des tantièmes (qui était la conséquence de l'opération) nécessitait non pas l'unanimité, mais la majorité des voix de tous les copropriétaires, c'est-à-dire la même majorité que pour la décision de réhabilitation elle-même *(Cass. 3e civ., 16 juill. 1996 : RD imm. 1996, p. 614, obs. P. Capoulade et C. Giverdon).*

C/Cas particulier où la destruction affecte moins de la moitié du bâtiment

Majorité – Aux termes de l'article 64 alinéa 2, lorsque la destruction affecte moins de la moitié du bâtiment, la remise en état est obligatoire *« si la majorité des copropriétaires sinistrés la demande ».*

Cette règle a manifestement été introduite dans un souci de protection d'une minorité de copropriétaires contre le risque d'abus de la majorité *(F. Givord, C. Giverdon, P. Capoulade, op. cit., n° 1160).* On a craint que les copropriétaires dont les lots n'ont pas subi de dommages n'émettent tous des votes négatifs puisqu'ils devront participer au financement des travaux, même si leur lot n'a pas été touché. Aussi *« la remise en état est obligatoire si la majorité des copropriétaires sinistrés le demande ».*

Difficultés d'interprétation – Néanmoins le texte est obscur sur bien des points. D'abord, concernant la majorité applicable. Alors que dans le cas contraire (destruction totale ou affectant plus de la moitié du bâtiment) c'est la majorité absolue des voix qui doit être réunie, le texte parle ici de *« majorité des copropriétaires sinistrés ».* S'agit-il d'une majorité en nombre ou en voix ?

L'opinion dominante penche pour la majorité en nombre *(E. Kischinewsky-Broquisse, La copropriété des immeubles bâtis, op. cit., n° 203. – G. Vigneron, JCl. Copropriété, Fasc. 97 ou*

Construction-Urbanisme , Fasc. 97-20. – F. Givord, C. Giverdon et P. Capoulade, op. cit., n° 1160). À dire vrai, la jurisprudence n'a pas eu encore l'occasion de trancher.

Seconde incertitude : si la destruction affecte moins de la moitié du bâtiment, faut-il réunir une assemblée comprenant tous les propriétaires du bâtiment sinistré ou seulement une assemblée encore plus particulière composée des seuls copropriétaires directement atteints par le sinistre dudit bâtiment ? *(R. Martin, L'immeuble détruit : Ann. loyers 1990, p. 449).* En tout cas, la décision appartiendra à ce « groupement restreint » *(F. Givord, C. Giverdon, P. Capoulade, op. cit., n° 1160.* – Sur les assemblées particulières *V. JCl. Civil Code, App. art. 544 à 577, fasc. 41-1 ou Notarial Répertoire , V ° Copropriété, fasc. 41-1).*

Dernière incertitude : la formule selon laquelle *« la remise en état est obligatoire »* signifie-t-elle que le texte est d'ordre public ? Il est difficile de l'admettre, puisque l'article 64, dans son ensemble, n'est que supplétif. Le texte signifie sans doute que, sauf dispositions contraires du règlement de copropriété, la reconstruction est de droit lorsque la destruction affecte moins de la moitié du bâtiment et que la moitié (en nombre) des copropriétaires sinistrés le demande.

D/Financement des travaux de reconstruction

Répartition de la dépense – L'article 64 alinéa 3 dispose : *« Les copropriétaires qui participent à l'entretien des bâtiments ayant subi les dommages sont tenus de participer dans les mêmes proportions et suivant les mêmes règles aux dépenses des travaux, c'est-à-dire au* ***prorata des millièmes*** *».*

L'obligation de financer les travaux de reconstruction ne pèse donc pas seulement sur les copropriétaires sinistrés ; elle peut concerner également les autres, en suivant les règles qui régissent les dépenses d'entretien des bâtiments, c'est-à-dire conformément aux dispositions de l'article 10, alinéa 2 de la loi.

La répartition se fait en fonction des tantièmes.

Les frais de reconstruction de l'immeuble doivent être supportés par chaque copropriétaire au *prorata* des tantièmes attribués à son lot, ce qui permet au créancier du syndicat de poursuivre directement le paiement des sommes qui lui sont dues sur chacun des copropriétaires en proportion de sa part contributive *(CA Paris, 19e ch., 6 juill. 2007, n° 05/12219 : JurisData n° 2007-338429 ; Loyers et copr. 2007, comm. 232, G. Vigneron).*

En conséquence, même s'il existe plusieurs bâtiments, il se peut que les copropriétaires des bâtiments non sinistrés supportent également une partie du financement de la reconstruction. Tout dépend de la manière dont le règlement de copropriété a été rédigé. Il convient de rechercher si et dans quelle mesure des parties communes spéciales ont été créées *(J.-M. Talau, Questions sur la spécialisation des charges de copropriété par bâtiment en cas de réparation ou de reconstruction : Loyers et copr. 2013, étude 5)*. Concrètement, pour que la charge de la reconstruction ne pèse pas sur tous les copropriétaires, il faut que le règlement de copropriété prévoie soit la présence de syndicats secondaires, soit des parties communes spéciales par bâtiment, soit à tout le moins une spécialisation des charges d'entretien et de conservation par bâtiment *(J.-R. Bouyeure, Les travaux dans la copropriété, op. cit., n° 221)*. En tout état de cause, ce sont les assurances garantissant l'immeuble qui assureront le financement *(V. infra n° 142)*.

Lorsque les frais d'expertise du bâtiment menaçant ruine ont été mis à la charge de l'ensemble des copropriétaires par une décision administrative devenue définitive, les copropriétaires du bâtiment non concerné par la démolition, même s'ils ne peuvent remettre en cause devant le juge judiciaire la décision préfectorale, bénéficient d'une action récursoire contre les copropriétaires du bâtiment concerné par cette démolition *(CA Paris, 23e ch. B, 23 janv. 2003, n° 2002/12004 : JurisData n° 2003-202503)*.

La charge des travaux de reconstruction de l'immeuble, après un incendie ayant détruit plusieurs lots, incombe au crédit-bailleur qui a seul qualité de copropriétaire *(CA Grenoble, 2e ch. civ., 2 oct. 2007, n° 05/01901TC/P : JurisData n° 2007-345869)*.

Indemnités d'assurance – La plupart du temps, la destruction de l'immeuble donne droit au paiement de diverses indemnités représentatives de sa valeur (indemnités d'assurance, dommages-intérêts dus par le tiers responsable, etc.). La reconstruction en est facilitée.

L'article 66 du décret précise que : *« Les indemnités représentatives de l'immeuble détruit sont, sous réserve des droits des créanciers inscrits, affectées par priorité à la reconstruction »*.

En l'absence de créanciers inscrits, les indemnités touchées sont affectées en priorité à la reconstruction. Les copropriétaires ne peuvent en disposer : les sommes qu'ils reçoivent sont affectées au paiement des travaux. Du moins en est-il ainsi si l'assemblée a pris le parti de la reconstruction.

L'article 66 n'étant pas d'ordre public, de nombreux règlements de copropriété prévoient qu'en cas de sinistre, les indemnités représentatives de tout ou partie de l'immeuble seront versées directement, sans le concours des créanciers hypothécaires, entre les mains du syndic, en vue de la reconstruction *(E. Kischinewsky-Broquisse, La copropriété des immeubles bâtis, op. cit., n° 271).*

Il a été jugé qu'après un incendie, le copropriétaire sinistré est en droit d'exiger une parfaite reconstruction de son lot privatif, financée par l'assureur de la copropriété et que le syndicat a la qualité de maître de l'ouvrage *(CA Montpellier, 1re ch., sect. D, 9 juill. 2013, n° 11/08541 : JurisData n° 2013-033380).* C'est donc que les dépenses de reconstruction, financées par les indemnités d'assurance, ne concernent pas seulement les parties communes *(F. Givord, C. Giverdon, P. Capoulade, op. cit., n° 1163).*

E/Reconstruction assortie de travaux d'amélioration

L'article 65 du décret de 2002 dispose : « *En cas d'amélioration ou d'addition par rapport à l'état antérieur au sinistre, les dispositions du chapitre III de la loi du 16 juin 1988 susvisée sont applicables* ».

Il est bien certain, en effet, que les copropriétaires profiteront le plus souvent de l'opération de reconstruction pour apporter certaines améliorations à l'immeuble.

Il en résulte que la décision doit être prise selon les modalités prévues par l'article 27 de la loi de 1988 pour les améliorations, c'est-à-dire à l'unanimité sauf dispositions contraires du règlement de copropriété.

III/NON-RECONSTRUCTION DE L'IMMEUBLE

A/Décision de l'assemblée générale

L'article 67 du décret de 2002 dispose : « *Si la décision est prise, dans les conditions prévues à l'article 34 du décret, de ne pas* *remettre en état le bâtiment sinistré, il est procédé à la liquidation des droits dans la copropriété et à l'indemnisation de ceux des copropriétaires dont le lot n'est pas reconstitué* ».

Une coquille a dû se glisser dans ce texte, l'article 34 du décret étant relatif à l'obligation pour le syndic de tenir à jour la liste des copropriétaires ce qui n'a rien à voir avec le sujet en question.

Il faut donc comprendre « *dans les conditions prévues à l'article 64 du décret* » c'est-à-dire à la majorité de l'article 25 de la loi du 16 juin 1988.

En conséquence, l'assemblée générale, saisie de la question, doit se prononcer par 501 voix sur 1 000 contre la remise en état. Mais faut-il assimiler à cette décision expresse le cas du refus implicite, lorsqu'aucune majorité absolue ne se dégage ni en faveur du projet de reconstruction ni contre lui ?

Un auteur hésite à assimiler les deux hypothèses *(J.-R. Bouyeure, Les travaux dans la copropriété, op. cit., n ° 228, p. 97)*. Pour un autre, le refus implicite emporte les mêmes conséquences que le refus exprès *(G. Vigneron, ou Construction-Urbanisme, Fasc. 97-20)*.

La jurisprudence, rare en la matière, penche pour l'assimilation des deux hypothèses, car les intéressés ne peuvent rester indéfiniment dans l'incertitude

B/Conséquences de la décision

La décision de ne pas reconstruire emporte, aux termes de l'article 67 du décret deux conséquences : *« il est procédé à la liquidation des droits dans la copropriété et à l'indemnisation de ceux des copropriétaires dont le lot n'est pas reconstitué »*. Il faut, en réalité, distinguer le cas de la destruction totale (a) de celui de la destruction partielle (b).

1/Destruction totale

Liquidation – Si l'immeuble est complètement détruit et que les copropriétaires décident de ne pas le reconstruire, ils doivent, selon certains auteurs, constater la dissolution du syndicat des copropriétaires et désigner un liquidateur, à la même majorité que celle requise pour décider ne pas reconstruire, c'est-à-dire à la majorité des voix des copropriétaires dont les lots composent le bâtiment sinistré *(C. Cambon et P. Lebatteux, Les difficultés concrètes liées à la disparition du syndicat des copropriétaires, préc n° 132).*

Le décret ne donne aucune précision à ce sujet, ni sur la personne du liquidateur ni sur la manière de procéder. On peut appliquer les dispositions de droit commun en matière de partage d'une indivision ordinaire

Les éléments d'actif (vestiges de l'immeuble et surtout sol commun) seront vendus et leur prix réparti entre les copropriétaires au *prorata* de leurs quotes-parts dans les parties communes. De même pour les indemnités d'assurance.

Le syndicat se trouve alors dissous du fait de la disparition de tout élément commun.

2/Destruction partielle

Indemnisation – Cette hypothèse est plus complexe. Certains lots (voire un immeuble entier appartenant à un groupe d'immeuble) ont été détruits et il n'est pas décidé de leur reconstruction. Il faut procéder à l'indemnisation des copropriétaires dont le lot ne sera pas reconstruit comme le prévoit l'article 67 du décret.

En présence de parties communes spéciales par bâtiment, instituées par le règlement de copropriété, l'indemnité d'assurance allouée au syndicat des copropriétaires en raison de la destruction partielle de l'immeuble lors d'un incendie doit être répartie entre les seuls copropriétaires du centre commercial détruit et non reconstruit *(Cass. 3e civ., 6 mai 2014, n° 12-23.810 : AJDI 2014, p. 526, obs. S. Porcheron ; Rev. loyers 2014, p. 308, obs. P. Gomar).*

La copropriété subsiste, mais diminuée des lots détruits par le sinistre. Il faut procéder à une refonte de l'état descriptif de division et affecter les quotes-parts de parties communes qui correspondaient à ces lots aux autres copropriétaires.

Rachat des quotes-parts de parties communes – Le syndicat doit acquérir ces quotes-parts de parties communes comme le lui permet l'article 16 de la loi u 16 juin 1988. À défaut d'accord sur le prix de cession, il peut être demandé au tribunal de désigner un expert chargé d'évaluer la valeur des droits.

Paiement des charges : En revanche, les copropriétaires des lots disparus ont été jugés redevables des charges destinées à assurer la conservation, l'entretien et l'administration des parties communes jusqu'au paiement de l'indemnité due par le syndicat et la sortie de ces propriétaires de l'indivision *(CA Paris, 19 mai 1989 : Loyers et copr. 1989, comm. 347 et 354 ; Gaz. Pal. 1989, 2, p. 952, note J.-R. Bouyeure ; Ann. loyers 1990, p. 449, note R. Martin ; Inf. rap. copr. 1990, p. 14, note M. Morand. – Adde, M. Morand, Lot détruit ou inutilisable, participation aux charges, liquidation des droits : Gaz. Pal. 1991, 1, doctr. p. 27).*

La même solution est reprise par un arrêt postérieur *(CA Paris, pôle 4, ch. 2, 19 juin 2013, n° 12/01574 : Administrer nov. 2013, n° 470, p. 53, obs. J.-R. Bouyeure).* »

Source : LEXIS NEXIS Fasc. 51 : COPROPRIÉTÉ. – Travaux et transformations. – Transformations : Marianne Saluden - Maître de conférences honoraire à la Faculté de droit de l'UPEC (Université Paris Est Créteil)

CHAPITRE XII

SYNDICATS SECONDAIRES – SCISSIONS DE COPROPRIÉTÉ

L'administration de copropriétés constituées de plusieurs bâtiments composés eux-mêmes d'un nombre important de lots dont les affectations sont fréquemment diversifiées, et où les occupants peuvent se compter par centaine, se heurte, dans la pratique, à de multiples obstacles étant donné l'ampleur des problèmes à traiter par le syndicat et le syndic.

Impossibilité de réunir autant de copropriétaires dans les assemblées générales, absentéisme, divergences d'intérêts risquent, à défaut de pouvoir recueillir les majorités requises par la loi, de faire obstacle à l'adoption des décisions qui s'avèrent pourtant nécessaires dans l'intérêt de la collectivité.

Dans le but de pallier ces inconvénients, la loi du 16 juin 1988 s'inspirant de la loi française du 10 juillet 1965 a institué la possibilité soit de décentraliser les pouvoirs de gestion du syndicat de telle manière qu'ils puissent s'exercer au niveau de chaque bâtiment lorsque la copropriété en comporte plusieurs, soit, au plan de structure d'une copropriété, de la fractionner en deux ou plus nouvelles copropriétés de dimensions plus modestes donc plus accessibles à une gestion mieux adaptée aux préoccupations des résidents de chaque immeuble.

La loi prévoit donc :

– d'une part, la création de syndicats secondaires ***(Article 11 - Décret n° 2002-160 du 15 février 2002)***

– d'autre part, la scission de la copropriété initiale par constitution de copropriétés séparées ***(Article 12 - Décret n° 2002-160 du 15 février 2002).***

Parallèlement, la loi a ouvert la faculté pour plusieurs syndicats de copropriétaires dans le cadre d'un même ensemble immobilier de se réunir au sein d'une union de syndicats afin de coordonner la création et la gestion de services ou d'équipements communs à plusieurs copropriétés distinctes par l'intermédiaire (***Article 45 - Décret n° 2002-160 du 15 février 2002)***

SECTION 1 : SYNDICATS SECONDAIRES

Points communs avec la loi française

1. – La constitution d'un syndicat secondaire suppose l'existence de bâtiments **susceptibles d'être fonctionnellement indépendants**

2. – La décision de créer un syndicat secondaire **est prise uniquement par les copropriétaires du bâtiment destiné** à être administré par ce syndicat

3. – Le syndicat secondaire est **constitué par le seul effet de la décision** prise par les copropriétaires concernés, indépendamment de toute autre formalité

4. – **Le syndicat secondaire dispose des pouvoirs habituels d'un syndicat de copropriété** pour ce qui concerne la gestion du bâtiment pour lequel il a été constitué

5. – **Le syndicat principal conserve ses attributions** pour l'administration des bâtiments non concernés par le syndicat secondaire

6. – Les copropriétaires du syndicat secondaire **restent membres de l'assemblée générale du syndicat principal**

La constitution d'un syndicat secondaire n'entraîne pas obligatoirement une modification de la répartition des charges communes puisque cette règle ne résulte que de la Jurisprudence française. (Cass. Civ.10 mars 1981)

Les Tribunaux au Sénégal sont donc libres ou pas d'appliquer cette jurisprudence au cas par cas en vertu de leur pouvoir discrétionnaire d'appréciation tant que la Cour Suprême ne se sera pas prononcée sur ce point.

I/BÂTIMENTS PHYSIQUEMENT INDÉPENDANTS

Lorsque l'immeuble comporte **plusieurs bâtiments**, ou **plusieurs tranches** de villas individuelles, les copropriétaires dont les lots composent l'un de ces bâtiments peuvent, réunis en assemblée spéciale et à la majorité de l'article 25, décider **la constitution entre eux** d'un syndicat secondaire.

– Il faut qu'il y ait « **plusieurs bâtiments** », ce qui s'entend de bâtiments physiquement indépendants (et non liés par un sous-sol commun, par exemple : Cass. civ. 3e, 23 janvier 1973) et gérables séparément (pour un ensemble estimé non séparable dans sa gestion, voir Lyon, 22 janvier 1981).

Des cages d'escalier dans un même bâtiment ne peuvent pas donner lieu à la construction de syndicats secondaires (mais elles peuvent donner lieu à des charges spéciales).

– Un copropriétaire possédant **tous les lots** d'un bâtiment ne peut pas constituer un syndicat secondaire, faute de pouvoir tenir une assemblée (TGI Paris, 21 octobre 1976).

La création d'un syndicat secondaire ne constitue pas ipso facto les autres bâtiments en syndicats secondaires (selon un arrêt du 4 mai 1979, Cour Appel Paris), mais il est certain **qu'en fait** il en est nécessairement ainsi, du moins en ce qui concerne de nombreux aspects de la gestion des immeubles.

Ce syndicat assure **la gestion, l'entretien et l'amélioration internes du bâtiment considéré**, sous réserve des dispositions du règlement de copropriété.

Il ne peut pas agir en justice pour défendre des intérêts communs à tous les copropriétaires.

Cet objet peut être étendu par l'assemblée de tous les copropriétaires à la majorité ordinaire de l'article 24.

Mais **l'extension d'objet** prévue par le texte ne se rencontre que très exceptionnellement dans la pratique.

II/REPRÉSENTATION DE PLEIN DROIT AU CONSEIL SYNDICAL PRINCIPAL

Le syndicat secondaire a, comme le syndicat principal, **la personnalité morale**, et il est représenté au conseil syndical du syndicat principal s'il en existe un. (Article 11 du décret).

Règle de proportionnalité : Lorsqu'il existe un ou plusieurs syndicats secondaires, la représentation au conseil syndical du syndicat principal attribuée à un syndicat secondaire est proportionnelle à l'importance du ou des lots qui constituent ce syndicat secondaire par rapport à celle de l'ensemble des lots qui composent le syndicat principal.

Le ou les copropriétaires du ou des lots ne sont pas constitués en syndicat secondaire disposent ensemble, s'il y a lieu, des autres sièges au conseil syndical du syndicat principal.

En l'absence de stipulation particulière du règlement de copropriété du syndicat principal, les copropriétaires désignent leurs représentants au conseil syndical de ce syndicat au cours d'une assemblée générale soit du syndicat secondaire, dans le cas prévu à l'alinéa premier du présent article, soit du syndicat principal dans le cas prévu à l'alinéa précédent. (***Article 26 - Décret n° 2002-160 du 15 février 2002)***

Les membres du syndicat secondaire siègent donc de plein droit au sein du Conseil syndical principal.

III/MISE EN APPLICATION DE L'ARTICLE 11

Le décret parle d'une assemblée spéciale.

En pratique, il suffit de notifier au syndic le Procès-verbal de l'assemblée spéciale et le nom des membres du conseil syndical secondaire.

Mais la création de syndicats secondaires peut parfaitement être prévue dès l'origine, **dans le règlement de copropriété** d'ensemble.

NB : Dans les cas visés ci-dessus, si l'Assemblée ne se prononce pas sur la demande de création d'un syndicat secondaire, tout copropriétaire peut assigner le Syndicat des copropriétaires au fond pour le faire à sa place, mais l'Assemblée doit avoir été préalablement saisie et invitée à statuer, faute de quoi le Tribunal ne pourrait se prononcer (Cass. 3e civ., 6 oct. 1999 : *Bull.* civ. III n° 197, revue administrer fév. 2000, page 48).

Il convient de rajouter à l'ordre du jour de l'Assemblée la demande de création d'un syndicat secondaire sous forme de résolutions supplémentaires.

Mais il n'y a pas à établir un règlement de copropriété particulier pour le syndicat secondaire.

Il suffit de mettre à jour le règlement général (mode de gestion, charges…).

Le syndicat secondaire n'est **compétent** que pour ce qui concerne son immeuble (ou sa tranche de villas).

De même, les questions « d'aspect extérieur » de l'immeuble relèvent du seul syndicat principal.

Dans le cadre ainsi tracé, le syndicat secondaire tient ses assemblées et fonctionne exactement dans les mêmes conditions que le syndicat principal.

SECTION 2 : SCISSION DE LA COPROPRIÉTÉ

TEXTES DE RÉFÉRENCES

Article 12 - Décret n° 2002-160 du 15 février 2002

Lorsque l'immeuble comporte plusieurs bâtiments et que la division en propriété du sol est possible, les copropriétaires dont les lots composent un ou plusieurs de ces bâtiments peuvent, réunis en assemblée spéciale et statuant à la majorité prévue à l'article 25 de la loi du 16 juin 1988 susvisée, demander que le ou les bâtiments en question soient retirés de la copropriété initiale pour constituer une copropriété séparée.

L'assemblée générale statut à la majorité prévue à l'article 25 sur la demande formulée par l'assemblée spéciale.

Le règlement de copropriété relatif à l'ensemble immobilier reste applicable jusqu'à l'établissement d'un nouveau règlement de copropriété par chacun des syndicats.

Le syndicat initial ne peut être dissous tant qu'il existe des parties communes ou des ouvrages d'intérêt commun à l'ensemble des copropriétaires à moins qu'il ne soit pourvu d'une manière afférente à l'entretien, à la gestion et, éventuellement, à l'exécution de ces ouvrages, notamment par une association syndicale de propriétaires fonciers.

Le transfert de propriété de ces éléments communs peut être décidé au profit de l'organisme qui en reprend la charge, par décision de l'assemblée générale statuant à la majorité prévue à l'article 25 de la loi du 16 juin 1988 susvisée.

COMMENTAIRES

Cette fois, ce n'est plus la gestion qui est différenciée : c'est la copropriété elle-même qui disparaît pour faire place à des copropriétés plus réduites.

Lorsque l'immeuble comporte **plusieurs bâtiments**, et que la **division du sol** est possible, les copropriétaires dont les lots composent un ou plusieurs de ces bâtiments peuvent, réunis en assemblée spéciale et à la majorité absolue, demander que ce ou ces bâtiments soient retirés de la copropriété initiale pour constituer **une copropriété séparée** (art. 12 du décret).

L'assemblée générale statue, à la même majorité, sur la demande formulée par l'assemblée spéciale (art. 25 de la loi).

a) Le mot « **bâtiment** » suppose en principe l'existence d'immeubles bâtis. La pratique (et une partie de la doctrine) admet cependant comme possible la scission de la partie bâtie et de **la partie non bâtie** d'une copropriété. Ce système est notamment utilisé lorsqu'une opération immobilière est arrêtée en cours de réalisation et il permet au promoteur de « récupérer » la partie non bâtie de son terrain – sauf à ne pas l'utiliser dans l'avenir pour des objets non compatibles avec les droits initiaux de ses premiers acheteurs (destination des lieux, nature de l'environnement...).

b) La division du sol est celle de terrains bâtis ; il n'y a donc pas à appliquer la réglementation des lotissements (sauf à imaginer le retrait de plusieurs terrains non bâtis). Un certificat d'urbanisme sera nécessaire puisqu'il s'agit de diviser un terrain bâti.

c) Il n'y aura constitution d'une « copropriété séparée » que si l'immeuble qui demande son retrait appartient à plusieurs copropriétaires. S'il appartient entièrement à **une même personne**, son retrait est cependant admis par la Jurisprudence (comparer avec la solution retenue en matière de syndicats secondaires).

Le règlement de copropriété initial reste applicable jusqu'à la mise en place des règlements de chacun **des nouveaux syndicats**.

Le syndicat initial ne peut pas être dissous tant qu'il existe des choses communes à l'ensemble des copropriétaires, à moins qu'on ait pourvu autrement à leur gestion – notamment en constituant une association syndicale de propriétaires.

Ces éléments communs subsistants peuvent être transférés à l'association, ou autre organisation mise en place, à la majorité absolue (art. 12 du décret).

On peut trouver étonnant que la loi suggère elle-même le recours à l'association syndicale, alors qu'elle crée précisément, dans ses articles 45 à 47 du décret, les **unions de syndicats** destinées justement à gérer les choses communes entre plusieurs copropriétés.

La scission de la copropriété, de quelque façon qu'on la présente, fait cesser l'indivision sur les anciennes parties communes générales.

Elle est donc, en droit, une **opération de partage**, soumise comme telle au droit de partage.

L'assiette du droit de partage est constituée par ce qui est partagé, à savoir le sol, le gros œuvre des immeubles s'il n'était pas érigé en parties communes spéciales, les VRD généraux...

SECTION 3 : UNION DE SYNDICATS DE COPROPRIÉTAIRES

TEXTES DE RÉFÉRENCE

Article 45 - Décret n° 2002-160 du 15 février 2002

Les sociétés de construction et les syndicats qui existent dans le cadre d'un même ensemble immobilier peuvent constituer entre eux des unions.

Les unions de syndicats de copropriétaires, visées au premier alinéa du présent article, sont des groupements dont l'objet est d'assurer la création, la gestion et l'entretien d'éléments d'équipement communs à plusieurs syndicats, ainsi que la satisfaction d'intérêts communs auxdits syndicats. Ces unions peuvent être propriétaires des biens nécessaires à leur objet. Les statuts de l'union déterminent les conditions de son fonctionnement sous réserve des dispositions de la présente section.

Une union peut recevoir l'adhésion de sociétés immobilières et de tous autres propriétaires dont les immeubles sont contigus ou voisins de ceux de ses membres.

Article 46 - Décret n° 2002-160 du 15 février 2002

L'adhésion à une union est décidée par l'assemblée générale de chaque syndicat, à la majorité fixée par l'article 26 de la loi du 16 juin 1988 susvisée.

L'assemblée générale de l'union est constituée par les syndics des syndicats, les représentants légaux des sociétés et les propriétaires qui ont adhéré à l'union.

Les syndics participent à l'assemblée générale de l'union en qualité de mandataire du ou des syndicats qu'ils représentent.

Article 47 - Décret n° 2002-160 du 15 février 2002

Les syndicats coopératifs visés à l'article 14, alinéa 2, de la loi du 16 juin 1988 susvisée peuvent adhérer à des unions coopératives auxquelles s'appliquent les dispositions de la présente section.

Des syndicats non coopératifs peuvent adhérer à des unions coopératives, avec l'accord de ces dernières, sans perdre de plein droit leur forme initiale.

COMMENTAIRES

Les sociétés de construction et les syndicats qui existent dans le cadre d'un même ensemble immobilier peuvent constituer entre eux des unions (art. 45 à 47 du décret).

L'objet de ces groupements est d'assurer la gestion et l'entretien d'éléments communs à plusieurs syndicats, ainsi que la satisfaction d'intérêts communs auxdits syndicats.

Les unions peuvent être **propriétaires** des biens nécessaires à leur objet.

Les statuts de l'union sont libres et l'union peut recevoir l'adhésion de sociétés immobilières et de tous autres propriétaires dont les immeubles sont contigus ou voisins (art. 45 du décret).

L'union de syndicat a **la personnalité morale** (puisqu'elle peut avoir un patrimoine). Elle est le seul groupement dont la constitution ne s'accompagne, d'aucune formalité, publicité, etc.

Les statuts déterminent librement les règles de fonctionnement de l'union.

La possibilité d'adhésion de propriétaires voisins rapproche beaucoup l'union, le cas échéant, des associations syndicales.

L'adhésion à l'union est décidée par chaque copropriété à la majorité des deux tiers.

L'assemblée de l'union est composée par les syndics des copropriétés ou les représentants légaux des sociétés membres.

Les syndics ont, à cette assemblée, la qualité de mandataire du ou des syndicats qu'ils représentent **(Article 46 du décret)**.

Remarques :

a) Les textes parlent des syndicats « qui existent » et l'adhésion à l'union suppose un vote en assemblée. Il paraît donc difficile, malgré le grand intérêt de la démarche, de mettre en place cette structure dès le montage d'une opération immobilière. C'est peut-être cette difficulté qui est la cause du peu de succès de cette formule, pourtant remarquablement souple et efficace.

b) Si, comme cela est fréquent, les copropriétés adhérentes à l'union ont le même syndic, il faut organiser un système de délégation de fonctions pour que l'assemblée de l'union puisse se tenir.

c) Le syndic représente son syndicat à l'union de syndicats, mais cela ne lui donne pas le droit de voter sans avoir pris au préalable l'avis des copropriétaires qu'il représente, surtout si les décisions à prendre relèvent des majorités (majorité absolue ou des 2/3), à l'intérieur de ces copropriétés.

Les **syndicats coopératifs** et les syndicats dont le syndic est un copropriétaire peuvent, même s'ils n'appartiennent pas au même ensemble, constituer entre eux des unions pour créer et gérer des services destinés à faciliter leur gestion, ainsi que la vie sociale des copropriétés.

Chaque syndicat décide, parmi les services proposés par une union, ceux dont il veut bénéficier (art. 47 du décret).

Chapitre XIII

Actions en justice dans la copropriété

Section 1 : Juridictions compétentes

Compétence d'attribution : la loi du 16 juin 1988 ne déroge pas aux règles générales de la procédure civile ; elle se borne à préciser, à l'occasion de certains litiges, que leur contentieux relève de telle ou telle juridiction préexistante.

Le décret n° 2015-1145 du 3 août 2015 fixe la composition et la compétence des Cours d'Appel, des Tribunaux de Grande Instance et des Tribunaux d'instance.

Dès lors, sont compétents, selon l'objet ou le montant de la demande : le tribunal d'instance, le tribunal de grande instance et le président de ce tribunal sur requête ou en référé.

I/Tribunal d'instance

Il est compétent pour statuer sur les actions tendant à la reconnaissance d'une créance d'ordre contractuel ou à l'allocation de dommages-intérêts à condition que l'enjeu du litige n'excède pas au total 2 000 000 FCFA à charge d'appel ; le jugement est en dernier ressort si le montant n'excède pas 300 000 FCFA **(article 6. décret n° 2015-1145 du 3 août 2015)**

II/Compétence du Tribunal de grande instance statuant en matière civile et commerciale au fond

En vertu de l'article 63 du décret du 15 février 2002, le TGI est normalement compétent pour connaître de tous les conflits au fond en matière de copropriété, y compris ceux relatifs au paiement de créances ou de dommages-intérêts au -dessus de 2 millions FCFA.

La loi de 1988 lui a, en outre, attribué la compétence exclusive pour statuer sur certains litiges relatifs à son application, à savoir :

- les actions en annulation des décisions d'assemblée générale ou des clauses du règlement de copropriété illégales ;
- les actions relatives à la modification de la répartition des charges ;
- les actions concernant l'exécution de travaux affectant les parties communes ou l'aspect extérieur de l'immeuble.
- la demande d'autorisation d'effectuer des travaux d'amélioration refusés par l'assemblée.

III/COMPÉTENCE DU JUGE DES RÉFÉRÉS

A/La compétence générale prévue par les articles 247 et suivants du NCPC et par l'article R217 du décret n° 2010/99 du 27 janvier 2010 portant partie règlementaire Code de la Construction au Sénégal)

Le Président du tribunal de grande instance est compétent en cas d'urgence, pour ordonner toutes mesures

- qui ne se heurtent à aucune contestation sérieuse ou qui justifie l'existence d'un différend (exemple : demande de désignation d'un expert pour constater des malfaçons dans les travaux commandés par le syndicat) ;
- même en cas de contestation sérieuse, pour prescrire les mesures conservatoires ou de remise en état qui s'imposent soit pour prévenir un dommage imminent soit pour faire cesser un trouble manifestement illicite.

Le syndicat peut ainsi assigner en référé-provision tout copropriétaire qui **ne règle pas ses charges**, après une mise en demeure **infructueuse**. Cette procédure, plus rapide que l'assignation au fond, peut se révéler utile pour pratiquer des saisies de loyers ou des saisies mobilières.

Le référé est également fréquemment utilisé en cas de troubles de voisinage dans la copropriété ou de travaux irréguliers entrepris par un copropriétaire, en cas d'occupation illicite de parties communes, auxquels il convient de mettre fin très rapidement.

Par arrêt numéro 599 rendu le 3 août 2010, la Cour d'appel de

Dakar avait confirmé, en toutes ses dispositions, une ordonnance du juge des référés qui avait en raison du trouble manifestement illicite, ordonné la démolition sous astreinte de 500 000 FCFA par jour de retard, d'un mur construit sans autorisation sur le parking du centre commercial les Quatre C, partie commune.

Le constructeur du mur la société CORFITEX a formé un pourvoi, estimant que ce litige dépassait la compétence du juge des référés.

Par arrêt numéro 06 rendu le 17 janvier 2013, la Chambre Civile et commerciale de la Cour Suprême a rejeté le pourvoi formé aux motifs :

-d'une part que la Cour d'appel a fait application des dispositions de l'article 248 du code de procédure civile pour faire cesser un trouble manifestement illicite créé par la société Corfitex.

-d'autre part que l'article 10 du règlement de copropriété précise que les parties communes ne peuvent pas être utilisées pour un usage personnel en dehors de leur destination normale sauf exception décidée par l'assemblée générale des copropriétaires ; que la cour d'appel a constaté que le mur construit empiète largement sur des aires de stationnement déjà tracé pour en déduire que la société Corfitex n'a pas respecté les dispositions légales et contractuelles et a porté atteinte aux intérêts des copropriétaires ; qu'en l'état de ces constatations, elle a légalement justifié sa décision » **(AFF : société CORFITEX C/Ousmane LOUM et autres : Pourvoi J/11 ; RG : 12)**

B/la compétence exclusive du juge des référés du TGI pour statuer en référé dans les cas prévus par les articles 51, 52 et 59 du décret du 15 février 2002

1/Désignation d'un administrateur provisoire de copropriété en cas d'empêchement ou de carence du syndic (art. 51 du décret)

L'article 51 du décret de 2002 dispose : « *sous réserve des dispositions des articles 8 et 52 du présent décret, dans les cas d'empêchement ou de carence du syndic visés à l'article 18, alinéa 3 de la loi du 16 juin 1988 susvisée, le syndic en fonction peut être assigné par tout intéressé devant le président du tribunal régional statuant en matière de référé en vue de la désignation d'un administrateur provisoire de la copropriété.*

L'ordonnance fixe la durée de la mission de l'administrateur provisoire. Sauf si cette ordonnance la limite expressément à un ou plusieurs objets, la mission ainsi confiée est celle qui est définie par l'article 18 de la loi susvisée du 16 juin 1988 susvisée et par le présent décret.

Sauf s'il y a urgence à faire procéder à l'exécution de certains travaux nécessaires à la sauvegarde de l'immeuble et au fonctionnement des services d'équipement commun, la demande ne sera recevable que s'il est justifié d'une mise en demeure adressée au syndic et demeurée infructueuse pendant plus de huit jours »

Commentaires : Il y a **empêchement** chaque fois que le syndic ne peut plus exercer sa mission : maladie, mise en faillite, retrait de la garantie financière, ou encore un différend avec des copropriétaires qui paralyse la gestion de la copropriété.

Il y a **carence** chaque fois que le syndic **n'exerce pas** comme il le devrait les droits et actions du syndicat, c'est-à-dire qu'il ne respecte pas ses obligations légales et n'exécute pas les assemblées.

La carence doit être manifeste et doit être établie par les demandeurs.

À défaut, une expertise avant-dire-droit pourrait être nommée.

La carence doit être **distinguée** de la simple **faute ou erreur** du syndic, qui appelle une sanction sur le terrain de la responsabilité civile ou qui peut entraîner la révocation du syndic en assemblée (à la majorité de l'article 25) en non la désignation d'un administrateur provisoire.

Procédure : **tout intéressé** (copropriétaire ou tiers, par exemple un créancier) peut saisir le juge des référés (art. 51 du décret), et **après une mise en demeure** adressée au syndic restée infructueuse pendant plus de 8 jours (art. 51 du décret), sauf s'il y a urgence à faire exécuter des travaux.

L'administrateur provisoire désigné peut avoir **les mêmes attributions** que le syndic dessaisi ou avoir une mission limitée à un ou plusieurs objets par l'ordonnance de référé.

2/Désignation d'un copropriétaire ou d'un mandataire de justice à l'effet de convoquer l'assemblée générale en cas de carence du syndic ou du Président du Conseil syndical 8 jours après une mise en demeure

En vertu de l'article 8 alinéa 3 du décret du 15 février 2002 « *s'il n'existe pas de conseil syndical ou si les membres de ce conseil n'ont pas été désignés ou si le président de ce conseil ne procède pas à la convocation de l'assemblée, tout copropriétaire peut alors provoquer ladite convocation dans les conditions prévues à l'article 52 du présent décret* ».

L'article 52 du Décret n° 2002-160 du 15 février 2002 précise : « *Dans l'hypothèse prévue à l'article 8, alinéa 3, ci-dessus, le président du tribunal compétent, statuant en matière de référé, peut, à la requête de tout copropriétaire, habiliter un copropriétaire ou un mandataire de justice à l'effet de convoquer l'assemblée générale. Dans ce cas, il peut charger ce mandataire de présider l'assemblée.*

Sous peine d'irrecevabilité, l'assignation ne devra intervenir qu'après une mise en demeure adressée au syndic ou le cas échéant au président du conseil syndical, si elle reste infructueuse après un délai de 8 jours ».

NB : rappelons qu'aucune autorisation judiciaire n'est requise si le Président du Conseil syndical s'il en existe convoque l'Assemblée dans le cas prévu à l'article 8 alinéa 2 du décret du 15 février 2002 : *« La convocation de l'assemblée est de droit lorsqu'elle est demandée au syndic soit par le conseil syndical, s'il en existe un, soit par un ou plusieurs copropriétaires représentant au moins un quart des voix de tous les copropriétaires, à moins que le règlement de copropriété ne prévoie un nombre inférieur de voix. La demande, qui est notifiée au syndic, précise les questions dont l'inscription à l'ordre du jour de l'assemblée est demandée.*

Dans les cas prévus au précédent alinéa, l'assemblée générale des copropriétaires est valablement convoquée par le président du conseil syndical, s'il en existe un, après mise en demeure au syndic restée infructueuse pendant plus de huit jours. »

Lorsque l'assemblée est convoquée en application du présent article, la convocation est notifiée au syndic.

3/Cantonnement d'une opposition sur le prix de vente (article 59 décret 15 février 2002)

L'article 59 du Décret n° 2002-160 du 15 février 2002 dispose : *« Lorsque le syndic s'est opposé dans les conditions prévues à l'article 20 de la loi du 16 juin 1988 susvisée, au paiement du prix de vente d'un lot ou d'une fraction de lot, pour une créance inférieure au montant de ce prix, les effets de l'opposition ainsi formée peuvent être limités, par ordonnance du président du tribunal compétent statuant en référé, au montant des sommes restant dues au syndicat par l'ancien propriétaire »*

IV/COMPÉTENCE DU PRÉSIDENT DU TGI STATUANT PAR VOIE D'ORDONNANCE SUR REQUÊTE

Le Président du tribunal de grande instance est compétent pour statuer sans qu'il soit nécessaire de tenir un débat contradictoire dans 6 cas :

A/1er cas : désignation d'un syndic judiciaire (article 48 du décret de 2002)

À défaut de nomination du syndic par l'assemblée des copropriétaires dûment convoquée à cet effet, le président du tribunal compétent désigne le syndic par ordonnance sur requête d'un ou plusieurs copropriétaires ou, en cas de syndicat coopératif, sur requête d'un ou plusieurs membres du conseil syndical.

La même ordonnance fixe la mission du syndic et, sous réserve des dispositions du dernier alinéa du présent article, la durée de celle-ci. La durée de cette mission peut être prorogée et il peut y être mis fin suivant la même procédure.

Indépendamment de missions particulières qui peuvent lui être confiées par l'ordonnance visée à l'alinéa 1er du présent article, le syndic ainsi désigné administre la copropriété dans les conditions prévues par l'article 18 de la loi du 16 juin 1988 susvisée et par le présent décret. Il doit notamment convoquer l'assemblée générale en vue de la désignation d'un syndic deux mois avant la fin de ses fonctions.

La mission du syndic désigné par le président du tribunal cesse de plein droit à compter de l'acceptation de son mandat par le syndic désigné par l'assemblée générale. ***(Article 48 - Décret n° 2002-160 du 15 février 2002)***

Commentaires : Il peut arriver que les copropriétaires ne parviennent pas à nommer un syndic pour diverses raisons (quorum, défaut de candidat).

À défaut de nomination du syndic par l'assemblée des copropriétaires dûment convoquée, le Président du Tribunal désigne le syndic par ordonnance **sur requête d'un ou plusieurs copropriétaires** (ou en cas de syndicat coopératif, sur requête d'un ou plusieurs membres du conseil syndical).

On parle alors de « **syndic judiciaire** » **(ordonnance n° 358/TR/TH Tribunal Régional de Thiès 4 décembre 2003)**. Sa mission est fixée par l'ordonnance. Elle est la même que celle du syndic ordinaire.

Il administre donc la copropriété comme un syndic à la différence de l'administrateur provisoire dont la mission porte généralement sur des points précis sauf exception.

B/2° cas : désignation des membres du Conseil syndical si leur désignation n'a pas pu avoir lieu au cours d'une assemblée régulièrement convoquée (Article 50 - Décret n° 2002-160 du 15 février 2002)

L'article 50 du décret de 2002 dispose : *« À défaut de désignation dans les conditions prévues par les articles 24, alinéa 2 et 3, et 26, alinéa 3 du présent décret, le président du tribunal régional, statuant par ordonnance sur requête du syndic ou d'un ou plusieurs copropriétaires, désigne les membres du conseil syndical. S'il s'agit de désigner les membres du conseil syndical du syndicat principal, la requête peut être présentée aussi par le syndic principal que par celui du syndicat secondaire.*

Avant de statuer, le président du tribunal peut charger un mandataire de justice d'une mission d'information qui comprend notamment le droit de convoquer l'assemblée générale en vue de la désignation des membres du conseil syndical.

L'ordonnance qui désigne les membres du conseil syndical fixe la durée de leurs fonctions.

Ces fonctions cessent de plein droit à compter de l'acceptation de leur mandat par les membres du conseil syndical désignés par l'assemblée générale.

Commentaires : À défaut de nomination des membres du conseil syndical par l'assemblée, s'il en existe un, un ou plusieurs copropriétaires peuvent présenter une requête.

L'ordonnance fixe la durée du mandat des membres du conseil syndical, laquelle cesse de plein droit lorsque les membres du conseil syndical sont désignés par l'assemblée.

Le Président du Tribunal peut également constater l'impossibilité de désigner les membres du conseil syndical, à défaut de candidat.

C/3° cas : désignation d'un administrateur provisoire de copropriété dans le cas où la copropriété est dépourvue d'un syndic régulièrement désigné (article 49 décret de 2002)

L'Article 49 du Décret n° 2002-160 du 15 février 2002 dispose : « Dans tous les cas, autres que celui prévu par le précédent article, où le syndicat est dépourvu de syndic, le président du tribunal compétent, statuant par ordonnance sur requête, à la demande de tout intéressé, désigne un administrateur provisoire de la copropriété qui est notamment chargé, dans le délai éventuellement fixé par l'ordonnance et sous réserve de l'application des dispositions de l'article 13 ci-dessus, de convoquer l'assemblée en vue de la désignation d'un syndic. Les fonctions de cet administrateur provisoire cessent de plein droit à compter de l'acceptation de son mandat par le syndic désigné par l'assemblée générale »

Commentaires : C'est le cas du syndic « **autoproclamé** » ou du syndic qui s'est maintenu en fonctions **au-delà de son mandat** (ex. : le promoteur qui se maintient comme syndic au-delà de la première vente – ***Cf.* en ce sens ordonnance n° 180/TR/TH Tribunal Régional de Thiès 13 mai 2003)** – ou du syndic régulièrement nommé dont le mandat a expiré, ou encore le syndic irrégulièrement nommé).

Dans cette hypothèse, tout intéressé (généralement un ou plusieurs copropriétaires, mais aussi un tiers) peut demander la désignation **d'un administrateur provisoire** qui est notamment chargé, dans le délai fixé par l'ordonnance, de se faire remettre les fonds et archives du syndicat et de convoquer l'assemblée en vue de la désignation d'un syndic avant la fin de ses fonctions. Mais sa mission peut être plus étendue (Cass. 3e civ. 18 décembre 1972)

Pas plus que le syndic, l'administrateur provisoire ne pourra présider l'Assemblée.

NB : Dispositions communes concernant le syndic judiciaire et l'administrateur provisoire de copropriété résultant de l'article R 217 alinéa 2 du décret n° 2010/99 du 27 janvier 2010 portant partie règlementaire Code de la Construction.

- Tout appel de charge effectué par l'administrateur provisoire ou le syndic judicaire de copropriété relèvera de la seule compétence de l'assemblée générale des Copropriétaires.
- Les fonctions du syndic judiciaire et l'administrateur provisoire cessent de plein droit à compter de l'acceptation de son mandat par le syndic désigné par assemblée générale.
- Ils peuvent alors présenter le montant de leurs honoraires et frais au Président du Tribunal et les faire taxer, à défaut d'opposition de la part du syndicat des copropriétaires dans le délai légal. La rémunération des administrateurs provisoires et syndics judicaires de copropriété désignés en vertu de la loi du 16 juin 1988 est fixée par le Président du Tribunal qui les a désignés sans toutefois pouvoir excéder mensuellement la rémunération mensuelle qui était versée au syndic de copropriété.
- À l'issue de leur mission, ils auront la possibilité de présenter leur candidature aux fonctions de syndics dans le cadre de l'assemblée générale des copropriétaires qui doit statuer sur la désignation du syndic.

D/4° cas : désignation d'un mandataire ad hoc (articles 56 et 58 du décret du 15 février 2002)

Le Président du TGI peut désigner un mandataire ad hoc dès lors que le syndic se retrouve en conflit d'intérêts avec le syndicat des copropriétaires de manière directe ou par personne interposée dans deux cas prévus aux articles 56 et 58 du décret du 15 février 2002

- 1re Hypothèse : oppositions d'intérêts entre les copropriétaires qui ne sont pas demandeurs à une action en révision de la répartition des charges formée contre le syndicat : Chaque fois qu'une action en justice intentée contre le syndicat a pour objet ou peut avoir pour conséquence une révision de la répartition des charges et, indépendamment du droit pour tout copropriétaire d'intervenir personnellement dans l'instance, le syndic ou tout copropriétaire peut, s'il existe des oppositions d'intérêts entre les copropriétaires qui ne sont pas demandeurs, présenter requête au président du tribunal compétent en vue de la désignation d'un mandataire ad hoc. Dans ce cas, la signification des actes de procédure est valablement faite aux copropriétaires intervenants ainsi qu'au mandataire ad hoc. ***(Article 56 - Décret n° 2002-160 du 15 février 2002***

- 2° Hypothèse : conflit d'intérêt entre le syndicat et le syndic et ses proches s'ils ont participé de manière directe ou indirecte à la construction de l'immeuble en cas de procédure relative à ladite construction : tout intéressé peut demander au président du tribunal compétent, statuant sur requête de désigner un mandataire ad hoc pour ester en justice au nom du syndicat lorsque celui-ci est partie dans une instance relative à l'exécution de la construction de l'immeuble, aux garanties dues ou aux responsabilités encourues à cette occasion, si le syndic, son conjoint, leurs commettants ou employeurs, leurs préposés, ou leurs parents ont, directement ou indirectement, à quelque titre que ce soit, même par personne interposée, participé à ladite construction ***(article 58 - Décret n° 2002-160 du 15 février 2002***

L'article 58 vise clairement le cas dans lequel les fonctions de syndic sont exercées par le constructeur de l'immeuble.

E/5° cas : désignation d'un mandataire commun en cas d'indivision ou d'usufruit sur un lot (Article 62 - Décret n° 2002-160 du 15 février 2002)

L'article 62 - Décret n° 2002-160 du 15 février 2002 dispose : « Pour l'application de l'article 23, alinéa 2 de la loi du 16 juin 1988 susvisée, le président du tribunal régional statue, par ordonnance sur requête, lorsqu'en cas d'indivision ou d'usufruit la désignation d'un mandataire commun est demandée en justice ».

F/6° cas : ordonnance d'injonction de payer

Il est possible de déposer devant le Président du TI ou du TGI (à partir de 2 millions FCFA) une requête en injonction de payer accompagnée des justificatifs en cas de charges impayées par un copropriétaire.

S'il fait droit à la demande, le Président rend une ordonnance susceptible d'opposition dans un délai d'un mois à compter de sa signification par huissier.

En cas d'opposition, le dossier est transmis au juge du fond.

Le président est toujours celui du lieu de situation de l'immeuble : ***Article 61 - Décret n° 2002-160 du 15 février 2002 :*** Sauf dispositions contraires, toute demande formée par le syndicat à l'encontre d'un ou plusieurs copropriétaires, suivant la procédure d'injonction de payer, est portée devant la juridiction du lieu où se trouve l'immeuble.

V/LE JUGE PÉNAL

Le juge pénal reste compétent suivant le droit commun en cas d'infraction.

Il pourra s'agir d'une plainte contre le syndic ou contre un ou des copropriétaires engagée par le syndicat des copropriétaires ou par un ou plusieurs copropriétaires agissant individuellement.

Exemples d'abus de confiance : détournement de fonds, détournement de pièces appartenant au syndicat (AFF : Ministère Public C/Philippe MEDAN et autres : jugement n° 278/15, TGI de THIÈS statuant en matière correctionnelle du 12 mai 2015)

Exemples de faux en écriture privée et usage : présentation de faux bilans, de fausses factures, de faux pouvoirs ou feuilles de présence.

Exemples de violation des règles d'urbanisme : travaux faits sans surveillance ou sans permis de construire, absence de mesures pour mettre fin à une infraction.

À cet égard, rappelons qu'il existe au SÉNÉGAL :

- une Direction spécialisée auprès du Ministère de l'Urbanisme et de l'habitat chargée de constater les infractions au Code de l'Urbanisme et au Code de la Construction : la Direction de la Surveillance et de Contrôle de l'Occupation du Sol (DSCOS)
- Pour les dispositions pénales prévues par le Code de l'Urbanisme (voir : articles 74 à 88 de la loi n° 2008-43 du 20 août 2008 portant partie législative du Code de l'Urbanisme et R 374 à R 380 du décret n° 2009-1450 du 30 décembre 2009 portant partie règlementaire du Code de l'Urbanisme)
- Pour les dispositions pénales prévues par le Code de la Construction (voir articles L122, L145, L146, L147, L 148, L149, L150, L151, L152, L 153, L 154 pour la partie législative) et (R 199 à R 204 pour la partie règlementaire). Pour aller plus loin : voir Le Droit Immobilier au Sénégal Me Franck ZEITOUN, sept. 2015 Éditions l'HARMATTAN)

Il est conseillé de consulter un avocat spécialisé.

SECTION 2 : COMPÉTENCE TERRITORIALE

Principe – Tous les litiges nés de l'application de la loi du 16 juin 1988 et du décret du 15 février 2002 nt de la compétence de la juridiction du lieu de la situation de l'immeuble ***(Articles 61 et 63 décret du 15 février 2002)***

La règle est impérative, le Tribunal du domicile du défendeur s'il est différent du lieu de situation de la copropriété est exclu. En revanche, elle ne s'impose plus lorsque le litige est étranger au statut de la copropriété (exemple : un conflit avec un tiers ou entre le syndicat et le syndic à propos de l'application du contrat conclu entre eux). Une clause attributive dans un règlement de copropriété qui serait contraire à la règle ci-dessus doit être réputée non écrite.

Clause compromissoire – (clause d'attribution de compétence à un organe autre que les juridictions de droit commun comme une juridiction arbitrale par exemple)

A fortiori, une telle clause est exclue dans le contentieux de la copropriété.

Par contre, les parties restent libres de conclure un compromis postérieurement à la survenance du différend.

SECTION 3 : SPÉCIFICITÉ DU CONTENTIEUX

I/DUALITÉ DE COMPÉTENCE EN MATIÈRE JUDICIAIRE : L'ACTION COLLECTIVE ET L'ACTION INDIVIDUELLE

A/Fondement de la distinction

Le contentieux de l'immeuble en copropriété constitue un domaine assez complexe. La raison essentielle réside dans la nature même du droit de copropriété : celui-ci s'applique non pas à un bien autonome, mais à un lot composé d'une partie privative et d'une quote-part de parties communes en indivision forcée.

Cette dualité inhérente à chaque lot entraîne une différenciation des droits et obligations des copropriétaires à l'égard d'une part de leurs parties privatives dont ils ont la libre disposition, d'autre part des parties communes sur lesquelles ils n'ont qu'un droit d'usage.

Il s'ensuit une distinction fondamentale sur le plan contentieux entre les actions qui concernent les droits et obligations individuels et les actions relevant des intérêts collectifs dont le syndicat est le garant.

B/Textes de base

Le contentieux de la copropriété est régi par les prescriptions suivantes de la loi du 16 juin 1988 :

- **article 9** : Chaque copropriétaire dispose des parties privatives comprises dans son lot : il use et jouit librement des parties privatives et des parties communes sous la condition de ne porter atteinte ni aux droits des autres copropriétaires ni à la destination de l'immeuble.
- **article 14, dernier alinéa** : le syndicat des copropriétaires est responsable des dommages causés aux copropriétaires ou aux tiers par le défaut d'entretien des parties communes sans préjudice de toutes actions récursoires.
- **article15 :** Le syndicat a qualité pour agir en justice, tant en demandant qu'en défendant même contre certains des copropriétaires ; il peut notamment agir conjointement ou non avec un ou plusieurs de ces derniers, en vue de la sauvegarde des droits afférents à l'immeuble. Tout copropriétaire peut néanmoins exercer seul les actions concernant la propriété ou la jouissance de son lot, à la charge d'en informer le syndic.

Toutes ces dispositions sont d'ordre public.

II/QUALITÉ POUR EXERCER LES ACTIONS EN JUSTICE

Critère d'application – De ce qui précède, il y a lieu de retenir les règles suivantes :

- les actions relatives à la sauvegarde de l'immeuble et des intérêts de la collectivité relèvent de la compétence du syndicat des copropriétaires, doté de la personnalité civile ; **ce sont les actions collectives ;**
- les actions concernant la propriété ou la jouissance d'un lot appartiennent aux copropriétaires à titre personnel, à l'exclusion du syndicat ; **ce sont les actions individuelles.**

Actions conjointes – La séparation entre action collective et action individuelle n'est cependant pas absolue.

Il est fréquent qu'un conflit relevant du syndicat emporte en même temps des répercussions sur les modalités de jouissance du lot d'un copropriétaire comme à l'inverse un litige concernant un copropriétaire peut avoir des conséquences sur l'utilisation des parties communes de l'immeuble dont la sauvegarde appartient au syndicat.

En pareil cas, l'un et l'autre peuvent agir conjointement en justice pour défendre soit leurs intérêts respectifs soit le seul intérêt de la collectivité, comme le prévoit d'ailleurs l'article 15 précité de la loi.

Cette dualité d'actions génère fréquemment des problèmes d'appréciation de la part des tribunaux, dont la jurisprudence a beaucoup évolué depuis la loi du 16 juin 1988.

Conflits entre copropriétaires et syndicat – Qu'il s'agisse d'action individuelle ou collective, il faut d'ores et déjà souligner qu'elle a trait bien souvent à des litiges entre des copropriétaires et le syndicat pour violation de leurs obligations réciproques au regard du statut de la copropriété et du règlement de la copropriété.

Actions en nullité des assemblées générales – Indépendamment du contentieux général dans le domaine de la copropriété, la loi du 16 juin 1988 a institué une procédure particulière au bénéfice de certains copropriétaires aux fins d'obtenir l'annulation d'une assemblée générale – ou de certaines de ses décisions, pour irrégularités de fond ou de forme *(article 33 alinéa 2 loi 16 juin 1988)*.

Il s'agit par définition d'une action personnelle dans laquelle le syndicat des copropriétaires se trouve en position de défendeur.

Pour mieux cerner les multiples aspects du Contentieux de la copropriété, il est proposé de les regrouper dans l'ordre suivant :

- les actions collectives : objet, formalités et conséquences ;
- les actions individuelles ;
- les actions conjointes ;
- la prescription des actions et les juridictions compétentes.

III/ ACTIONS COLLECTIVES

Principe – Le syndicat est habilité à agir chaque fois que sont en cause les intérêts de la copropriété, du fait soit de l'inobservation de leurs obligations par certains copropriétaires, soit de tiers auteurs de dommages causés aux parties communes ou d'atteinte « aux droits afférents à l'immeuble » visés à l'article 15 de la loi.

À l'inverse, le syndicat peut être assigné en justice en raison des préjudices dont il est responsable à l'égard des tiers, comme des copropriétaires.

A/Conflits avec les copropriétaires

Syndicat demandeur – Les litiges concernent essentiellement :

- les actions tendant à sanctionner les violations du règlement de copropriété que chacun doit pourtant respecter ;
- les actions en recouvrement des charges communes demeurées impayées ;
- les actions visant à réprimer toute atteinte aux parties communes de l'immeuble, que ce soit par une occupation indue, un empiètement ou une appropriation non autorisée (par exemple un ouvrage privatif installé illégalement) ; les actions pétitoires entrent dans cette catégorie ;
- les actions en répression des troubles de voisinage ou en cessation d'une activité contraire aux prescriptions du règlement (exemple exploitation d'un commerce interdit par le règlement).

Syndicat défendeur – En dehors de la procédure particulière en annulation d'assemblée générale, le syndicat se trouve en position de défense lorsque sa responsabilité est engagée soit sur le fondement de l'article 14 de la loi (dommages causés par le défaut d'entretien des parties communes) ou des articles 118 et 119 du Code des obligations Civile et commerciales qui régissent la responsabilité délictuelle, soit pour abus de droit dans l'exercice de sa mission ou de sa carence à l'assumer (ex : le syndicat est responsable des bruits excessifs venant d'un vice des ascenseurs *(CA Paris, 27 nov. 2013, pôle 4, ch. 5, n° 11/22524 : JurisData n° 2013-027264)*.

Notion du préjudice collectif – Le syndicat ne peut agir que pour la sauvegarde des parties communes ou l'intérêt collectif, mais pas pour défendre les droits personnels de chacun, qui relèvent de l'action individuelle *(V. n° 40)*.

Il est pourtant des situations où la jurisprudence a admis d'inclure dans l'action collective la réparation des dommages constatés de manière générale et uniforme dans toutes les parties privatives de l'immeuble. Le syndicat se trouve alors investi par une sorte de mandat légal pour agir au nom des copropriétaires lésés de manière identique par les agissements d'un autre *(par exemple, du fait de travaux générateurs de nuisances, Cass. 3e civ., 6 oct. 2009 : Administrer déc. 2009, p. 47. - Cass. 3e civ. 7 sept. 2011, n° 09-*

70.993 : JurisData n° 2011-018185 ; Loyers et copr. 2011, comm. 300.- Cass. 3e civ., 10 oct. 2012, n° 11-17.627 et 11-17.796 : Administrer déc. 2012, p. 59).

Cette notion du dommage collectif s'applique, quel qu'en soit l'auteur : copropriétaire, tiers ou locateurs d'ouvrage *(V. n° 13).*

La jurisprudence a également admis la compétence du syndicat pour agir en réparation des dommages supportés par les copropriétaires dans leurs parties privatives lorsqu'ils trouvent leur origine dans les parties communes dont il a la garde (exemple des troubles de jouissance supportés du fait de l'interruption du chauffage collectif), solution qui ne fait cependant pas obstacle au droit de chacun d'agir à titre individuel.

B/ Conflits avec les tiers

Sources des litiges – Le syndicat est habilité pour agir dans le domaine des contrats passés par lui avec les tiers (marchés de travaux et de fournitures, conventions d'entretien, acquisitions et aliénations, expropriation, assurances, etc.

En matière extra contractuelle, il exerce les actions collectives pour la « sauvegarde des droits afférents à l'immeuble » *(Loi 16 juin 1988, art. 15)*, c'est-à-dire toutes les atteintes matérielles ou juridiques causées à la copropriété du fait des voisins ou de tiers (troubles de voisinage, empiètements sur les parties communes, sinistres, vols, inobservations des distances en matière de plantations…

Conflits avec les constructeurs – Très fréquents, ces litiges mettent en cause la garantie décennale, la garantie de bon fonctionnement et la garantie de parfait achèvement des constructeurs d'ouvrage, des architectes, entrepreneurs, bureaux d'étude ainsi que de leurs assureurs du fait des malfaçons constatées dans l'exécution des travaux commandés par le syndicat.

Le Syndicat pour les parties communes et les copropriétaires pour leurs parties privatives ont donc qualité pour agir à propos des dommages qui peuvent survenir à condition :

-que le premier syndic ait procédé à la réception des parties communes

-que les copropriétaires aient procédé à la réception de leurs parties privatives

C'est en effet la réception provisoire qui fait courir la garantie de parfait achèvement et la garantie de bon fonctionnement des équipements dissociables de l'ouvrage.

La réception provisoire est l'acte par lequel le maître de l'ouvrage déclare accepter l'ouvrage avec ou sans réserve.

Le constructeur a un an à compter de la réception pour lever les désordres apparents signalés dans le PV de réception concernant la construction et les éléments indissociables de la construction (garantie de parfait achèvement) d'une part et les équipements dissociables de l'ouvrage tels que la climatisation d'autre part (garantie de bon fonctionnement des équipements dissociables de l'ouvrage)

Il est vivement recommandé de procéder à la réception des parties communes de manière contradictoire en présence d'un huissier.

À défaut, cette situation est source de contentieux, le syndicat des copropriétaires et le promoteur pouvant avoir une appréciation différente de la notion d'achèvement.

Certes, le syndicat des copropriétaires pourra faire établir un procès-verbal de constat unilatéralement avant d'assigner le constructeur en référé pour qu'il achève les parties communes sous astreinte sur le fondement de l'article 196 du COCC, mais le constructeur pourra rapporter la preuve contraire en communiquant un autre procès-verbal de constat afin de faire supprimer ou réduire l'astreinte dont le montant relève du pouvoir discrétionnaire d'appréciation du juge.

La Cour D'appel de DAKAR a ainsi réduit de manière importante une astreinte prononcée par le Juge des référés du Tribunal Régional de THIÈS au motif que *« si l'on compare les différents documents produits par les parties, il est incontestable que l'essentiel des travaux sur lesquels les parties s'étaient accordés, a été réalisé »* **(Cour d'Appel de DAKAR, 3° Chambre Civile et Commerciale, arrêt n° 679 du 24 août 2010 : Syndicat des copropriétaires de la Résidence Paradis 1 à SALY C/Hirigoyen et SICT).**

Après la levée des éventuelles réserves concernant les désordres apparents signalés et réparés ou repris, les parties procèdent à la réception définitive qui fait courir la garantie décennale laquelle concerne les désordres cachés à la réception qui compromettent la solidité et la stabilité de l'ouvrage ou des éléments d'équipements indissociables.

Les articles L13 et L20 du Code de la construction prévoient une responsabilité de plein droit (responsabilité présumée) du constructeur.

Ces règles qui figuraient déjà dans le Code des Obligations Civiles et Commerciales (art. 450 à 453) sont reprises avec plus de précisions par les articles L13 à L22 de la loi n° 2009-23 du 8 juillet 2009 portant partie législative du Code de la Construction et par les articles R41 à 44 du décret n° 2010/99 du 27 janvier 2010 portant partie règlementaire dudit Code. (Pour aller plus loin : voir Le Droit Immobilier au Sénégal, Me Franck ZEITOUN, Sept. 2015, Éditions L'HARMATTAN).

Mais il arrive souvent que la mauvaise exécution des travaux porte en même temps sur les parties privatives des lots, notamment dans les constructions neuves. Dans un souci de simplification des procédures, la jurisprudence considère que le syndicat peut agir pour toutes les malfaçons constatées dès lors qu'elles affectent l'ensemble de l'immeuble, de manière indivisible, sans dissociation possible entre les différentes parties de la copropriété (notion du préjudice collectif, *V. supra*).

Limites de compétence – Si étendue que soit sa compétence, le syndicat ne peut agir en justice pour la sauvegarde des intérêts personnels des copropriétaires, par exemple à propos de dommages constatés dans certains lots seulement, ou de troubles de voisinage supportés par quelques copropriétaires ; il ne s'agit plus d'un intérêt collectif. Il appartient aux personnes concernées d'exercer une action individuelle en réparation de leur préjudice.

Transmission des actions – Le syndicat, comme tout sous-acquéreur, jouit des droits et actions attachés au bien qui appartenait à un auteur, promoteur ou vendeur, il peut rechercher la responsabilité des locateurs d'ouvrage et assureurs, et invoquer le bénéfice de l'assurance dommage-ouvrage *(Cass. 3e civ., 24 juin 2015, n° 14-15.205)*.

C/ Formalités d'exercice des actions collectives

1/Rôle du syndic

Représentation du syndicat des copropriétaires en justice – Le syndic a le monopole de représentation du syndicat ; aucune autre personne ne peut le remplacer, même si l'assemblée générale en décidait ainsi.

Mais seul le syndic en exercice est habilité à représenter le syndicat. Serait nulle toute procédure dans laquelle le syndicat serait représenté par un syndic dont le mandat serait expiré à la date de l'assignation, pour quelque motif que ce soit (nullité du mandat ou son échéance, démission ou révocation). Les tribunaux annulent systématiquement les assemblées générales convoquées par un syndic qui n'est plus en fonction, même si l'annulation judiciaire de son mandat intervient postérieurement à la convocation aux assemblées, à la condition toutefois que leur annulation soit demandée en justice *(V. n° 49)*.

Intervention du syndic « ès qualité ». – Pour la validité de la procédure, il est indispensable de préciser à quel titre le syndic intervient.

Pour représenter le syndicat demandeur, l'assignation doit clairement indiquer que le syndic agit en qualité de « *représentant légal du syndicat* »,

À défaut, si la procédure est engagée par *« le syndic »*, la procédure n'aurait d'effet qu'à son égard, le syndicat restant hors de cause.

Inversement, la personne qui agit à l'encontre du syndicat défendeur doit engager l'instance contre celui-ci, « *pris en la personne de son syndic en exercice* ».

Si le syndicat des copropriétaires a adopté la forme d'un syndicat coopératif, l'assignation devra être engagée par le syndicat coopératif agissant poursuites et diligences de son syndic, en pratique le Président du Conseil syndical.

Si le syndicat est en défense, l'assignation devra être délivrée au « *syndicat coopératif représenté par son syndic en exercice* » **(jugement 23 novembre 2015 Tribunal Régional de Ziguinchor confirmé par arrêt n° 208 rendu le 23 juin 2016 par la Cour d'Appel de Dakar : Syndicat coopératif Résidence la Baie de Boucotte C/CMAC**)

Si l'action tend à mettre en cause la seule responsabilité du syndic pour faute personnelle, l'assignation doit lui être délivrée à son nom seul.

Changement du syndic – En vertu du principe selon lequel le pouvoir de représentation du syndicat en justice est conféré au syndic en raison même de sa fonction et non pas *intuitu personae*, il s'ensuit que le nouveau syndic se trouve de plein droit substitué au précédent dans le déroulement de la procédure.

Par suite, l'autorisation d'agir en justice donnée au premier syndic profite à son ou ses successeurs jusqu'à la fin de l'instance *(Cass. 3e civ., 6 déc. 2006, n° 05-16.949 : JurisData n° 2006-036381)*

2° Autorisation de l'assemblée générale d'agir en justice

Le syndic doit obtenir une autorisation de l'assemblée pour engager une procédure, mais cette règle connaît de nombreuses exceptions.

Règle de l'autorisation préalable – **L'article 57 - Décret n° 2002-160 du 15 février 2002 dispose :** *Le syndic ne peut intenter une action en justice au nom du syndicat sans y avoir été autorisé par une décision de l'assemblée générale, sauf lorsqu'il s'agit d'une action en recouvrement de créance même par voie d'exécution forcée.*

Dans tous les cas, le syndic doit rendre compte des actions qu'il a introduites, à la prochaine assemblée générale ».

L'autorisation préalable est d'ordre public ; le règlement de copropriété ne saurait y déroger.

Autorisation a posteriori – La recevabilité de l'action du syndicat est admise dès lors que le syndic, bien que non habilité au moment où il a engagé la procédure a, au cours de celle-ci, obtenu l'autorisation régulière de l'assemblée générale avant la clôture des débats *(Cass. 3e civ., 19 déc. 2006, n° 05-20.559 : JurisData n° 2006-036744).*

Par contre, il n'y a pas de ratification possible après l'expiration du délai d'exercice de l'action. L'exemple le plus courant concerne les actions en garantie décennale des constructeurs : si le délai de garantie est expiré avant que n'intervienne l'autorisation *a posteriori*, la demande du syndicat devient irrecevable *(Cass. 3e civ., 20 juin 2012, n° 11-15.199 : JurisData n° 2012-013493.- Cass. 3e civ., 16 sept. 2015, n° 14-16.106 : JurisData n° 2015-020211 ; Loyers et copr. 2015, comm. 234).*

Qui peut invoquer le défaut d'autorisation – Les défendeurs à l'action engagée par le syndicat sont fondés à en invoquer l'irrecevabilité si le syndic ne peut justifier d'une autorisation régulière de l'assemblée générale. Ce moyen est fréquemment évoqué par les locateurs d'ouvrage qui contestent la validité de l'autorisation.

En revanche, seuls les copropriétaires opposants ou défaillants sont qualifiés pour invoquer l'irrégularité de la décision du syndicat accordant l'autorisation pour inobservation des formalités prescrites par la loi sur la tenue des assemblées générales *(article 33 alinéa 2 loi du 16 juin 1988 et Cass. 3e civ., 29 janv. 2003, n° 01-01.483 :*

JurisData n° 2003-017491.- CA Paris, 6 janv. 2016, n° 15/12669 : JurisData n° 2016-000489 ; Loyers et copr. 2016, comm. 132).

Cas de dispense d'autorisation – Tout d'abord, aucune autorisation n'est nécessaire lorsque le syndicat est défendeur à une action diligentée par un tiers ou un copropriétaire. (**Article R217 alinéa 1 du décret n° 2010/99 du 27 janvier 2010 portant partie règlementaire du Code de la Construction)**

Cette dispense recouvre également les voies de recours, appel et pourvoi en cassation.

Tout en étant défendeur, le syndicat peut être conduit, dans le cadre de la procédure, à prendre à son tour des initiatives sortant du cadre purement défensif.

Tel est le cas des demandes reconventionnelles : aucune autorisation n'est exigée si elles se rattachent à la demande principale par un lien suffisant.

Si, au contraire, elles ne constituent pas une simple défense à l'action intentée contre le syndicat, mais visent à obtenir des avantages distincts, elles doivent faire l'objet d'une habilitation du syndic *(Cass. 3e civ., 4 déc. 2002, n° 01-00.425 : JurisData n° 2002-016621 ; Loyers et copr. 2003, comm. 76).*

Les actions récursoires ou en garantie, qui font suite aux instances engagées contre le syndicat en vertu de l'article 14 de la loi de 1988, ne sont pas soumises à l'autorisation préalable de l'assemblée générale (appel en garantie des entreprises chargées de travaux, actions récursoires contre des copropriétaires ou locataires pour troubles de voisinage, recours contre le syndic).

L'article 57 du décret de 2002 limitait les autres cas de dispense aux « *Actions en recouvrement de créance même par voie d'exécution forcée.*

L'article R217 alinéa 1 du décret n° 2010/99 du 27 janvier 2010 portant partie règlementaire Code de la Construction est venu élargir la liste des dispenses d'autorisation du syndic puisqu'il dispose : « *Une telle autorisation n'est pas nécessaire pour les actions en recouvrement de créance, la mise en œuvre des voies d'exécution forcée à l'exception de la saisie en vue de la vente d'un lot, les mesures conservatoires et les demandes qui relèvent des pouvoirs du juge de référés, ainsi que pour défendre aux actions intentées contre le syndicat.* »

Actions en recouvrement de créances – Le syndic n'a pas besoin d'autorisation pour recouvrer les créances contractuelles du syndicat, notamment les charges communes de la copropriété, y compris une demande de dommages et intérêts constituant un accessoire de la demande en recouvrement *(Cass. 3e civ., 25 janv. 2012, n° 10-19.180 : JurisData n° 2012-011746 ; Loyers et copr. 2012, comm. 179).*

Par contre, les actions en dommages-intérêts pour les préjudices causés à la copropriété sur le fondement de la responsabilité civile ou la violation du règlement de copropriété sont soumises à autorisation.

<u>Voies d'exécution forcée</u> – L'autorisation n'est pas non plus nécessaire pour la mise en œuvre des voies d'exécution forcée à l'encontre d'un copropriétaire ou d'un tiers débiteur.

Par contre, précise l'article R217 du Code de la Construction, la saisie en vue de la vente d'un lot nécessite l'accord de l'assemblée générale, compte tenu des conséquences d'une telle mesure, susceptible de voir le syndicat devenir l'adjudicataire du lot *(Cass. 3e civ., 3 juill. 2013, n° 12-18.952 : JurisData n° 2013-013851 ; Loyers et copr. 2013, comm. 322).*

<u>Instances en référé</u> – Le syndic est également dispensé d'autorisation s'il s'agit d'agir en référé dans tous les cas d'urgence qui relèvent des pouvoirs du juge des référés. Cette innovation introduite par le Code de la Construction en 2010 présente un intérêt pratique évident pour la copropriété. Le syndic y a recours dans bon nombre d'éventualités :

- désignation d'un expert judiciaire pour constater l'existence de malfaçons imputables aux locateurs d'ouvrage ;
- demande d'interruption ou de suppression de travaux engagés sans l'autorisation du syndicat ;
- demande en vue de mettre fin à des troubles de voisinage causés à la collectivité du fait d'un copropriétaire ou locataire.
- obtenir la remise des fonds et documents détenus par l'ancien syndic.

Les motifs de saisine du juge des référés sont appréciés de manière libérale par les tribunaux, trouvant leur justification dans l'urgence d'une décision à prendre devant la nécessité « *de prévenir un dommage imminent* » ou « *pour faire cesser un trouble manifestement illicite* » *(NCPC articles 247 et 248).*

<u>Mesures conservatoires</u> – Compte tenu de leur finalité, elles relèvent de la seule initiative du syndic

- demande de désignation des membres du conseil syndical en vertu de l'article 50 du décret du 15 février 2002 ;

- demande d'inscription d'une hypothèque judiciaire provisoire ou d'un nantissement conservatoire en vertu de l'article 19-2 loi du 16 juin 1988)
- demande de désignation d'un mandataire ad hoc dans le cadre d'une action judiciaire en révision de la répartition des charges communes en vertu de l'article 56 du décret du 15 février 2002 ;
- demande de désignation d'un mandataire ad hoc dans le cadre d'une action judiciaire relative à la construction de l'immeuble, aux garanties dues ou aux responsabilités encourues à cette occasion, construction si le syndic, son conjoint, leurs commettants ou employeurs, leurs préposés ou leurs parents ont, directement ou indirectement, à quelque titre que ce soit, même par personne interposée, participé à ladite construction. (article 58 du décret du 15 février 2002)
- déclaration des créances du syndicat au passif d'une procédure collective

Information des copropriétaires : Dans tous les cas où le syndic est habilité à agir sans l'autorisation préalable de l'assemblée générale, il doit néanmoins rendre compte des actions qu'il a introduites à la prochaine assemblée *(Décret 15 février 2002 art. 57)*

Forme des notifications : ***L'article 68 du Décret n° 2002-160 du 15 février 2002 dispose*** « Toutes les notifications et mises en demeure prévues par la loi du 16 juin 1988 susvisée et par le présent décret, à l'exception de la mise en demeure visée à l'article 19 de ladite loi, sont valablement faites par lettre ou par voie d'huissier.

Toutefois la notification des convocations prévues au présent décret ainsi que celles de l'avis mentionné à l'article 60 ci-dessus peuvent valablement résulter d'une remise contre récépissé ou émargement ».

Article 69 - Décret n° 2002-160 du 15 février 2002 précise : En vue de l'application de l'article précédent, chaque copropriétaire ou titulaire d'un droit d'usufruit ou de nue-propriété sur un lot ou une fraction de lot doit notifier au syndic son domicile réel ou élu. Les notifications et mises en demeure prévues par l'article 68 du présent décret sont valablement faites au dernier domicile connu du syndic.

Les notifications, mises en demeure ou significations intéressant le syndicat sont valablement faites au siège du syndicat ou au domicile du syndic.

3/Présentation de l'autorisation

Conditions – Pour la validité de la procédure engagée par le syndic au nom du syndicat, il est indispensable que l'autorisation fasse l'objet d'une décision explicite de l'assemblée générale rapportée dans le procès-verbal de la réunion ; elle doit préciser les pouvoirs conférés au syndic pour agir en justice et énoncer l'objet de la demande à présenter au juge.

Délibération de l'assemblée générale – La décision de l'assemblée doit faire l'objet d'une question inscrite à l'ordre du jour avec le projet de résolution habilitant le syndic à exercer l'action collective (article 13 dernier alinéa du décret 15 février 2002) ; elle est valablement acquise à la majorité simple de l'article 24 de la loi.

Elle doit exprimer sans ambiguïté la volonté d'engager une procédure déterminée pour laquelle elle entend habiliter le syndic. Ne répondent pas à cette condition une simple déclaration d'intention, le rappel de respecter le règlement de copropriété sous peine de sanction, une autorisation d'agir sous réserve de l'accord du conseil syndical.

Elle doit en même temps indiquer l'étendue du pouvoir donné au syndic de manière à lui permettre de suivre l'instance jusqu'à son aboutissement y compris les voies de recours.

Objet de la demande – Il faut en outre que l'autorisation énonce l'objet de l'action à engager par le syndicat et le nom des personnes contre lesquelles est dirigée la procédure.

Identification du préjudice – éléments constitutifs d'une infraction au règlement de copropriété, faits générateurs de troubles de voisinage, dommages matériels causés aux, inexécution par un tiers de ses engagements contractuels envers le syndicat, etc. [...]

Dommages relevant de la garantie des locateurs d'ouvrage – L'autorisation doit définir avec la plus grande précision les désordres ou malfaçons constatés dans l'exécution des travaux dont il est demandé réparation ; la demande du syndicat est irrecevable si elle porte sur des désordres non mentionnés dans l'autorisation.

Il est indispensable que les désordres dénoncés dans l'assignation correspondent exactement à ceux relatés dans la délibération de l'assemblée consignée au procès-verbal de la réunion *(Cass. 3e civ., 4 juill. 2007 : Inf. rap. Copr. Juin 2008, p. 16).*

Les tribunaux admettent que l'énumération des dommages peut résulter d'un procès-verbal de constat d'huissier ou d'une mise en demeure préalable auxquels se réfère explicitement l'autorisation.

S'agissant souvent de travaux complexes pour lesquels le syndic a déjà pu demander une expertise en référé, les tribunaux admettent que l'énumération des dommages peut résulter du rapport d'expertise auquel se réfère explicitement l'autorisation *(Cass. 3e civ., 21 mai 2008, n° 06-20.587 et n° 06-21.530 : JurisData n° 2008-044126 ; Loyers et copr. 2008, comm. 169).*

Dommages ultérieurs – L'autorisation ne peut concerner que les désordres constatés lors de l'engagement de la procédure, mais non pas ceux susceptibles d'apparaître ultérieurement ; pour ces derniers, une nouvelle autorisation serait nécessaire.

Cependant, il est admis que si les nouveaux désordres découverts ultérieurement sont la conséquence obligée des dommages précédemment dénoncés dans la procédure, une nouvelle habilitation du syndic ne s'impose pas.

Identification des défendeurs – Elle doit figurer dans l'autorisation, mais il n'est pas toujours nécessaire de désigner nominativement les personnes mises en cause.

Ainsi, lorsque le syndicat entend faire sanctionner une infraction déterminée au règlement de copropriété (par exemple des ouvertures irrégulières dans la toiture de l'immeuble), l'assemblée peut donner au syndic une autorisation générale d'agir contre tout copropriétaire ayant entrepris les travaux concernés *(Cass. 3e civ., 9 févr. 2011, n° 10-10.599 : JurisData n° 2011-001443 ; Loyers et copr. 2011, comm. 123).*

De même, dans les actions en garantie des constructeurs, les tribunaux valident l'autorisation délivrée sans une liste exhaustive des défendeurs, en visant globalement les constructeurs, c'est-à-dire les architectes, entreprises et leurs assureurs, le syndicat n'étant pas censés connaître tous les intervenants dans l'exécution des travaux *(Cass. 3e civ., 9 févr. 2011, préc.).*

4/Les Frais de procédure

a/La règle

Les frais des procédures (huissier, avocat) engagées par le syndicat contre un copropriétaire sont normalement répartis entre tous les copropriétaires au prorata de leurs tantièmes, millièmes ou dix - millièmes. (Article 10 loi du 16 juin 1988)

b/L'exception : Frais de procédure à la charge du copropriétaire condamné

Il existe une différence essentielle en France et au SÉNÉGAL

En France, la Loi SRU n° 2014-366 du 24 mars 2014 a introduit un article 10-1 dans la loi du 10 juillet 1965 :

« Par dérogation aux dispositions du deuxième alinéa de l'article 10, sont imputables au seul copropriétaire concerné :

a) Les frais nécessaires exposés par le syndicat, notamment les frais de mise en demeure, de relance et de prise d'hypothèque à compter de la mise en demeure, pour le recouvrement d'une créance justifiée à l'encontre d'un copropriétaire ainsi que les droits et émoluments des actes des huissiers de justice et le droit de recouvrement ou d'encaissement à la charge du débiteur,

b) Les honoraires du syndic afférents aux prestations qu'il doit effectuer pour l'établissement de l'état daté à l'occasion de la mutation à titre onéreux d'un lot ou d'une fraction de lot. Les honoraires ou frais perçus par le syndic au titre des prestations susmentionnées ne peuvent excéder un montant fixé par décret »

Cet article 10-1 donne une liste limitative des frais qui peuvent être répercutés au copropriétaire débiteur laquelle ne prévoit pas les honoraires de l'Avocat en cas d'assignation en paiement.

Pour combler cette lacune, beaucoup de règlements de copropriété en France comportent une clause dite d'aggravation des charges : en clair, il est prévu que le copropriétaire qui aggrave les charges de son fait ou de celui de ses ayants droit (locataire par exemple) aura à sa charge exclusive tous les frais de procédure.

Cette clause d'aggravation des charges peut aussi être adoptée par voie d'Assemblée.

La Cour de cassation française a décidé que « *seul le législateur peut, comme il l'a fait par la loi SRU du 13 décembre 2000, instituer ce type de clause* ». (Cass. Civ. 3e, 27 mars 2013, n° 12-13012)

L'article 10-1 n'existant pas au Sénégal, nous pensons qu'une clause d'aggravation des charges mentionnée dans un règlement de copropriété ou dans une résolution par voie d'Assemblée définitive est parfaitement légale au Sénégal puisque les règlements de copropriété régulièrement publiés ont valeur contractuelle et les assemblées définitives sont opposables aux copropriétaires.

Il convient de préciser que si le syndicat gagne son procès, il pourra aussi obtenir sur le fondement de l'article 81 du Nouveau Code de Procédure Civile la condamnation du copropriétaire :

- aux dépens ainsi qu'au paiement d'une somme non comprise dans les dépens dont le montant est fixé par le juge en fonction « *de l'équité ou de la situation économique de la partie condamnée* »
- à des dommages-intérêts pour résistance abusive.

À l'inverse, le copropriétaire qui, à l'issue d'une instance judiciaire l'opposant au syndicat, voit sa prétention déclarée fondée par le juge, peut demander à être dispensé de toute participation à la dépense commune des frais de procédure, dont la charge est répartie entre les autres copropriétaires.

Charge des indemnités et frais de procédure – Dans les litiges où le syndicat est condamné en justice, les indemnités mises à sa charge constituent des dépenses d'administration de l'immeuble au sens de l'article 10, alinéa 2, de la loi ; elles se répartissent donc en fonction des tantièmes, millièmes ou dix-millièmes de copropriété de chacun.

D/ Effets des décisions judiciaires

Opposabilité aux copropriétaires – En matière de copropriété, il existe beaucoup de conflits où se mêlent étroitement les intérêts collectifs défendus par le syndicat et les intérêts personnels dont la sauvegarde relève de l'initiative de chaque copropriétaire.

Or, la loi du 16 juin 1988, tout en accordant au syndicat de larges pouvoirs pour agir en justice, n'a pas entendu lui conférer la prérogative de défendre seul en toute circonstance les droits de chacun de ses membres, lesquels disposent par ailleurs de l'action individuelle

Les effets des décisions judiciaires résultant d'une action collective où le syndicat a figuré seul dans la procédure varient donc selon le détenteur des droits mis en cause.

Actions de la compétence exclusive du syndicat – Lorsque le syndicat a assuré les seuls intérêts de la collectivité sans que les copropriétaires puissent se prévaloir de préjudices particuliers justifiant une action individuelle, les décisions de justice produisent leurs effets à l'égard de tous les copropriétaires, auxquels elles sont par conséquent opposables ; ils ne peuvent pas les contester.

Actions relatives à la sauvegarde de l'immeuble – Dans cette éventualité, les intérêts collectifs et les intérêts individuels sont souvent imbriqués ; chacun peut, conjointement avec le syndicat, agir en justice pour son propre compte *(L.16 juin 1988 art. 15 et décret 15 février 2002 art. 53)*.

Faute de ce faire, si les droits individuels sont manifestement distincts des droits collectifs objets de la procédure, les copropriétaires concernés, se fondant sur le défaut de qualité du syndicat pour demander réparation de préjudices purement personnels, sont alors en droit de contester la décision intervenue par la voie de la tierce opposition

IV/ ACTIONS INDIVIDUELLES

A/Champ d'application

Base légale de l'action :

- L'article 15 de la loi 16 juin 1988 qui précise que *« tout copropriétaire peut néanmoins exercer seul les actions concernant la propriété ou la jouissance de son lot, à charge d'en informer le syndic ».*
- ***L'article 53 du Décret n° 2002-160 du 15 février 2002 précise :*** « Toute assignation délivrée par un copropriétaire exerçant seul les actions relatives à la propriété en vertu de l'article 15, alinéa 2, de la loi du 16 juin 1988 susvisée devra faire l'objet d'une copie adressée au syndic par voie d'huissier ».

Chaque copropriétaire a qualité pour agir à titre personnel :

- d'une part, pour assurer la défense de ses droits sur son lot, au même titre qu'un propriétaire ordinaire, ainsi que la sauvegarde de ses intérêts légitimes éventuellement menacés par des mesures adoptées par une assemblée générale, mais non conformes aux dispositions du règlement de copropriété ou contraires à la loi ; (article 15 al.2 de la loi)
- d'autre part, pour garantir l'intégrité matérielle ou juridique de l'immeuble, seul ou conjointement avec le syndicat, comme l'autorise l'article 15 al. 1 de la loi.

Relèvent par conséquent de l'action individuelle les divers domaines ci-après.

<u>Protection du droit de copropriété sur le lot</u> – Elle permet à chacun d'exercer l'action pétitoire à l'encontre de celui qui tenterait de s'approprier son bien, ainsi que l'action possessoire à l'encontre d'un étranger à la copropriété ; mais si l'auteur des troubles est un copropriétaire, cette dernière action n'est pas recevable.

<u>Actions en exécution des contrats</u> – Le copropriétaire est seul habilité à poursuivre l'exécution des conventions qu'il a conclues avec les tiers (locataires, contrats de prestations de service, marchés divers…).

Important : il existe toutefois une exception : lorsque le locataire d'un lot ne respecte pas les prescriptions du règlement de copropriété (exemples : exercice d'une activité commerciale dans un lot à usage d'habitation, nuisances sonores, etc.) et le copropriétaire-bailleur s'abstient d'intervenir après mise en demeure<u>, le syndicat peut se</u>

substituer à lui par l'action oblique pour faire sanctionner l'auteur des infractions, notamment par la résiliation du bail. *(Cass. 3e civ., 22 mai 2005 : Administrer mai 2006, p. 36).*

Dommages matériels et troubles de voisinage – Tout copropriétaire est en droit d'agir en réparation des dommages constatés dans ses parties privatives du fait d'un tiers ou d'un autre copropriétaire, sur le fondement de la responsabilité du droit commun *(Cass. 3e civ., 21 sept. 2010, n° 09-14.024 : Administrer, févr. 2011, p. 39. - Cass. 3e civ., 10 févr. 2010, n° 09-10.418 et n° 09-14.265 : JurisData n° 2010-051582 ; Loyers et copr. 2010, comm. 204),* notamment pour violation des prescriptions du règlement de copropriété *(V. ci-après).*

Les troubles de voisinage constituent une partie très importante du contentieux individuel.

Infractions au règlement de copropriété – Document contractuel, le règlement définit, dans le cadre de la loi, un certain nombre d'obligations incombant aux copropriétaires dans le but d'assurer une coexistence harmonieuse au sein de l'immeuble collectif (affectation des lots, usage des parties communes, exécution des travaux, uniformisation des éléments extérieurs dépendant des parties privatives…).

Chacun doit donc se conformer à ces conditions dès lors qu'elles sont licites ; à défaut, son attitude doit être sanctionnée puisqu'il y a violation du contrat à l'égard tant du syndicat que des autres copropriétaires.

La question a été longtemps discutée de savoir si un copropriétaire pouvait, en invoquant un préjudice personnel, agir à titre individuel à l'encontre d'un autre copropriétaire ou du syndicat lui-même. Elle est désormais résolue ; la Cour de cassation a déclaré que chacun a le droit d'exiger en justice le respect du règlement sans avoir à justifier l'existence d'un préjudice personnel puisqu'il s'agit de faire sanctionner le manquement à une convention à laquelle tous les copropriétaires ont souscrit *(Cass. 3e civ., 24 févr. 2009, n° 08-11.261 : JurisData n° 2009-047229 ; Loyers et copr. 2009, comm. 127. - Cass. 3e civ., 4 nov. 2008, n° 07-18.067 : JurisData n° 2008-045733 ; Loyers et copr. 2009, comm. 21.- Cass. 3e civ., 29 mars 2011, n° 10-16.487 : JurisData n° 2011-005080 ; Loyers et copr. 2011, comm. 186.- Cass. 3e civ., 14 janv. 2016, n° 14-25.538 : JurisData n° 2016-000431 ; Loyers et copr. 2016, comm. 74).*

Par contre, si l'action est engagée à l'encontre d'un tiers étranger à la copropriété, le demandeur doit justifier d'un préjudice personnel, conformément aux règles de la responsabilité civile.

Mise en cause des garanties dues par les locateurs d'ouvrage et les vendeurs – Le copropriétaire agit seul en justice pour obtenir réparation des malfaçons, des vices de construction et de tous autres dommages mettant en cause la garantie due par les constructeurs et vendeurs, constatés dans les parties privatives.

Intervention du syndicat – La jurisprudence française reconnaît néanmoins au syndicat qualité pour agir à l'encontre du responsable des dommages ou nuisances affectant les parties privatives dès lors qu'ils sont identiques dans l'ensemble des lots, revêtant ainsi un caractère collectif dont la sauvegarde appartient au syndicat (exemple : des malfaçons ou des troubles de voisinage constatés d'égale intensité dans la totalité des parties privatives de l'immeuble.

Cette faculté dont bénéficie le syndicat n'exclut pas le droit du copropriétaire d'exercer une instance judiciaire à titre personnel ; il y a dans ce cas une action conjointe du syndicat et du ou des copropriétaires.

B/Procédure

Liberté d'action du copropriétaire – La loi ne prévoit pas de dispositions particulières, en dehors de l'information du syndic (V. ci-après). Le copropriétaire est donc libre d'agir à son gré, sans avoir à consulter au préalable l'assemblée générale ou à mettre en cause le syndicat ; son action n'a pas un caractère subsidiaire, n'est pas subordonnée à l'action du syndicat *(Cass. 3e civ., 21 sept. 2010, n° 09-14.024 : Administrer févr. 2011, p. 39)*.

L'action individuelle s'exerce soit par la voie d'une assignation directe soit par la voie d'une intervention principale ou accessoire à une instance déjà en cours où le syndicat est partie.

Information du syndic – Le copropriétaire a l'obligation d'informer le syndic de la procédure qu'il engage *(L.16 juin 1988 art. 15, al. 2)*.

Il doit adresser par huissier copie de l'assignation au syndic par lettre recommandée avec accusé de réception ***(article 53 décret 15 février 2002)***.

Cette information a pour but de permettre au syndicat d'intervenir, le cas échéant, dans l'instance entreprise par le copropriétaire en exerçant à son tour l'action collective pour la sauvegarde des intérêts de la copropriété.

C/Recours des copropriétaires contre les décisions de l'assemblée générale

Principes posés par la loi – Toute décision votée par l'assemblée générale entraîne des conséquences juridiques à l'égard de l'ensemble des copropriétaires. Mais la loi de la majorité ne doit s'imposer que dans la mesure où elle est conforme aux règles fixées par le statut de la copropriété, tant en ce qui concerne le respect des formalités relatives à l'organisation et au fonctionnement des assemblées générales qu'à propos des limites de compétence déterminées par ce statut.

La loi du 16 juin 1988 a par conséquent institué le droit de demander en justice l'annulation de toute décision qui ne satisferait pas à ces conditions *(L. 16 juin 1988, article 33 al. 2).*

Par décision, il faut entendre une résolution votée par l'assemblée générale et générant des effets juridiques, ce qui exclut les décisions de principe, de simples avis et les questions diverses qui ne donnent lieu à aucun vote.

Exercice de l'action en annulation – Le droit de recours accordé par la loi est subordonné aux conditions suivantes :

- Il ne peut être exercé que par un copropriétaire opposant ou défaillant au moment où la décision critiquée a été adoptée, ce qui exclut celui qui a voté pour et celui qui s'est abstenu. Par copropriétaire défaillant, il faut entendre celui qui n'a été ni présent ni représenté à l'assemblée générale. Le syndicat des copropriétaires, le syndic ou une association de copropriétaires n'a pas qualité pour agir en annulation

- Une action en annulation de l'Assemblée ayant désignée un nouveau syndic, initiée par l'ancien syndic révoqué agissant au nom du syndicat des copropriétaires a été déclarée irrecevable au motif « *cette action (attitrée au sens qu'en donne l'article 1-2 du code de Procédure Civile ne peut être exercée par le syndicat des Copropriétaires de la résidence SAFARI VILLAGE, étant précisé que la présente demande en annulation d'assemblées générales ne correspond nullement aux types d'actions ouvertes au syndicat, lesquelles tendent à la sauvegarde des droits afférents à l'immeuble, tel que prévu par l'article 15 de la loi précitée* » **(Aff. : Syndicat des copropriétaires Résidence SAFARI VILLAGE jugement n° 429 rendu le 19/11/2015 par le TGI de THIÈS confirmé le 23 août 2016 par la Cour d'Appel de THIÈS)**

- L'exercice du recours est enfermé dans un strict délai. L'action doit être introduite dans les deux mois de la notification des décisions faite par le syndic aux copropriétaires opposants ou défaillants dans le délai de deux mois à compter de la tenue de l'assemblée générale (article 33 alinéa 2).

- Si le ou les PV d'assemblée n'a pas été notifié par le syndic, l'action en annulation des assemblées pourra alors être engagée par tout copropriétaire absent ou opposant dans un délai de 10 ans à compter de la tenue de l'assemblée conformément à l'article 33 alinéa 1 de la loi de 1988.

Le Tribunal régional de THIÈS a ainsi déclaré recevable et bien fondée l'action en annulation de tous les procès-verbaux d'assemblées générales formée par un copropriétaire, faute par le syndic de les avoir régulièrement notifiés **(Tribunal régional de THIÈS, jugement du 11 novembre 2010** : **AFF : SICT C/Syndicat des copropriétaires résidence Paradis 1, Ghyslaine PAIN et autres**).

- Cependant, il a été jugé que les demandeurs qui ne contestent pas avoir reçu la notification de l'Assemblée contestée ne peuvent se retrancher derrière l'absence de notification des PV par le syndic dès lors qu'ils en ont eu connaissance **(Cour de Cass. 3° Cambre Civ. 29 avril 1987, n° 85-18.656, D 1987, IR 2010)**

- Le recours doit être introduit par voie d'assignation au fond. Une simple lettre de contestation est insuffisante.

- <u>Conséquences de l'expiration du délai de recours</u> – Le délai de deux mois est un <u>délai de forclusion</u>. Une fois expiré, et à défaut de recours, les décisions de l'assemblée générale <u>deviennent définitives, ne peuvent plus être remises en cause,</u> quel que soit les vices de forme ou de fond dont elles seraient entachées (par exemple une décision votée à une majorité inférieure à celle prescrite par la loi ou convoquée par une personne non habilitée).

Le législateur a entendu limiter dans le temps la faculté de contester les décisions adoptées par l'assemblée générale, dans le souci d'une administration cohérente de la copropriété que compromettrait l'éventualité de litiges soulevés longtemps après les délibérations des assemblées.

Déroulement de la procédure en annulation – Tout d'abord, le recours en justice devant le Tribunal de grande instance du lieu de situation de l'immeuble n'a pas d'effet suspensif. Par suite, les décisions d'assemblée générale sont exécutoires tant qu'elles ne sont pas annulées. Cela étant, la mise à exécution immédiate peut poser problème par exemple en matière de travaux importants : une éventuelle annulation entraînerait de sérieuses conséquences pour le syndicat si la décision était mise en application avant la sentence judiciaire.

Il est cependant recommandé d'attendre l'expiration du délai de mois pour engager des travaux votés en Assemblée pour éviter toute difficulté en cas de recours suivi d'une annulation de la résolution.

Si, finalement, le recours en annulation diligenté contre le syndicat est reconnu fondé, la décision incriminée est censée n'avoir jamais existé à l'égard de tous les copropriétaires, donc y compris ceux qui avaient voté en sa faveur *(Cass. 3e civ., 6 mai 2014, n° 13-11.761 : JurisData n° 2014-009295).*

V/ACTIONS CONJOINTES

A/Justifications

Champ d'application – L'article 15 de la loi habilite le syndicat à agir en justice « en vue de la sauvegarde des droits afférents à l'immeuble », c'est-à-dire l'intégrité aussi bien matérielle que juridique de l'immeuble *(V. n° 2),* donc indépendamment des dommages ou troubles quelconques concernant les parties privatives.

En vertu du même texte, chaque copropriétaire peut également agir aux mêmes fins, à titre individuel, dès lors que le fait générateur d'un préjudice collectif lui cause en même temps un préjudice particulier dans la propriété ou la jouissance de son lot. Selon la jurisprudence le plus récente, le copropriétaire est même fondé à agir aux fins d'exiger de la part des autres copropriétaires le respect des stipulations du règlement de copropriété et la cessation d'une atteinte quelconque aux parties communes sans avoir à démontrer l'existence d'un préjudice personnel *(Cass. 3e civ., 4 nov. 2008, n° 07-18.067 : JurisData n° 2008-045733 ; Loyers et copr. 2009, comm. 21).*

L'action conjointe permet de réunir en une seule procédure une demande du syndicat et la ou les demandes de copropriétaires en vue d'obtenir une décision unique sur leurs droits respectifs.

Le contentieux de la copropriété se caractérise ainsi par une dualité d'interventions qui s'explique par une juxtaposition de types de préjudices susceptibles d'être réparés par le biais d'une action conjointe.

B/Exercice de l'action

Qualité pour agir – L'initiative de la procédure appartient au syndicat comme au copropriétaire. Une fois l'instance engagée, celui qui n'en a pas pris l'initiative peut intervenir volontairement par voie de conclusions pour faire valoir ses droits *(NCPC, art. 195 et suivants).*

Le jugement se prononcera sur les demandes présentées simultanément par le syndicat et le copropriétaire.

C/Tierce opposition

Représentation des copropriétaires dans l'action collective – Lorsque le syndicat exerce une action collective dans le cadre de ses attributions, il est censé agir pour le compte de tous ses membres qui ont d'ailleurs voté l'initiative de la procédure, de sorte que la décision judiciaire à intervenir sera opposable à chacun d'eux.

Mais il peut arriver que l'action collective comporte en même temps des incidences sur les droits individuels des copropriétaires, lesquels ont pourtant seuls qualité pour les défendre. Par exemple, une instance en réparation des malfaçons constatées dans l'immeuble peut y inclure certaines parties privatives. Le jugement portera sur l'ensemble des demandes du syndicat, à l'insu des copropriétaires qui auraient dû agir personnellement.

Possibilité de la tierce opposition – Du fait de cet empiètement sur les droits individuels, certains copropriétaires se trouvent lésés, le syndicat n'ayant pu agir en leur nom, à moins d'y avoir été spécialement mandaté.

Ils sont alors fondés à recourir à la tierce opposition pour obtenir la réformation du jugement sur la partie relative à leurs droits dans les conditions prévues aux articles 281 à 286 du nouveau code de procédure civile, sous réserve qu'ils ne soient pas eux-mêmes intervenus dans la procédure entreprise par le syndicat *(Cass. 3e civ., 7 mai 2003 : JurisData n° 2003-018916 ; Loyers et copr. 2003, comm. 207.- Cass. 3e civ., 25 févr. 2016, n° 15-11.469 et 15-11.473 : JurisData n° 2016-003248).*

VI/DÉLAIS D'EXERCICE DES ACTIONS EN JUSTICE

A/Pluralité des délais

Énumération – la loi de 1988 prévoit 3 délais en fonction de la nature de l'action :

- 2 mois à compter de la notification du PV d'Assemblée pour les actions en contestation d'Assemblée
- 6 mois pour les actions en révision de charges à compter de la publication du règlement de copropriété ou de l'état descriptif de division
- 10 ans pour les actions personnelles nées de l'application de la loi du 16 juin 1988 entre des copropriétaires ou entre un copropriétaire et le syndicat à compter de la connaissance de l'évènement à l'origine du litige.

Signalons aussi le délai de 3 ans à compter de l'infraction ou de la découverte de celle-ci dans certains cas s'il s'agit d'une action pénale.

B/Prescription décennale

<u>Champ d'application</u> – Les actions personnelles nées de l'application de la loi du 16 juin 1988 entre des copropriétaires ou entre un copropriétaire et le syndicat se prescrivent par un délai de dix ans ***(L. du 16 juin 1988, art. 33 al. 1).***

Il s'agit par conséquent des actions relatives à l'existence ou à l'étendue des droits et obligations du syndicat comme de ses membres tels qu'ils résultent du statut de la copropriété ou du règlement de copropriété (actions tendant au respect du règlement, au recouvrement des créances du syndicat, à la réparation de dommages aux parties privatives comme aux parties communes, à l'interdiction de travaux irréguliers, à la responsabilité du syndicat…).

La prescription ne s'applique donc pas aux litiges avec les tiers.

Calcul du délai – La loi de 1988 n'a pas indiqué le mode de calcul du délai.

Mais le mode de calcul du délai admis de manière constante par la jurisprudence a comme point de départ le jour de la survenance ou de la connaissance des faits à l'origine du litige (exemple : le jour où les dommages sont apparus ou, dans le cas de la garantie décennale où les malfaçons ne sont pas toujours faciles à déceler, le jour où le copropriétaire a eu connaissance effective des désordres (V. pour la perception des troubles causés par les nuisances sonores, *Cass. 3e civ., 26 nov. 2013, n° 12-25.995 : AJDI 2014, p. 215)*.

Lorsqu'il s'agit de faire respecter le règlement de copropriété, le délai de dix ans court du jour où l'infraction au règlement a été commise.

Interruption de la prescription – La procédure en référé engagée aussi bien par le syndic que par un copropriétaire permet d'arrêter le cours de la prescription applicable à l'action : une simple lettre est insuffisante.

Conséquences de l'expiration du délai décennal – Toute action contre le syndicat ou un copropriétaire se trouve éteinte, quelle que soit l'importance du préjudice qui aurait motivé une procédure.

La conséquence doit être particulièrement soulignée à propos des infractions au règlement de copropriété ; faute d'avoir été poursuivies, elles se trouvent consolidées, sans pouvoir être remises en cause. Par exemple, un changement de destination de parties communes contraire au règlement de copropriété acquiert un caractère définitif. De même des charges communes restées impayées ne peuvent plus être réclamées au copropriétaire débiteur.

C/Action en revision des charges

Dans les six mois de la publication du règlement de copropriété aux livres fonciers, chaque copropriétaire peut poursuivre en justice la révision de la répartition des charges si la part correspondant à son lot est supérieure de plus d'un quart ou si la part correspondant à celle d'un autre copropriétaire est inférieure de plus d'un quart dans l'une ou l'autre des catégories de charges à celle qui résulterait d'une répartition conforme aux dispositions de l'article 10. Si l'action est reconnue fondée, le tribunal procède à la nouvelle répartition des charges. ***(Article 12 - Loi n° 88-04 du 16 juin 1988)***

L'action en justice visée à l'article 12 de la loi du 16 juin 1988 susvisée est intentée à l'encontre du syndicat lorsqu'elle est fondée sur le fait que la part, dans l'une ou l'autre des catégories de charges, incombant au lot du demandeur est supérieure de plus d'un quart à celle qui résulterait d'une répartition conforme à l'article 10 de cette loi. ***(Article 54 - Décret n° 2002-160 du 15 février 2002)***

Si la part d'un copropriétaire est inférieure de plus d'un quart, dans l'une ou l'autre des catégories de charges, à celle qui résulterait d'une répartition conforme aux dispositions de l'article 10 de la loi du 16 juin 1988 susvisée, l'action en justice visée à l'article 12 de ladite loi est intentée à l'encontre de ce copropriétaire.

À peine d'irrecevabilité de l'action, le syndicat est appelé en cause. (Article ***55 - Décret n° 2002-160 du 15 février 2002)***

Chaque fois qu'une action en justice intentée contre le syndicat a pour objet ou peut avoir pour conséquence une révision de la répartition des charges et, indépendamment du droit pour tout copropriétaire d'intervenir personnellement dans l'instance, le syndic ou tout copropriétaire peut, s'il existe des oppositions d'intérêts entre les copropriétaires qui ne sont pas demandeurs, présenter requête au président du tribunal compétent en vue de la désignation d'un mandataire ad hoc.

Dans ce cas, la signification des actes de procédure est valablement faite aux copropriétaires intervenants ainsi qu'au mandataire ad hoc. ***(Article 56 - Décret n° 2002-160 du 15 février 2002)***

Bibliographie

Synthèse - Contentieux de la copropriété LEXIS NEXIS Guy VIGNERON,

J. Lafond et J.-M. Roux, Code de la copropriété : *LexisNexis 2016.*

F. Givord, C. Giverdon et P. Capoulade, La copropriété : *Dalloz Action 2012-2013.*

C. Atias, Guide de la copropriété des immeubles bâtis, *Annales des Loyers, Edilaix 5e éd. 2014.*

P. Capoulade, Le juge et la copropriété : *Inf. rap. copr. mai 1996, p. 11 s.*

C. Atias, La copropriété saisie par le contentieux : *Inf. rap. copr. juin 1997, p. 22* ; L'avocat de la copropriété : *Inf. rap. copr. juill-août 2000, p. 25 ;* Copropriétaires et syndicat : des relations procédurales complexes : *Inf. rap. copr. mai 2002, p. 22.*

M.-C. Ruffet, Action collective et action individuelle : *Inf. rap. copr. mars 1996, p. 13 s.*

ANNEXE

ANNEXE 1

LOI N° 88-04 DU 16 JUIN 1988
ET DÉCRET N° 2002-160 DU 15 FÉVRIER 2002

CHAPITRE PREMIER

DÉFINITION ET ORGANISATION DE LA COPROPRIÉTÉ

Article premier - Loi n° 88-04 du 16 juin 1988	**Commentaires et jurisprudence dans le présent ouvrage**
La présente loi régit tout immeuble ou groupe d'immeubles bâtis dont la propriété est répartie entre plusieurs personnes physiques ou morales par les lots comprenant chacun une partie privative et une quote-part des parties communes. À défaut de convention contraire créant une organisation différente, la présente loi est également applicable aux ensembles immobiliers qui, outre des terrains, des aménagements et des services communs, comportent des parcelles bâties ou non faisant l'objet de droits de propriété privatifs.	**CHAPITRE PREMIER**

Article 2 - Loi n° 88-04 du 16 juin 1988	**Commentaires et jurisprudence dans le présent ouvrage**
Sont privatives, les parties des bâtiments et des terrains réservées à l'usage exclusif d'un copropriétaire déterminé. Les parties privatives sont la propriété exclusive de chaque copropriétaire	**CHAPITRE 3**

Article 3 - Loi n° 88-04 du 16 juin 1988	**Commentaires et jurisprudence dans le présent ouvrage**
Sont communes les parties des bâtiments et des terrains affectées à l'usage et à l'utilité de tous les copropriétaires ou de plusieurs d'entre eux. Dans le silence ou la contradiction des titres, sont réputées parties communes : – Le sol, les cours, les parcs et jardins, les voies d'accès ; – Le gros œuvre des bâtiments, les éléments d'équipements communs y compris les parties des canalisations y afférents qui traversent les locaux privatifs ; – Les coffres, gaines ; – Les locaux des services communs ; – Les passages et corridors, notamment . Sont réputés droits accessoires aux parties communes dans le silence ou la contradiction des titres (de propriété) : – Le droit de surélever un bâtiment affecté à l'usage commun ou comportant plusieurs locaux qui constituent des parties privatives différentes ou d'en affouiller le sol ; – Le droit d'édifier des bâtiments nouveaux dans des cours, parcs ou jardins constituant des parties communes ; – Le droit d'affouiller de tels cours, parcs ou jardins ; – Le droit de mitoyenneté afférent aux parties communes.	**CHAPITRE 3** **CHAPITRE 10**

Article 4 - Loi n° 88-04 du 16 juin 1988	**Commentaires et jurisprudence dans le présent ouvrage**
Les parties communes sont l'objet d'une propriété indivise entre l'ensemble des copropriétaires ou	**CHAPITRE 3**

certains d'entre eux seulement ; leur administration et leur jouissance sont organisées conformément aux dispositions de la loi.	

Article 5 - Loi n° 88-04 du 16 juin 1988 Dans le silence ou la contradiction des titres, la quote-part des parties communes afférentes à chaque lot est proportionnelle à la valeur relative de chaque partie privative par rapport à l'ensemble des valeurs desdites parties, tel que ces valeurs résultent lors de l'établissement de la copropriété, de la consistance, de la superficie et de la situation des lots, sans égard à leur utilisation.	**Commentaires et jurisprudence dans le présent ouvrage** **CHAPITRE 3**

Article 6 - Loi n° 88-04 du 16 juin 1988 Les parties communes et les droits qui leur sont accessoires ne peuvent faire l'objet séparément des parties privatives, d'une action en partage ni d'une licitation forcée.	**Commentaires et jurisprudence dans le présent ouvrage** **CHAPITRE 3**

NB : L'article 6-1 de la loi française du 10 juillet 1965, introduit par la loi du 1er janvier 1979, n'existe pas dans la loi sénégalaise.

Article 7 - Loi n° 88-04 du 16 juin 1988 Les cloisons ou murs séparant des parties privatives et non compris dans le gros œuvre sont présumés mitoyens entre les locaux qu'ils séparent.	**Commentaires et jurisprudence dans le présent ouvrage** **CHAPITRE 3**

Article 8 - Loi n° 88-04 du 16 juin 1988 Un règlement conventionnel de copropriété incluant ou non l'état descriptif de division, détermine la destination des parties tant privatives que communes, ainsi que les conditions de leur jouissance ; il fixe également	**Commentaires et jurisprudence dans le présent ouvrage** **CHAPITRE 4**

sous réserve des dispositions de la présente loi, les règles relatives à l'administration des parties communes. Le règlement de copropriété ne peut imposer aucune restriction aux droits des copropriétaires en dehors de celles qui seraient justifiées par la destination de l'immeuble, telle qu'elle est définie aux actes par ses caractères ou sa situation.	

Article 9 - Loi n° 88-04 du 16 juin 1988 Chaque copropriétaire dispose des parties privatives comprises dans son lot : il use et jouit librement des parties privatives et des parties communes sous la condition de ne porter atteinte ni aux droits des autres copropriétaires ni à la destination de l'immeuble.	**Commentaires et jurisprudence dans le présent ouvrage** **CHAPITRE 4** **CHAPITRE 13**

Article 10 - Loi n° 88-04 du 16 juin 1988 Les copropriétaires sont tous tenus de participer aux charges entraînées par les services collectifs et les éléments d'équipement commun en fonction de l'utilité que ces services et éléments présentent à l'égard de chaque lot. Ils sont tenus de participer aux charges relatives à la conservation, à l'entretien et à l'administration des parties communes proportionnellement aux valeurs relatives des parties privatives comprises dans leurs lots, tel que ces valeurs résultent de dispositions de l'article 5. Le règlement de copropriété fixe la quote-part afférente à chaque lot dans chacune des catégories de charges.	**Commentaires et jurisprudence dans le présent ouvrage** **CHAPITRE 5**

Article 11 - Loi n° 88-04 du 16 juin 1988 Lorsque des travaux ou des actes d'acquisition ou de dispositions sont	**Commentaires et jurisprudence dans le présent ouvrage** **CHAPITRE 5**

décidés par l'assemblée générale statuant à la majorité exigée par la loi, la modification de la répartition des charges ainsi rendue nécessaire peut être décidée par ladite assemblée statuant à la même majorité. En cas d'aliénation séparée d'une ou plusieurs fractions d'un lot, la répartition des charges entre ces fractions est, lorsqu'elle n'est pas fixée par le règlement de copropriété, soumise à l'approbation de l'assemblée générale statuant à la majorité prévue à l'article 24. À défaut de décision de l'assemblée générale modifiant les bases de répartition des charges dans les cas prévus aux alinéas précédents, tout copropriétaire peut saisir le tribunal régional ou départemental de la situation de l'ensemble à l'effet de faire procéder à la nouvelle répartition rendue nécessaire.	

Article 12 - Loi n° 88-04 du 16 juin 1988 Dans les six mois de la publication du règlement de copropriété aux livres fonciers, chaque copropriétaire peut poursuivre en justice la révision de la répartition des charges si la part correspondant à son lot est supérieure de plus d'un quart ou si la part correspondant à celle d'un autre copropriétaire est inférieure de plus d'un quart dans l'une ou l'autre des catégories de charges à celle qui résulterait d'une répartition conforme aux dispositions de l'article 10. Si l'action est reconnue fondée, le tribunal procède à la nouvelle répartition des charges.	**Commentaires et jurisprudence dans le présent ouvrage** **CHAPITRE 5** **CHAPITRE 13**

Article 13 - Loi n° 88-04 du 16 juin 1988 Le règlement de copropriété et les	**Commentaires et jurisprudence dans le présent ouvrage**

modifications qui peuvent lui être apportées ne sont opposables aux ayants cause à titre particulier des copropriétaires qu'à dater de leur publication aux livres fonciers	**CHAPITRE 4**

Article 14 - Loi n° 88-04 du 16 juin 1988 La collectivité des copropriétaires est constituée en un syndicat qui a la personnalité morale. – Le syndicat peut revêtir la forme d'un syndicat coopératif régi par la présente loi. – Il établit et modifie, s'il y'a lieu, le règlement de copropriété. – Il est responsable des dommages causés aux copropriétaires ou aux tiers par le défaut d'entretien des parties communes sans préjudice de toutes actions récursoires	**Commentaires et jurisprudence dans le présent ouvrage** **CHAPITRE 7-A** **CHAPITRE 13**

Article 15 - Loi n° 88-04 du 16 juin 1988 Le syndicat a qualité pour agir en justice, tant en demandant qu'en défendant même contre certains des copropriétaires ; il peut notamment agir conjointement ou non avec un ou plusieurs de ces derniers, en vue de la sauvegarde des droits afférents à l'immeuble. Tout copropriétaire peut néanmoins exercer seul les actions concernant la propriété ou la jouissance de son lot, à la charge d'en informer le syndic.	**Commentaires et jurisprudence dans le présent ouvrage** **CHAPITRE 7** **SECTION 1** **CHAPITRE 13**

Article 16 - Loi n° 88-04 du 16 juin 1988 Tous actes d'acquisition ou d'aliénation des parties communes ou de constitution de droits réels immobiliers au profit ou à la charge de	**Commentaires et jurisprudence dans le présent ouvrage** **CHAPITRE 7** **SECTION 1**

ces dernières, à la condition qu'ils aient été décidés conformément aux dispositions des articles 6, 25 et 26, sont valablement passés par le syndicat. Le syndicat peut acquérir lui- même des parties privatives sans que celles – ci perdent pour autant leur caractère privatif. Il peut les aliéner dans les conditions prévues à l'alinéa précédent. Il ne dispose pas de voix, l'assemblée générale au titre des parties privatives acquises par lui.	

CHAPITRE II

ADMINISTRATION DE LA COPROPRIÉTÉ

Article 17 - Loi n° 88-04 du 16 juin 1988	**Commentaires et jurisprudence dans le présent ouvrage**
Les décisions du syndicat sont prises en assemblée générale des copropriétaires ; leur exécution est confiée à un syndic nommé par l'assemblée générale et placé éventuellement sous le contrôle d'un conseil syndical. Dans le cas où avant la réunion de la première assemblée générale un syndic a été désigné par le règlement de copropriété ou par tout autre accord des parties, cette désignation doit être soumise à la ratification de cette première assemblée générale. À défaut de nomination, le syndic est désigné par la juridiction compétente saisie à la requête d'un ou plusieurs copropriétaires. Dans le cas où l'administration de la copropriété est confiée à un syndicat coopératif, la constitution d'un conseil syndical est obligatoire et le syndic est élu par les membres de ce conseil et choisi parmi ceux-ci.	**CHAPITRE 7** **SECTION 2**

Article 18 - Loi n° 88-04 du 16 juin 1988	**Commentaires et jurisprudence dans le présent ouvrage**
Indépendamment des pouvoirs qui lui seront conférés par d'autres dispositions de la présente loi ou une délibération spéciale de l'assemblée générale, le syndic est chargé, dans les conditions qui seront fixées par décret pris sur le fondement de l'article 34 : a. d'assurer l'exécution des dispositions du règlement de copropriété et des délibérations de l'assemblée générale ; b. d'administrer l'immeuble, de pourvoir à sa conservation, sa garde et à son entretien et, en cas d'urgence, de faire procéder, de sa propre initiative, à l'exécution de tous travaux nécessaires à la sauvegarde de celui-ci ; c. de représenter le syndicat dans tous les actes civils et en justice ainsi que pour la publication de l'état descriptif de division du règlement de copropriété ou des modifications apportées à ces actes sans que soit nécessaire l'intervention de chaque copropriétaire à l'acte ou à la réquisition de publication ; – le syndic étant seul responsable de sa gestion, l'assemblée générale peut-elle seule autoriser, à la majorité prévue par l'article 25 une délégation de pouvoir, à une fin déterminée. En cas d'empêchement du syndic pour quelque cause que ce soit ou en cas de carence de sa part à exercer les droits et actions du syndicat et à défaut de stipulation du règlement de copropriété, un administrateur provisoire peut être désigné par décision de justice, sur proposition de l'assemblée générale.	**CHAPITRE 7** **SECTION 3**

Article 19 - Loi n° 88-04 du 16 juin 1988	**Commentaires et jurisprudence dans le présent ouvrage**
Les créances de toute nature du syndicat à l'encontre de chaque copropriétaire sont, qu'il s'agisse de provision ou de paiement définitif, garanties par une hypothèque légale sur son lot. L'hypothèque peut être inscrite après mise en demeure restée infructueuse. Le syndic a qualité pour faire inscrire cette hypothèque au profit du syndicat : il peut valablement consentir la mainlevée et requérir la radiation en cas d'extinction de la dette sans l'intervention de l'assemblée générale. Le copropriétaire défaillant peut, sous condition d'une offre de paiement suffisante ou d'une garantie équivalente demander mainlevée totale ou partielle au président du tribunal régional ou départemental statuant comme en matière de référé.	**CHAPITRE 8** **CHAPITRE 13** .

Article 20 - Loi n° 88-04 du 16 juin 1988	**Commentaires et jurisprudence dans le présent ouvrage**
Lors de la mutation à titre onéreux d'un lot et si le vendeur n'a pas présenté au notaire un certificat du syndic ayant moins d'un mois de date, attestant qu'il est libre de toute obligation à l'égard du syndicat, avis de la mutation doit être donné au syndic de l'immeuble par lettre recommandée avec avis de réception à la diligence de l'acquéreur. Avant l'expiration d'un délai de huit jours à compter de la réception de cet avis, le syndic peut former au domicile élu, par acte extrajudiciaire, opposition au versement des fonds pour obtenir le paiement des sommes restant dues par l'ancien propriétaire. Cette opposition, sous peine de nullité, énonce le montant et les causes de la créance et contiendra élection de domicile dans le	**CHAPITRE 6** .

ressort du tribunal régional ou départemental de la situation de l'immeuble. Aucun paiement ou transfert amiable ou judiciaire de tout ou partie du prix ne sera opposable au syndic ayant fait opposition dans ledit délai.	

Article 21 - Loi n° 88-04 du 16 juin 1988 Un conseil syndical peut, à tout moment, être institué en vue d'assister le syndic et de contrôler sa gestion. En l'absence de disposition particulière du règlement de copropriété, il est désigné par l'assemblée générale à la majorité des voix de tous les copropriétaires. À défaut de désignation dans les conditions prévues à l'alinéa précédent, le conseil syndical peut être désigné par le président du tribunal régional ou départemental sur requête d'un ou plusieurs copropriétaires.	**Commentaires et jurisprudence dans le présent ouvrage.** **CHAPITRE 7** **SECTION 4**

Article 22 - Loi n° 88-04 du 16 juin 1988 Le règlement de copropriété détermine les règles de fonctionnement et les pouvoirs des assemblées générales sous réserve des dispositions du présent article ainsi que celles des articles 24 et 26. Chaque copropriétaire dispose d'un nombre de voix correspondant à la valeur de son lot. Toutefois, lorsqu'un copropriétaire possède une quote-part des parties communes supérieure à la moitié, le nombre de voix dont il dispose est réduit à la somme des voix des autres copropriétaires. Tout copropriétaire peut déléguer son droit de vote à un mandataire. Un mandataire ne peut recevoir simultanément plus de trois délégations de vote. Le syndic, son conjoint et ses	**Commentaires et jurisprudence dans le présent ouvrage** **CHAPITRE 7** **SECTION 2**

préposés ne peuvent présider l'assemblée ni recevoir mandat pour représenter un copropriétaire. À défaut de mandataire dûment habile lité, tout copropriétaire absent ou présumé absent est représenté par le curateur aux Successions et Biens vacants. »	

Article 23 - Loi n° 88-04 du 16 juin 1988 lorsque plusieurs lots sont attribués à des personnes qui ont constitué une société propriétaire de ces lots, chaque associé participe néanmoins à l'assemblée générale du syndicat et y dispose d'un nombre de voix égal à la quote-part dans les parties communes correspondant au lot dont il a la jouissance. En cas d'indivision ou d'usufruit d'un lot, les intéressés doivent sauf stipulation contraire du règlement de copropriété, être représentés par un mandataire commun qui sera, à défaut d'accord, désigné par le président du tribunal régional ou départemental à la requête de l'un d'entre eux ou du syndic.	**Commentaires et jurisprudence dans le présent ouvrage** **CHAPITRE 7** **SECTION 2**

Article 24 - Loi n° 88-04 du 16 juin 1988 Les décisions de l'assemblée générale sont prises à la majorité des voix des copropriétaires présents ou représentés, s'il n'en est autrement ordonné par la loi. Le règlement de copropriété peut mettre à la charge de certains, copropriétaires seulement, des dépenses d'entretien d'une partie de l'immeuble ou celles d'entretien et de fonctionnement d'un élément d'équipement.	**Commentaires et jurisprudence dans le présent ouvrage.** **CHAPITRE 7** **SECTION 2**

Article 25 - Loi n° 88-04 du 16 juin 1988	**Commentaires et jurisprudence dans le présent ouvrage**
Ne sont adoptées qu'à la majorité des voix de tous les copropriétaires les décisions suivantes :	
a) Toute délégation de pouvoir prendra l'une des décisions visées à l'article précédent ;	**CHAPITRE 7** **SECTION 2**
b) L'autorisation donnée à certains copropriétaires d'effectuer à leurs frais des travaux affectant les parties communes ou l'aspect extérieur de l'immeuble et conforme à la destination de celui-ci ;	**CHAPITRE 9**
c) La désignation ou la révocation du ou des syndics et des membres du conseil syndical ;	**CHAPITRE 7** **SECTIONS 3 et 4**
d) Les conditions auxquelles sont réalisés les actes de dispositions sur les parties communes ou sur des droits accessoires à ces parties communes lorsque ces actes résultent d'obligations légales ou règlementaires telles que celles relatives à l'établissement de cours communes, d'autres servitudes ou à la cession de droits de mitoyenneté ;	
e) Les modalités de réalisation et d'exécution des travaux rendus obligatoires en vertu des dispositions législatives ou règlementaires ;	
f) La modification de la répartition des charges visées à l'alinéa premier de l'article 10 rendue nécessaire par un changement à l'usage d'une ou plusieurs parties privatives.	

Article 26 - Loi n° 88-04 du 16 juin 1988	**Commentaires et jurisprudence dans le présent ouvrage**
Sont prises à la majorité des membres du syndicat représentant au moins les trois quarts (3/4) des voix, les décisions concernant :	**CHAPITRE 7** **SECTION 2**
a) les actes d'acquisition immobilière et les actes de disposition	

autres que ceux visés à l'article 25 ; b) la modification ou éventuellement l'établissement du règlement de copropriété dans la mesure où il concerne la jouissance, l'usage et l'administration des parties communes. L'assemblée générale ne peut sauf à l'unanimité imposer à un copropriétaire une modification à la destination de ces parties privatives ou aux modalités de leur jouissance telles qu'elles résultent du règlement de copropriété. Elle peut sauf à l'unanimité des voix de tous les copropriétaires décider l'aliénation des parties communes dont la conservation est nécessaire au respect de la destination de l'immeuble.	

CHAPITRE III

AMÉLIORATION, ADDITIONS DE LOCAUX PRIVATIFS ET EXERCICE DU DROIT DE SURÉLÉVATION

Article 27 - Loi n° 88-04 du 16 juin 1988 L'assemblée générale des copropriétaires statuant à l'unanimité peut, à condition qu'elle soit conforme à la destination de l'immeuble, décider toute amélioration, telle que la transformation d'un ou de plusieurs éléments d'équipements existants, l'adjonction d'éléments nouveaux, l'aménagement de locaux affectés à l'usage commun ou la création de tels locaux. Elle fixe alors, à la même majorité, la répartition du coût des travaux et de la charge des indemnités prévues à l'article 32 en proportion des avantages qui résulteront des travaux envisagés pour chacun des copropriétaires sauf à tenir compte de l'accord de certains d'entre eux pour supporter une part de dépenses plus élevée. Elle fixe à la même majorité, la répartition des dépenses de fonctionnement, d'entretien et de remplacement des parties communes ou des éléments transformés ou créés. Lorsque l'assemblée générale refuse	**Commentaires et jurisprudence dans le présent ouvrage.** **CHAPITRE 9**

l'autorisation prévue à l'article 25, tout copropriétaire ou groupe de copropriétaire peut être autorisé, par le tribunal régional ou départemental après expertise à exécuter, aux conditions fixées par le tribunal, tous travaux d'amélioration visés à l'alinéa premier. Le tribunal fixe en outre les conditions dans lesquelles les autres copropriétaires pourront utiliser les installations ainsi réalisées. Lorsqu'il est possible d'en réserver l'usage à ceux des copropriétaires qui les ont exécutées, les autres copropriétaires ne pourront être autorisés à les utiliser qu'en versant leur quote-part du coût de ces installations évalué à la date où cette faculté est exercée.	

Article 28 - Loi n° 88-04 du 16 juin 1988 Aucun des copropriétaires ou leurs ayants droit ne peut faire obstacle à l'exécution même à l'intérieur de ses parties privatives des travaux régulièrement et expressément décidés par l'assemblée générale en vertu de l'article 27.	**Commentaires et jurisprudence dans le présent ouvrage.** **CHAPITRE 9**

Article 29 - Loi n° 88-04 du 16 juin 1988 la décision prise oblige les copropriétaires à participer, dans les proportions fixées par l'assemblée générale, au paiement des travaux, à la charge des indemnités prévues à l'article 32 ainsi qu'aux dépenses de fonctionnement, d'administration, d'entretien et de remplacement des parties communes ou des éléments transformés ou créés.	**Commentaires et jurisprudence dans le présent ouvrage** **CHAPITRE 9**

Article 30 - Loi n° 88-04 du 16 juin 1988	**Commentaires et jurisprudence dans le présent ouvrage**
La part du coût des travaux, des charges financières y afférentes et des indemnités incombant aux copropriétaires peut n'être payée que par annuités égales. Lorsque le syndicat n'a pas contracté d'emprunt en vue de la réalisation des travaux, les charges financières dues par les copropriétaires payant par annuités sont égales aux taux légaux d'intérêt. Toutefois, les sommes visées au précédent alinéa deviennent immédiatement exigibles lors de la première mutation entre vifs du lot de l'intéressé même si cette mutation est réalisée par voie d'apport en société. Les dispositions qui précèdent ne sont pas applicables lorsqu'il s'agit de travaux imposés par le respect d'obligations légales ou règlementaires.	**CHAPITRE 9**

Article 31 - Loi n° 88-04 du 16 juin 1988	**Commentaires et jurisprudence dans le présent ouvrage**
La surélévation ou la construction de bâtiments aux fins de créer de nouveaux locaux à usage privatif ne peut être réalisée par les soins du syndicat que si la décision en est prise à l'unanimité de ses membres.	**CHAPITRE 9**

Article 32 - Loi n° 88-04 du 16 juin 1988	**Commentaires et jurisprudence dans le présent ouvrage**
Les copropriétaires qui subissent un préjudice par suite de l'exécution des travaux, en raison soit d'une diminution définitive de la valeur de leur lot, soit d'un trouble de jouissance grave, même s'il est temporaire, soit de la dégradation ont droit à une indemnité. Cette indemnité qui est à la charge de l'ensemble des copropriétaires est répartie, s'il s'agit de travaux décidés dans les conditions prévues à	**CHAPITRE 9**

l'article 27, en proportion de la participation de chacun au coût des travaux, s'il s'agit de travaux de surélévation prévus à l'article 31, selon la proportion initiale des droits de chacun dans les parties communes.	

CHAPITRE IV

DISPOSITION D'ORDRE GÉNÉRAL

Article 33 - Loi n° 88-04 du 16 juin 1988	**Commentaires et jurisprudence dans le présent ouvrage**
Les actions personnelles nées de l'application de la présente loi entre les copropriétaires ou entre un copropriétaire et le syndicat se prescrivent suivant le droit commun (10 ans). Les actions qui ont pour objet de contester les décisions des assemblées doivent, à peine de déchéance, être introduites par les copropriétaires opposants ou défaillants dans un délai de deux mois à compter de la notification desdites décisions qui leur est faite à la diligence du syndic.	**CHAPITRE 7** **SECTION 2** **ET CHAPITRE 13**

Article 34 - Loi n° 88-04 du 16 juin 1988	
Un décret précisera les modalités d'application de la présente loi.	

Le décret d'application de la loi de 1988 (décret n° 2002-160 du 15 février 2002) est reproduit ci-après.

Article 35 - Loi n° 88-04 du 16 juin 1988	
Sont abrogées toutes dispositions contraires à la présente loi et notamment la loi du 28 juin 1938. La présente loi sera exécutée comme loi de l'état.	

ANNEXE 2

TEXTES DU DÉCRET N° 2002-160 DU 15 FÉVRIER 2002

SECTION PREMIÈRE

ACTES CONCOURANT À L'ÉTABLISSEMENT ET À L'ORGANISATION DE LA COPROPRIÉTÉ DES IMMEUBLES BÂTIS

Article premier - Décret n° 2002-160 du 15 février 2002	**Commentaires et jurisprudence dans le présent ouvrage**
Le règlement de copropriété mentionné par l'article 8 de la loi n° 88-04 du 16 juin 1988 fixant le statut de la copropriété des immeubles bâtis comporte les stipulations relatives aux objets visés par l'alinéa premier dudit article ainsi que l'état de répartition des charges prévu au dernier alinéa de l'article 10 de ladite loi. Cet état définit les différentes catégories de charges et distingue celles relatives au fonctionnement et à l'entretien de chacun des éléments d'équipements communs et celles entraînées par chaque service collectif.	**CHAPITRE 4**
L'état de répartition des charges fixe, conformément aux dispositions de l'article 10, alinéa 3 et, s'il y a lieu de l'article 24, alinéa 2 de la loi du 16 juin 1988 susvisée, la quote-part qui incombe à chaque lot dans chacune des catégories de charges ; à défaut, il indique les bases selon lesquelles la répartition est faite pour une ou plusieurs catégories de charges.	**CHAPITRE 5**

Article 2 - Décret n° 2002-160 du 15 février 2002	**Commentaires et jurisprudence dans le présent ouvrage**
Le règlement de copropriété peut également comporter : 1° l'état descriptif de division de l'immeuble ; 2° la ou les conventions relatives à l'exercice de l'un des droits accessoires aux parties communes.	**CHAPITRE 4**

Article 3 - Décret n° 2002-160 du 15 février 2002	**Commentaires et jurisprudence dans le présent ouvrage**
Les règlements, états et conventions énumérés aux articles qui précèdent peuvent faire l'objet d'un acte conventionnel ou résulter d'un acte judiciaire, suivant le cas, ayant pour objet de réaliser, constater ou ordonner la division de la propriété d'un immeuble dans les conditions fixées par l'article premier de la loi du 16 juin 1988 susvisée. Si le règlement de copropriété comprend un état descriptif de division et les conventions visées à l'article 2 ci-dessus, il doit être rédigé de manière à éviter toute confusion entre ses différentes parties et les clauses particulières au règlement de copropriété doivent se distinguer nettement des autres. Dans ce cas, seules les stipulations dont l'objet est précisé à l'article premier du présent décret constituent le règlement de copropriété au sens et pour l'application de ladite loi.	**CHAPITRE 4**

Article 4 - Décret n° 2002-160 du 15 février 2002	**Commentaires et jurisprudence dans le présent ouvrage**
Tout acte conventionnel réalisant ou constatant le transfert de propriété d'un lot ou d'une fraction de lot, ou la constitution sur ces derniers d'un droit réel, doit mentionner expressément que l'acquéreur ou le titulaire du droit a eu préalablement connaissance, s'ils ont été publiés dans les conditions prévues par l'article 13 de la loi du 16 juin 1988 susvisée, du règlement de copropriété ainsi que des actes qui l'ont modifié. Il en est de même en ce qui concerne l'état descriptif de division et des actes qui l'ont modifié, lorsqu'ils existent et ont été publiés. Le règlement de copropriété, l'état descriptif de division et les actes qui les ont modifiés, même s'ils n'ont pas été	**CHAPITRE 4**

publiés au livre foncier, s'imposent à l'acquéreur ou au titulaire du droit s'il est expressément constaté aux actes visés au présent article qu'il en a eu préalablement connaissance et qu'il a adhéré aux obligations qui en résultent.	

Article 5 - Décret n° 2002-160 du 15 février 2002 Pour l'application des dispositions de l'article 20 de la loi du 16 juin 1988 susvisée, il n'est tenu compte que des créances effectivement liquides et exigibles du syndicat à la date de la mutation. Indépendamment de l'application des dispositions de l'article 20, le syndic, avant l'établissement de l'un des actes visés au précédent article adresse, au notaire chargé de recevoir l'acte, à la demande de ce dernier ou à celle du propriétaire qui cède son droit, un état daté qui, en vue de l'information des parties, indique, d'une manière même approximative et sous réserve de l'apurement des comptes : a) les sommes qui correspondent à la participation du cédant : aux charges dont le montant n'est pas encore liquidé ou devenu exigible à l'encontre du syndicat ; à celles qui résultent d'une décision antérieurement prise par l'assemblée générale, mais non encore exécutée. b) éventuellement, le solde des versements effectués par le cédant à titre d'avance ou de provision.	**Commentaires et jurisprudence dans le présent ouvrage** **CHAPITRE 6**

Article 6 - Décret n° 2002-160 du 15 février 2002 Tout transfert de propriété d'un lot ou d'une fraction de lot, toute constitution sur ce dernier d'un droit d'usufruit, de nue-propriété, d'usage ou d'habitation, tout transfert de l'un de	**Commentaires et jurisprudence dans le présent ouvrage** **CHAPITRE 6**

ces droits est notifié, sans délai, au syndic, soit par les parties, soit par le notaire qui établit l'acte, soit par tout autre officier ministériel qui a obtenu la décision judiciaire, acte ou décision qui, suivant le cas, réalise, atteste, constate ce transfert ou cette constitution. Cette notification comporte la désignation du lot ou de la fraction de lot intéressé ainsi que l'indication des nom, prénoms, domicile réel ou élu de l'acquéreur ou du titulaire de droit et, le cas échéant, du mandataire commun prévu à l'article 23, alinéa 2, de la loi du 16 juin 1988 susvisée.	

SECTION 2
LES ASSEMBLÉES GÉNÉRALES DE COPROPRIÉTAIRES

Article 7 - Décret n° 2002-160 du 15 février 2002	**Commentaires et jurisprudence dans le présent ouvrage**
Dans tout syndicat de copropriété, il est tenu, au moins une fois chaque année, une assemblée générale des copropriétaires. Sous réserve des dispositions prévues aux articles 8, alinéas 2 et 3, 49 et 52 du présent décret, l'assemblée générale est convoquée par le syndic.	**CHAPITRE 7** **SECTION 2**

Article 8 - Décret n° 2002-160 du 15 février 2002	**Commentaires et jurisprudence dans le présent ouvrage**
La convocation de l'assemblée est de droit lorsqu'elle est demandée au syndic soit par le conseil syndical, s'il en existe un, soit par un ou plusieurs copropriétaires représentant au moins un quart des voix de tous les copropriétaires, à moins que le règlement de copropriété ne prévoie un nombre inférieur de voix. La demande, qui est notifiée au syndic, précise les questions dont l'inscription à l'ordre du jour de l'assemblée est demandée. Dans les cas prévus au précédent alinéa, l'assemblée générale des copropriétaires est valablement convoquée par le président du conseil syndical, s'il en existe un, après mise en demeure au syndic restée infructueuse pendant plus de huit jours. Dans les mêmes cas, s'il n'existe pas de conseil syndical ou si les membres de ce conseil n'ont pas été désignés ou si le président de ce conseil ne procède pas à la convocation de l'assemblée, tout copropriétaire peut alors provoquer ladite convocation dans les conditions prévues à l'article 52 du présent décret. Lorsque l'assemblée est convoquée en application du présent article, la convocation est notifiée au syndic.	**CHAPITRE 7** **SECTION 2**

Article 9 - Décret n° 2002-160 du 15 février 2002	**Commentaires et jurisprudence dans le présent ouvrage**
La convocation contient l'indication des lieux, date et heure de la réunion, ainsi que l'ordre du jour qui précise chacune des questions soumises à la délibération de l'assemblée. À défaut de dispositions du règlement de copropriété ou de décision de l'assemblée générale, la personne qui convoque l'assemblée fixe le lieu et l'heure de la réunion. Sauf urgence, cette convocation est notifiée au moins quinze jours avant la date de la réunion, à moins que le règlement de copropriété n'ait prévu un délai plus long. Sous réserve des stipulations du règlement de copropriété, l'assemblée générale est réunie dans la localité de la situation de l'immeuble.	**CHAPITRE 7** **SECTION 2**

Article 10 - Décret n° 2002-160 du 15 février 2002	**Commentaires et jurisprudence dans le présent ouvrage**
Dans les six jours de la convocation, un ou plusieurs copropriétaires ou le conseil syndical, s'il en existe un, notifient à la personne qui a convoqué l'assemblée les questions dont ils demandent l'inscription à l'ordre du jour. Ladite personne notifie aux membres de l'assemblée générale un état de ces questions cinq jours au moins avant la date de cette réunion.	**CHAPITRE 7** **SECTION 2**

Article 11 - Décret n° 2002-160 du 15 février 2002	**Commentaires et jurisprudence dans le présent ouvrage**
Lorsque l'immeuble comporte plusieurs bâtiments, les copropriétaires dont les lots composent l'un ou plusieurs de ces bâtiments peuvent, réunis en assemblée spéciale, décider, aux conditions de majorité prévues à l'article 25 de la loi du 16 juin 1988	**CHAPITRE 12**

susvisée, la constitution entre eux d'un syndicat dit secondaire. Ce syndicat a pour objet d'assurer la gestion, l'entretien et l'amélioration internes de ce ou ces bâtiments, sous réserve des droits résultants pour les autres copropriétaires des dispositions du règlement de copropriété. Cet objet peut être étendu, avec l'accord de l'assemblée générale, à l'ensemble des copropriétaires statuant à la majorité prévue à l'article 24 de la loi du 16 juin 1988 susvisée. Le syndicat secondaire est doté de la personnalité civile. Il est représenté au conseil syndical du syndicat principal, s'il en existe un.	

Article 12 - Décret n° 2002-160 du 15 février 2002 Lorsque l'immeuble comporte plusieurs bâtiments et que la division en propriété du sol est possible, les copropriétaires dont les lots composent un ou plusieurs de ces bâtiments peuvent, réunis en assemblée spéciale et statuant à la majorité prévue à l'article 25 de la loi du 16 juin 1988 susvisée, demander que le ou les bâtiments en question soient retirés de la copropriété initiale pour constituer une copropriété séparée. L'assemblée générale statut à la majorité prévue à l'article 25 sur la demande formulée par l'assemblée spéciale. Le règlement de copropriété relatif à l'ensemble immobilier reste applicable jusqu'à l'établissement d'un nouveau règlement de copropriété par chacun des syndicats. Le syndicat initial ne peut être dissous tant qu'il existe des parties communes ou des ouvrages d'intérêt commun à l'ensemble des copropriétaires à moins qu'il ne soit	**Commentaires et jurisprudence dans le présent ouvrage** **CHAPITRE 12**

pourvu d'une manière afférente à l'entretien, à la gestion et, éventuellement, à l'exécution de ces ouvrages, notamment par une association syndicale de propriétaires fonciers. Le transfert de propriété de ces éléments communs peut être décidé au profit de l'organisme qui en reprend la charge, par décision de l'assemblée générale statuant à la majorité prévue à l'article 25 de la loi du 16 juin 1988 susvisée.	

Article 13 - Décret n° 2002-160 du 15 février 2002	**Commentaires et jurisprudence dans le présent ouvrage**
Sont notifiés au plus tard en même temps que l'ordre du jour : 1° le compte des recettes et des dépenses de l'exercice écoulé, un état des dettes et créances et la situation de la trésorerie, lorsque l'assemblée est appelée à approuver les comptes ; 2° le budget prévisionnel accompagné des documents prévus au 1° ci-dessus, lorsque l'assemblée est appelée à voter les crédits du prochain exercice ; 3° le projet de règlement de copropriété, de l'état descriptif de division, de l'état de répartition des charges ou le projet de modification desdits actes, lorsque l'assemblée est appelée, suivant le cas, à établir ou à modifier ces actes, notamment s'il est fait application des articles 11, alinéas premier et 2 ; 25 f, 26 b et 27 alinéa 3, de la loi du 16 juin 1988 susvisée et des articles 11 et 12 du présent décret ; 4° les conditions essentielles du contrat proposé, lorsque l'assemblée est appelée à approuver ou à autoriser une transaction, un devis ou un marché pour la réalisation de travaux ou l'un des contrats visés aux articles 25 d et 26 a	**CHAPITRE 7** **SECTION 2**

de la loi du 16 juin 1988 susvisée et aux articles 31 et 41 du présent décret ; 5° le projet de résolution lorsque l'assemblée est appelée à statuer sur l'une des questions visées aux articles 18, alinéa 2, 25 a et b, 27 alinéa premier, 28 et 30 (alinéa 3 et 4) de la loi du 16 juin 1988 susvisée et les articles 65 et 67 du présent décret, ou à autoriser, s'il y a lieu, le syndic à introduire une demande en justice.	

Article 14 - Décret n° 2002-160 du 15 février 2002 Pour l'application de l'article 23 de la loi du 16 juin 1988 susvisée, chacun des associés reçoit notification des convocations ainsi que des documents visés au précédent article et il participe aux assemblées générales du syndicat dans les mêmes conditions que les copropriétaires. À cet effet, le représentant légal de la société est tenu de communiquer, sans frais, au syndic ainsi que, le cas échéant, à toute personne habilitée à convoquer l'assemblée, et à la demande de ces derniers, les nom et domicile, réel ou élu, de chacun des associés. Il doit immédiatement informer le syndic de toute modification des renseignements ainsi communiqués. À l'égard du syndicat, la qualité d'associé résulte suffisamment de la communication faite en application de l'alinéa qui précède. La convocation de l'assemblée générale des copropriétaires est également notifiée au représentant légal de la société visée audit article 23, alinéa premier ; ce dernier peut assister à la réunion avec voix consultative.	**Commentaires et jurisprudence dans le présent ouvrage** **CHAPITRE 7** **SECTION 2**

Article 15 - Décret n° 2002-160 du 15 février 2002 L'assemblée ne délibère valablement que sur les questions inscrites à l'ordre du jour et dans la mesure où les notifications ont été faites conformément aux dispositions des articles 9 à 13 du présent décret.	**Commentaires et jurisprudence dans le présent ouvrage** **CHAPITRE 7** **SECTION 2**

Article 16 - Décret n° 2002-160 du 15 février 2002 Il est tenu une feuille de présence qui indique les nom et domicile de chaque copropriétaire ou associé, et, le cas échéant, de son mandataire, ainsi que le nombre de voix dont il dispose, compte tenu, s'il y a lieu, des dispositions de l'article 22 (alinéa 2) et de l'article 24 (alinéa 2) de la loi du 16 juin 1988 susvisée. Cette feuille est émargée par chaque copropriété ou associé présent, ou par son mandataire. Elle est certifiée exacte par le président de l'assemblée.	**Commentaires et jurisprudence dans le présent ouvrage** **CHAPITRE 7** **SECTION 2**

Article 17 - Décret n° 2002-160 du 15 février 2002 Au début de chaque réunion, l'assemblée générale désigne, sous réserve des dispositions de l'article 52 alinéa premier du présent décret, son président et, le cas échéant, son bureau. Le syndic assure le secrétariat de la séance, sauf décision contraire de l'assemblée générale.	**Commentaires et jurisprudence dans le présent ouvrage** **CHAPITRE 7** **SECTION 2**

Article 18 - Décret n° 2002-160 du 15 février 2002 Les majorités de voix exigées par les dispositions de la loi du 16 juin 1988 susvisée pour le vote des décisions de l'assemblée générale et le nombre de voix prévu à l'article 8,	**Commentaires et jurisprudence dans le présent ouvrage** **CHAPITRE 7** **SECTION 2**

alinéa 1er, du présent décret sont calculés en tenant compte de la réduction résultant, s'il y a lieu, de l'application du deuxième alinéa de l'article 22 de la loi du 16 juin 1988 susvisée.	

Article 19 - Décret n° 2002-160 du 15 février 2002 Il est établi un procès-verbal des délibérations de chaque assemblée, qui est signé par le président, par le secrétaire et par les membres du bureau s'il en a été constitué un. Le procès-verbal comporte le texte de chaque délibération. Il indique le résultat de chaque vote et précise les noms des copropriétaires ou associés qui se sont opposés à la décision de l'assemblée, de ceux qui n'ont pas pris part au vote et de ceux qui se sont abstenus. À la demande d'un ou plusieurs copropriétaires ou associés opposants, le procès-verbal mentionne les réserves éventuellement formulées par eux sur la régularité des délibérations. Les procès-verbaux des séances sont inscrits, les uns à la suite des autres, sur un registre spécialement ouvert à cet effet.	**Commentaires et jurisprudence dans le présent ouvrage** **CHAPITRE 7** **SECTION 2**

Article 20 - Décret n° 2002-160 du 15 février 2002 Le délai prévu à l'article 33, alinéa 2, de la loi du 16 juin 1988 susvisée pour contester les décisions de l'assemblée générale court à compter de la notification de la décision à chacun des copropriétaires opposants ou défaillants. Dans le cas prévu à l'article 23, alinéa premier de la loi du 16 juin 1988 susvisée, cette notification est adressée au représentant légal de la société lorsqu'un ou plusieurs associés se sont	**Commentaires et jurisprudence dans le présent ouvrage** **CHAPITRE 7** **SECTION 2** **ET CHAPITRE 12**

opposés ou ont été défaillants. La notification ci-dessus prévue doit mentionner les résultats du vote et reproduire le texte de l'article 33 (alinéa 2) de ladite loi. En outre, dans le cas prévu à l'article 23, alinéa 1er de la loi du 16 juin 1988 susvisée, un extrait du procès-verbal de l'assemblée est notifié au représentant légal de la société propriétaire de lots, s'il n'a pas assisté à la réunion.	

Article 21 - Décret n° 2002-160 du 15 février 2002 Dans le cas prévu par l'article 25 dernier alinéa de la loi du 16 juin 1988 susvisée, lorsqu'à défaut de décision prise à la majorité définie audit article 25, une nouvelle assemblée générale doit être réunie pour statuer dans les conditions de majorité prévues par l'article 24 de la même loi, et si l'ordre du jour de cette nouvelle assemblée ne porte que sur des questions déjà inscrites à l'ordre du jour de la précédente assemblée, le délai de convocation peut être réduit à huit jours et les notifications prévues à l'article 11 ci-dessus n'ont pas à être renouvelées.	**Commentaires et jurisprudence dans le présent ouvrage** **CHAPITRE 7** **SECTION 2**

Article 22 - Décret n° 2002-160 du 15 février 2002 Il est procédé pour les assemblées spéciales des propriétaires des lots intéressés, prévues par l'article 31 de la loi du 16 juin 1988 susvisée et les articles 11 et 12 du présent décret, de la même manière que pour les assemblées générales des copropriétaires.	**Commentaires et jurisprudence dans le présent ouvrage** **CHAPITRE 7** **SECTION 2**

Article 23 - Décret n° 2002-160 du 15 février 2002	**Commentaires et jurisprudence dans le présent ouvrage**
Une délégation de pouvoir donnée, en application de l'article 25 a de la loi du 16 juin 1988 susvisée, par l'assemblée générale au syndic, au conseil syndical ou à toute personne ne peut porter que sur un acte ou une décision expressément déterminé. Elle peut toutefois autoriser son bénéficiaire à décider de certaines dépenses dont le montant maximum est fixé par la délégation. Elle ne peut, en aucun cas, priver l'assemblée générale de son pouvoir de contrôle sur l'administration de l'immeuble et la gestion du syndic. Il sera rendu compte à l'assemblée de l'exécution de la délégation.	**CHAPITRE 7** **SECTIONS 2, 3 et 4**

SECTION 3
LE CONSEIL SYNDICAL

Article 24 - Décret n° 2002-160 du 15 février 2002	**Commentaires et jurisprudence dans le présent ouvrage**
Lorsque le règlement de copropriété crée un conseil syndical, il fixe les règles relatives à l'organisation et au fonctionnement du conseil, notamment celles relatives au nombre de ses membres et à la durée de leur mandat, qui ne peut excéder trois années renouvelables. Lorsqu'il n'a pas été prévu par le règlement de copropriété, un conseil syndical peut être institué à tout moment par décision de l'assemblée général des copropriétaires, prise à la majorité des membres du syndicat représentant au moins les trois quarts des voix, comme prévu par l'article 26 de la loi du 16 juin 1988 susvisée. Dans ce dernier cas ainsi qu'en l'absence de stipulation particulière du règlement de copropriété qui a créé un conseil syndical, l'assemblée générale, statuant à la même majorité, fixe les règles prévues à l'alinéa premier du présent article. Pour assurer la représentation prévue au dernier alinéa de l'article 11 du présent décret, il est tenu compte, en cas de constitution d'un ou plusieurs syndicats secondaires, des dispositions de l'article 26 ci-après pour fixer le nombre des membres du conseil syndical du syndicat principal, chaque syndicat secondaire disposant de plein droit d'un siège au moins à ce conseil.	**CHAPITRE 7** **SECTION 4**

Article 25 - Décret n° 2002-160 du 15 février 2002	**Commentaires et jurisprudence dans le présent ouvrage**
Les membres du conseil syndical sont choisis parmi les copropriétaires, les associés dans le cas prévu par	**CHAPITRE 7** **SECTION 4**

l'article 23, alinéa 1er de la loi du 16 juin 1988 susvisée, leurs conjoints ou leurs représentants légaux. Le syndic, son conjoint et ses préposés, même s'ils sont copropriétaires ou associés, ne peuvent être membres du conseil syndical, sous réserve des dispositions de l'article 17, alinéa 4, de la loi du 16 juin 1988 susvisée. À moins qu'ils n'aient été nommés par le règlement de copropriété ou par la décision de l'assemblée générale qui a institué le conseil syndical, les membres de ce conseil sont désignés par l'assemblée générale, à la majorité prévue par l'article 25 de la loi du 16 juin 1988 susvisée, ou à défaut, dans les conditions prévues à l'article 49 du présent décret. Ils peuvent être révoqués, à tout moment, par décision de l'assemblée générale prise à la majorité prévue à l'article 26 de la loi du 16 juin 1988 susvisée, lorsqu'ils ont été nommés par le règlement de copropriété ou par la décision même qui a institué le conseil syndical et, dans les autres cas, suivant les conditions prévues pour leur désignation.	

Article 26 - Décret n° 2002-160 du 15 février 2002 Lorsqu'il existe un ou plusieurs syndicats secondaires, la représentation au conseil syndical du syndicat principal attribuée à un syndicat secondaire est proportionnelle à l'importance du ou des lots qui constituent ce syndicat secondaire par rapport à celle de l'ensemble des lots qui composent le syndicat principal. Le ou les copropriétaires du ou des lots ne sont pas constitués en syndicat secondaire disposent ensemble, s'il y a lieu, des autres sièges au conseil syndical du syndicat principal. En l'absence de stipulation	**Commentaires et jurisprudence dans le présent ouvrage** **CHAPITRE 7** **SECTIONS 1 et 4** **CHAPITRE 12**

particulière du règlement de copropriété du syndicat principal, les copropriétaires désignent leurs représentants au conseil syndical de ce syndicat au cours d'une assemblée générale soit du syndicat secondaire, dans le cas prévu à l'alinéa premier du présent article, soit du syndicat principal dans le cas prévu à l'alinéa précédent.	

Article 27 - Décret n° 2002-160 du 15 février 2002 Un ou plusieurs membres suppléants peuvent être désignés, dans les mêmes conditions que les membres titulaires. En cas de cessation définitive des fonctions du membre titulaire, les membres suppléants siègent au conseil syndical, à mesure des vacances, dans l'ordre de leur élection s'il y en a plusieurs, et jusqu'à la date d'expiration du mandat du membre titulaire qu'ils remplacent. Dans tous les cas, le conseil syndical n'est plus régulièrement constitué si plus d'un quart des sièges devient vacant pour quelque cause que ce soit.	**Commentaires et jurisprudence dans le présent ouvrage** **CHAPITRE 7** **SECTION 4**

Article 28 - Décret n° 2002-160 du 15 février 2002 Outre les dispositions de l'article 39 du présent décret, le conseil syndical donne son avis au syndic ou à l'assemblée générale sur les questions pour lesquelles il est consulté ou dont il se saisit lui-même. Il contrôle la gestion du syndic, notamment la comptabilité de ce dernier, la répartition des dépenses, les conditions dans lesquelles sont passés et exécutés les marchés et tous autres contrats. Il peut également recevoir d'autres missions ou délégations de l'assemblée générale dans les conditions prévues à	**Commentaires et jurisprudence dans le présent ouvrage** **CHAPITRE 7** **SECTION 4**

l'article 25 a de la loi du 16 juin 1988 susvisée et à l'article 23 du présent décret. Un ou plusieurs membres du conseil, habilités à cet effet par ce dernier, peuvent prendre connaissance et copie, au bureau du syndic, après lui en avoir donné avis, de toutes pièces, documents, correspondances, registres se rapportant à la gestion du syndic et, d'une manière générale, à l'administration de la copropriété.	

Article 29 - Décret n° 2002-160 du 15 février 2002 Les fonctions du président et de membre du conseil syndical ne donnent pas lieu à rémunération. Le conseil syndical peut se faire assister par tout technicien de son choix. Les honoraires de ces techniciens ainsi que les frais nécessités par le fonctionnement du conseil syndical constituent des dépenses d'administration. Ils sont payés par le syndic dans les conditions fixées par le règlement de copropriété éventuellement modifié ou complété par la décision de l'assemblée générale visée à l'article 24 du présent décret.	**Commentaires et jurisprudence dans le présent ouvrage** **CHAPITRE 7** **SECTION 4**

SECTION 4
LE SYNDIC

Article 30 - Décret n° 2002-160 du 15 février 2002	**Commentaires et jurisprudence dans le présent ouvrage**
Sauf dispositions contraires, les fonctions de syndic de la copropriété sont assumées par l'organisme vendeur tant que cet organisme reste propriétaire des logements. Sous réserve des dispositions contenues dans le premier alinéa du présent article, et des stipulations particulières du règlement de copropriété, les fonctions de syndic peuvent être assumées par toute personne physique ou morale. Les fonctions de syndic sont renouvelables pour les durées prévues à l'alinéa précédent.	**CHAPITRE 7** **SECTION 3**

Article 31 - Décret n° 2002-160 du 15 février 2002	**Commentaires et jurisprudence dans le présent ouvrage**
Les conditions de la rémunération du syndic sous réserve, le cas échéant, de la réglementation y afférente ainsi que les modalités particulières d'exécution de son mandat sont fixées, dans le cadre de la loi du 16 juin 1988 susvisée et du présent décret, par l'assemblée générale, à la majorité prévue par l'article 24 de cette loi.	**CHAPITRE 7** **SECTION 3**

Article 32 - Décret n° 2002-160 du 15 février 2002	**Commentaires et jurisprudence dans le présent ouvrage**
À l'occasion de l'exécution de sa mission, le syndic peut se faire représenter par l'un de ses préposés.	**CHAPITRE 7** **SECTION 3**

Article 33 - Décret n° 2002-160 du 15 février 2002 Le syndic engage et congédie le personnel du syndicat et fixe les conditions de son travail suivant les textes en vigueur. L'assemblée générale a seule qualité pour fixer le nombre et la catégorie des emplois.	**Commentaires et jurisprudence dans le présent ouvrage** **CHAPITRE 7** **SECTION 3**

Article 34 - Décret n° 2002-160 du 15 février 2002 Le syndic établit et tient à jour une liste de tous les copropriétaires avec indication des lots qui leur appartiennent, ainsi que de tous les titulaires des droits visés à l'article 6 du présent décret. Il mentionne leur état civil ainsi que leur domicile réel ou élu.	**Commentaires et jurisprudence dans le présent ouvrage** **CHAPITRE 7** **SECTION 3**

Article 35 - Décret n° 2002-160 du 15 février 2002 Le syndic détient les archives du syndicat, notamment une expédition ou une copie des actes énumérés aux articles premier à 3 ci-dessus, ainsi que toutes conventions, pièces, correspondances, plans, registres, documents relatifs à l'immeuble et au syndicat. Il détient, en particulier, les registres contenant les procès-verbaux des assemblées générales des copropriétaires et les pièces annexes.	**Commentaires et jurisprudence dans le présent ouvrage** **CHAPITRE 7** **SECTION 3**

Article 36 - Décret n° 2002-160 du 15 février 2002 Le syndic tient, pour chaque syndicat de copropriétaires, une comptabilité séparée de manière à faire apparaître la position comptable de chaque copropriétaire à l'égard du syndicat.	**Commentaires et jurisprudence dans le présent ouvrage** **CHAPITRE 7** **SECTION 3**

Il prépare le budget prévisionnel qui est voté par l'assemblée générale.	

Article 37 - Décret n° 2002-160 du 15 février 2002	**Commentaires et jurisprudence dans le présent ouvrage**
Le syndic peut exiger le versement : 1° de l'avance de trésorerie permanente prévue au règlement de copropriété ; 2° au début de chaque exercice, d'une provision qui, sous réserve des stipulations du règlement de copropriété ou, à défaut, des décisions de l'assemblée générale, ne peut excéder soit le quart du budget prévisionnel voté pour l'exercice considéré, soit la moitié de ce budget si le règlement de copropriété ne prévoit pas le versement d'une avance de trésorerie permanente ; 3° en cours d'exercice, soit d'une somme correspondant au remboursement des dépenses régulièrement engagées et effectivement acquittées, soit de provisions trimestrielles qui ne peuvent, chacune, excéder le quart du budget prévisionnel pour l'exercice considéré ; 4° de provisions spéciales destinées à permettre l'exécution de décisions de l'assemblée générale, comme celles de procéder à la réalisation des travaux prévus au chapitre III de la loi du 16 juin 1988 sus visée et à la section VIII du présent décret, dans les conditions fixées par décisions de ladite assemblée. L'assemblée générale décide, s'il y a lieu, du mode de placement des fonds ainsi recueillis.	**CHAPITRE 7** **SECTION 3**

Article 38 - Décret n° 2002-160 du 15 février 2002	**Commentaires et jurisprudence dans le présent ouvrage**
Sauf stipulation contraire du	**CHAPITRE 7**

règlement de copropriété, les sommes dues au titre du précédent article portent intérêt au profit du syndicat. Cet intérêt, fixé au taux légal en matière civile, est dû à compter de la mise en demeure adressée par le syndic au copropriétaire défaillant.	**SECTION 3**

Article 39 - Décret n° 2002-160 du 15 février 2002 Lorsqu'en cas d'urgence le syndic fait procéder, de sa propre initiative à l'exécution de travaux nécessaires à la sauvegarde de l'immeuble, il en informe les copropriétaires et convoque immédiatement une assemblée générale. Par dérogation aux dispositions de l'article 35 ci-dessus, il peut, dans ce cas, en vue de l'ouverture du chantier et de son premier approvisionnement, demander, sans délibération préalable de l'assemblée générale, mais après avoir pris l'avis du conseil syndical, s'il en existe un, le versement d'une provision qui ne peut excéder le tiers du montant du devis estimatif des travaux.	**Commentaires et jurisprudence dans le présent ouvrage** **CHAPITRE 7** **SECTION 3**

Article 40 - Décret n° 2002-160 du 15 février 2002 Dans le cas où l'immeuble est administré par un syndic, toutes sommes ou valeurs reçues au nom et pour le compte du syndicat doivent être versées sans délai à un compte bancaire ou postal ouvert au nom du syndicat. Le règlement de copropriété ou une décision de l'assemblée générale peut, le cas échéant, dans les conditions et sous réserve des garanties qu'il détermine, fixer le montant maximum des fonds que le syndic peut être autorisé à ne pas verser à ce compte.	**Commentaires et jurisprudence dans le présent ouvrage** **CHAPITRE 7** **SECTION 3**

Article 41 - Décret n° 2002-160 du 15 février 2002	**Commentaires et jurisprudence dans le présent ouvrage**
Toute convention entre le syndicat et le syndic, ses préposés ou parents doit être spécialement autorisée par une décision de l'assemblée générale. Il en est de même des conventions entre le syndicat et une entreprise dont les personnes ci-dessus visées sont propriétaires ou associés, ou dans lesquelles elles exercent les fonctions de gérant, d'administrateur ou de directeur, de salarié ou de préposé.	**CHAPITRE 7** **SECTION 3**

SECTION 5

DISPOSITIONS PARTICULIÈRES AUX SYNDICATS COOPÉRATIFS

Article 42 - Décret n° 2002-160 du 15 février 2002	**Commentaires et jurisprudence dans le présent ouvrage**
Outre les dispositions de la loi du 16 juin 1988 susvisée, les syndicats coopératifs de copropriétaires dont la création est prévue à l'article 14, alinéa 2 de cette loi, sont régis par les dispositions de la présente section et celles non contraires du présent décret. Il en est ainsi pour les syndicats de copropriétaires pour lesquels le règlement de copropriété initial ou une délibération de l'assemblée générale prise dans les conditions fixées à l'article 26 de la loi du 16 juin 1988 susvisée a expressément adopté la forme de syndicat coopératif. Les syndicats coopératifs peuvent être créés notamment dans les grands ensembles immobiliers.	**CHAPITRE 7 SECTION 1**

Article 43 - Décret n° 2002-160 du 15 février 2002	**Commentaires et jurisprudence dans le présent ouvrage**
Dans un syndicat coopératif, le syndic est élu par le conseil syndical, à la majorité des membres qui le constituent, et il est choisi parmi eux. Il exerce, de plein droit, les fonctions du président du conseil syndical. En outre, le conseil peut élire, dans les mêmes conditions, un vice-président qui supplée le syndic en cas d'empêchement de celui-ci. Ils sont l'un et l'autre révocables dans les mêmes conditions. En aucun cas, le syndic et le vice-président ne peuvent conserver ces fonctions après l'expiration de leur mandat de membre du conseil syndical.	**CHAPITRE 7 SECTIONS 1 et 4**

Article 44 - Décret n° 2002-160 du 15 février 2002	**Commentaires et jurisprudence dans le présent ouvrage**
Le syndic et le conseil syndical peuvent se faire assister par tout technicien de leur choix dans les conditions prévues à l'article 29 ci-dessus. La mission d'un technicien choisi par le syndic ne peut excéder la durée des fonctions de ce dernier, sauf renouvellement de ladite mission.	**CHAPITRE 7** **SECTIONS 3 et 4**

SECTION 6

LES UNIONS DE SYNDICATS DE COPROPRIÉTAIRES

Article 45 - Décret n° 2002-160 du 15 février 2002	**Commentaires et jurisprudence dans le présent ouvrage**
Les sociétés de construction et les syndicats qui existent dans le cadre d'un même ensemble immobilier peuvent constituer entre eux des unions. Les unions de syndicats de copropriétaires, visées au premier alinéa du présent article, sont des groupements dont l'objet est d'assurer la création, la gestion et l'entretien d'éléments d'équipement communs à plusieurs syndicats, ainsi que la satisfaction d'intérêts communs auxdits syndicats. Ces unions peuvent être propriétaires des biens nécessaires à leur objet. Les statuts de l'union déterminent les conditions de son fonctionnement sous réserve des dispositions de la présente section. Une union peut recevoir l'adhésion de sociétés immobilières et de tous autres propriétaires dont les immeubles sont contigus ou voisins de ceux de ses membres.	**CHAPITRE 12**

Article 46 - Décret n° 2002-160 du 15 février 2002	**Commentaires et jurisprudence dans le présent ouvrage**
L'adhésion à une union est décidée par l'assemblée générale de chaque syndicat, à la majorité fixée par l'article 26 de la loi du 16 juin 1988 susvisée. L'assemblée générale de l'union est constituée par les syndics des syndicats, les représentants légaux des sociétés et les propriétaires qui ont adhéré à l'union. Les syndics participent à l'assemblée générale de l'union en qualité de mandataires du ou des syndicats qu'ils représentent.	**CHAPITRE 12**

Article 47 - Décret n° 2002-160 du 15 février 2002	**Commentaires et jurisprudence dans le présent ouvrage**
Les syndicats coopératifs visés à l'article 14, alinéa 2, de la loi du 16 juin 1988 susvisée peuvent adhérer à des unions coopératives auxquelles s'appliquent les dispositions de la présente section. Des syndicats non coopératifs peuvent adhérer à des unions coopératives, avec l'accord de ces dernières, sans perdre de plein droit leur forme initiale.	**CHAPITRE 7** **SECTION 1** **CHAPITRE 12**

SECTION 7

PROCÉDURE

Article 48 - Décret n° 2002-160 du 15 février 2002	**Commentaires et jurisprudence dans le présent ouvrage**
À défaut de nomination du syndic par l'assemblée des copropriétaires dûment convoquée à cet effet, le président du tribunal compétent désigne le syndic par ordonnance sur requête d'un ou plusieurs copropriétaires ou, en cas de syndicat coopératif, sur requête d'un ou plusieurs membres du conseil syndical. La même ordonnance fixe la mission du syndic et, sous réserve des dispositions du dernier alinéa du présent article, la durée de celle-ci. La durée de cette mission peut être prorogée et il peut y être mis fin suivant la même procédure. Indépendamment de missions particulières qui peuvent lui être confiées par l'ordonnance visée à l'alinéa 1er du présent article, le syndic ainsi désigné administre la copropriété dans les conditions prévues par l'article 18 de la loi du 16 juin 1988 susvisée et par le présent décret. Il doit notamment convoquer l'assemblée générale en vue de la désignation d'un syndic deux mois avant la fin de ses fonctions. La mission du syndic désigné par le président du tribunal cesse de plein droit à compter de l'acceptation de son mandat par le syndic désigné par l'assemblée générale.	**CHAPITRE 13**

Article 49 - Décret n° 2002-160 du 15 février 2002	**Commentaires et jurisprudence dans le présent ouvrage**
Dans tous les cas, autres que celui prévu par le précédent article, où le syndicat est dépourvu de syndic, le président du tribunal compétent, statuant par ordonnance sur requête, à la demande de tout intéressé, désigne un administrateur provisoire de la copropriété qui est notamment chargé, dans le délai éventuellement fixé par l'ordonnance et sous réserve de l'application des dispositions de l'article 13 ci-dessus, de convoquer l'assemblée en vue de la désignation d'un syndic. Les fonctions de cet administrateur provisoire cessent de plein droit à compter de l'acceptation de son mandat par le syndic désigné par l'assemblée générale.	**CHAPITRE 13**

Article 50 - Décret n° 2002-160 du 15 février 2002	**Commentaires et jurisprudence dans le présent ouvrage**
À défaut de désignation dans les conditions prévues par les articles 24, alinéa 2 et 3, et 26, alinéa 3 du présent décret, le président du tribunal régional, statuant par ordonnance sur requête du syndic ou d'un ou plusieurs copropriétaires, désigne les membres du conseil syndical. S'il s'agit de désigner les membres du conseil syndical du syndicat principal, la requête peut être présentée aussi par le syndic principal que par celui du syndicat secondaire. Avant de statuer, le président du tribunal peut charger un mandataire de justice d'une mission d'information qui comprend notamment le droit de convoquer l'assemblée générale en vue de la désignation des membres du conseil syndical. L'ordonnance qui désigne les membres du conseil syndical fixe la	**CHAPITRE 13**

durée de leurs fonctions. Ces fonctions cessent de plein droit à compter de l'acceptation de leur mandat par les membres du conseil syndical désignés par l'assemblée générale.	

Article 51 - Décret n° 2002-160 du 15 février 2002	**Commentaires et jurisprudence dans le présent ouvrage**
Sous réserve des dispositions des articles 8 et 52 du présent décret, dans les cas d'empêchement ou de carence du syndic visés à l'article 18, alinéa 3 de la loi du 16 juin 1988 susvisée, le syndic en fonction peut être assigné par tout intéressé devant le président du tribunal régional statuant en matière de référé en vue de la désignation d'un administrateur provisoire de la copropriété. L'ordonnance fixe la durée de la mission de l'administrateur provisoire. Sauf si cette ordonnance la limite expressément à un ou plusieurs objets, la mission ainsi confiée est celle qui est définie par l'article 18 de la loi susvisée du 16 juin 1988 susvisée et par le présent décret. Sauf s'il y a urgence à faire procéder à l'exécution de certains travaux nécessaires à la sauvegarde de l'immeuble et au fonctionnement des services d'équipement commun, la demande ne sera recevable que s'il est justifié d'une mise en demeure adressée au syndic et demeurée infructueuse pendant plus de huit jours.	. **CHAPITRE 13**

Article 52 - Décret n° 2002-160 du 15 février 2002 Dans l'hypothèse prévue à l'article 8, alinéa 3, ci-dessus, le président du tribunal compétent, statuant en matière de référé, peut, à la requête de tout copropriétaire, habiliter un copropriétaire ou un mandataire de justice à l'effet de convoquer l'assemblée générale. Dans ce cas, il peut charger ce mandataire de présider l'assemblée. Sous peine d'irrecevabilité, l'assignation ne devra intervenir qu'après une mise en demeure adressée au syndic ou le cas échéant au président du conseil syndical, si elle reste infructueuse après un délai de 8 jours.	**Commentaires et jurisprudence dans le présent ouvrage** **CHAPITRE 13**

Article 53 - Décret n° 2002-160 du 15 février 2002 Toute assignation délivrée par un copropriétaire exerçant seul les actions relatives à la propriété en vertu de l'article 15, alinéa 2, de la loi du 16 juin 1988 susvisée devra faire l'objet d'une copie adressée au syndic par voie d'huissier.	**Commentaires et jurisprudence dans le présent ouvrage** **CHAPITRE 13**

Article 54 - Décret n° 2002-160 du 15 février 2002 L'action en justice visée à l'article 12 de la loi du 16 juin 1988 susvisée est intentée à l'encontre du syndicat lorsqu'elle est fondée sur le fait que la part, dans l'une ou l'autre des catégories de charges, incombant au lot du demandeur est supérieure de plus d'un quart à celle qui résulterait d'une répartition conforme à l'article 10 de cette loi.	**Commentaires et jurisprudence dans le présent ouvrage** **CHAPITRE 13**

Article 55 - Décret n° 2002-160 du 15 février 2002	**Commentaires et jurisprudence dans le présent ouvrage**
Si la part d'un copropriétaire est inférieure de plus d'un quart, dans l'une ou l'autre des catégories de charges, à celle qui résulterait d'une répartition conforme aux dispositions de l'article 10 de la loi du 16 juin 1988 susvisée, l'action en justice visée à l'article 12 de ladite loi est intentée à l'encontre de ce copropriétaire. À peine d'irrecevabilité de l'action, le syndicat est appelé en cause.	**CHAPITRE 13**

Article 56 - Décret n° 2002-160 du 15 février 2002	**Commentaires et jurisprudence dans le présent ouvrage**
Chaque fois qu'une action en justice intentée contre le syndicat a pour objet ou peut avoir pour conséquence une révision de la répartition des charges et, indépendamment du droit pour tout copropriétaire d'intervenir personnellement dans l'instance, le syndic ou tout copropriétaire peut, s'il existe des oppositions d'intérêts entre les copropriétaires qui ne sont pas demandeurs, présenter requête au président du tribunal compétent en vue de la désignation d'un mandataire ad hoc. Dans ce cas, la signification des actes de procédure est valablement faite aux copropriétaires intervenants ainsi qu'au mandataire ad hoc.	**CHAPITRE 13**

Article 57 - Décret n° 2002-160 du 15 février 2002	**Commentaires et jurisprudence dans le présent ouvrage**
Le syndic ne peut intenter une action en justice au nom du syndicat sans y avoir été autorisé par une décision de l'assemblée générale, sauf lorsqu'il s'agit d'une action en	**CHAPITRE 13**

recouvrement de créance même par voie d'exécution forcée. Dans tous les cas, le syndic doit rendre compte des actions qu'il a introduites, à la prochaine assemblée générale.	

Article 58 - Décret n° 2002-160 du 15 février 2002 Tout intéressé peut demander au président du tribunal compétent, statuant sur requête de désigner un mandataire ad hoc pour ester en justice au nom du syndicat lorsque celui-ci est partie dans une instance relative à l'exécution de la construction de l'immeuble, aux garanties dues ou aux responsabilités encourues à cette occasion, si le syndic, son conjoint, leurs commettants ou employeurs, leurs préposés, ou leurs parents ont, directement ou indirectement, à quelque titre que ce soit, même par personne interposée, participé à ladite construction.	**Commentaires et jurisprudence dans le présent ouvrage** **CHAPITRE 13**

Article 59 - Décret n° 2002-160 du 15 février 2002 Lorsque le syndic s'est opposé dans les conditions prévues à l'article 20 de la loi du 16 juin 1988 susvisée, au paiement du prix de vente d'un lot ou d'une fraction de lot, pour une créance inférieure au montant de ce prix, les effets de l'opposition ainsi formée peuvent être limités, par ordonnance du président du tribunal compétent statuant en référé, au montant des sommes restant dues au syndicat par l'ancien propriétaire.	**Commentaires et jurisprudence dans le présent ouvrage** **CHAPITRE 6** **CHAPITRE 13**

Article 60 - Décret n° 2002-160 du 15 février 2002	**Commentaires et jurisprudence dans le présent ouvrage**
À l'occasion de tous litiges dont est saisie une juridiction et qui concernent le fonctionnement d'un syndicat ou dans lesquels le syndicat est partie, le syndic avise chaque copropriétaire de l'existence et de l'objet de l'instance. Les actes de procédure concernant le syndicat des copropriétaires sont régulièrement signifiés, suivant le cas, au syndic ou à la requête de celui-ci.	**CHAPITRE 7** **SECTION 1** **CHAPITRE 13**

Article 61 - Décret n° 2002-160 du 15 février 2002	**Commentaires et jurisprudence dans le présent ouvrage**
Sauf dispositions contraires, toute demande formée par le syndicat à l'encontre d'un ou plusieurs copropriétaires, suivant la procédure d'injonction de payer, est portée devant la juridiction du lieu où se trouve l'immeuble.	**CHAPITRE 13**

Article 62 - Décret n° 2002-160 du 15 février 2002	**Commentaires et jurisprudence dans le présent ouvrage**
Pour l'application de l'article 23, alinéa 2 de la loi du 16 juin 1988 susvisée, le président du tribunal régional statue, par ordonnance sur requête, lorsqu'en cas d'indivision ou d'usufruit la désignation d'un mandataire commun est demandée en justice.	**CHAPITRE 13**

Article 63 - Décret n° 2002-160 du 15 février 2002	**Commentaires et jurisprudence dans le présent ouvrage**
Tous les litiges nés de l'application de la loi du 16 juin 1988 susvisée du présent décret sont de la compétence du tribunal régional du lieu de situation de l'immeuble.	**CHAPITRE 13**

SECTION 8

RECONSTRUCTION

Article 64 - Décret n° 2002-160 du 15 février 2002	**Commentaires et jurisprudence dans le présent ouvrage**
En cas de destruction totale ou partielle, l'assemblée générale des copropriétaires dont les lots composent le bâtiment sinistré peut décider, à la majorité des voix de ces copropriétaires, la reconstruction de ce bâtiment ou la remise en état de la partie endommagée. Dans le cas où la destruction affecte moins de la moitié du bâtiment, la remise en état est obligatoire si la majorité des copropriétaires sinistrés la demande. Les copropriétaires qui participent à l'entretien des bâtiments ayant subi les dommages sont tenus de participer dans les mêmes proportions et suivant les mêmes règles aux dépenses des travaux.	**CHAPITRE 11**

Article 65 - Décret n° 2002-160 du 15 février 2002	**Commentaires et jurisprudence dans le présent ouvrage**
En cas d'amélioration ou d'addition par rapport à l'état antérieur au sinistre, les dispositions du chapitre III de la loi du 16 juin 1988 susvisée sont applicables.	**CHAPITRE 11**

Article 66 - Décret n° 2002-160 du 15 février 2002	**Commentaires et jurisprudence dans le présent ouvrage**
Les indemnités compensatrices de l'immeuble détruit sont, sous réserve des droits des créanciers inscrits, affectées par priorité à la reconstruction.	**CHAPITRE 11**

Article 67 - Décret n° 2002-160 du 15 février 2002	**Commentaires et jurisprudence dans le présent ouvrage**
Si la décision est prise, dans les conditions prévues à l'article 34 du présent décret, de ne pas remettre en état le bâtiment sinistré, il est procédé à la liquidation des droits dans la copropriété et à l'indemnisation de ceux des copropriétaires dont le lot n'est pas reconstitué.	**CHAPITRE 11**

SECTION 9

DISPOSITIONS DIVERSES

Article 68 - Décret n° 2002-160 du 15 février 2002 Toutes les notifications et mises en demeure prévues par la loi du 16 juin 1988 susvisée et par le présent décret, à l'exception de la mise en demeure visée à l'article 19 de ladite loi, sont valablement faites par lettre ou par voie d'huissier. Toutefois la notification des convocations prévues au présent décret ainsi que celles de l'avis mentionné à l'article 60 ci-dessus peuvent valablement résulter d'une remise contre récépissé ou émargement.	**Commentaires et jurisprudence dans le présent ouvrage** **CHAPITRE 7** **SECTIONS 2 et 3**

Article 69 - Décret n° 2002-160 du 15 février 2002 En vue de l'application de l'article précédent, chaque copropriétaire ou titulaire d'un droit d'usufruit ou de nue-propriété sur un lot ou une fraction de lot doit notifier au syndic son domicile réel ou élu. Les notifications et mises en demeure prévues par l'article 68 du présent décret sont valablement faites au dernier domicile connu du syndic. Les notifications, mises en demeure ou significations intéressant le syndicat sont valablement faites au siège du syndicat ou au domicile du syndic.	**Commentaires et jurisprudence dans le présent ouvrage** **CHAPITRE 6** **CHAPITRE 13**

Article 70 - Décret n° 2002-160 du 15 février 2002 Sont abrogées toutes dispositions contraires notamment le chapitre II du décret n° 49-299 du 23 février 1949 portant règlement du statut de la copropriété des immeubles divisés en appartements en Afrique occidentale	

française.	

Article 71 - Décret n° 2002-160 du 15 février 2002 Le Ministre de l'Économie et des Finances, le Garde des Sceaux, Ministre de la Justice, le Ministre de l'Intérieur, le Ministre de l'Équipement et des Transports, le Ministre de l'Agriculture et de l'Elevage, le Ministre des Petites et Moyennes Entreprises et du Commerce, le Ministre de l'Urbanisme et de l'Amé sagement du Territoire et le Ministre de la Culture, du Tourisme et des Loisirs sont chargés, chacun en ce qui le concerne, de l'exécution du présent décret qui sera publié au Journal officiel.	

Index thématique alphabétique

D

E

I

M

N

P

S

S

T

U

V

TABLE DES MATIÈRES

Le Sénégal aux éditions L'Harmattan

Dernières parutions

L'ESTHÉTIQUE SOCIALE DES PULAAR
Socioanalyse d'un groupe ethnolinguistique
Sy Harouna
L'esthétique sociale pulaar est une mise en ordre éthique de la vie sociale. Elle est l'inventaire systématique de ce qu'il y a de beau et de laid dans le social relativement à ses valeurs, à ses normes, à ses règles et à ses codes qui commandent des postures, des relations, des rapports et des qualités appropriés. L'analyse des contradictions de la société pulaar du Fuuta Tooro a révélé des logiques et des stratégies fondées sur des rapports de castes et sur les représentations sociales que ces rapports produisent.
(31.00 euros, 304 p.)
ISBN : 978-2-343-11189-6, ISBN EBOOK : 978-2-14-002810-6

LE BAYNUNK GUNAAMOLO, UNE LANGUE DU SUD DU SÉNÉGAL
Analyse phonologique, morphologique et syntaxique
Diop Sokhna Bao - Préface de Denis Creissels
Le Sénégal est un pays multilingue avec des langues majoritaires et des langues minoritaires, de par le nombre de leurs locuteurs, mais également de par la quantité de travaux dont chacune dispose. Les langues majoritaires ont fait l'objet de nombreuses recherches, à la différences des langues minoritaires. Ce constat est à l'origine du choix porté sur la description de la variante gunaamolo du baynunk (parlé au sud du Sénégal, plus précisément à Niamone, dans la région de Ziguinchor) qui est une langue en danger très peu décrite. L'utilité et l'intérêt de ce travail résident dans la sauvegarde et la connaissance de cette langue et sa communauté. Elle peut servir aussi de référence à des recherches futures.
(Coll. Études africaines, 38.50 euros, 392 p.)
ISBN : 978-2-343-09614-8, ISBN EBOOK : 978-2-14-002913-4

DE L'HÉRITAGE ARABO-ISLAMIQUE SAINT-LOUISIEN
Une illustration par les œuvres d'Abbas Sall et d'Abdoulaye Fall Magatte
Fall Cheikh Tidiane - Préface de Samba Dieng et Postface de Mouhamed Habib Kébé
Cet ouvrage porte sur la réhabilitation du legs culturel arabo-islamique ouest-africain en général et saint-louisien en particulier. Revaloriser un pan du patrimoine culturel par l'entremise de l'imagination poétique locale de deux intellectuels demeure l'objectif principal de cette étude. Une partie descriptive constituée de la traduction d'une cinquantaine de poèmes suivie d'un volet analytique constitue la méthodologie de ce travail de recherche. La moisson tirée de ce travail préliminaire apporte quelques éclairages sur l'intérêt de la traduction de manuscrits arabes, notamment ceux produits par d'éminents ulémas du Sénégal, tels les deux poètes faisant l'objet de cette étude.
(Harmattan Sénégal, 35.00 euros, 340 p.)
ISBN : 978-2-343-11306-7, ISBN EBOOK : 978-2-14-003014-7

L'AGRICULTURE DU SÉNÉGAL SOUS LA COLONISATION
Diop Ismaïla
L'introduction de l'arachide au Sénégal au début du XXe siècle révolutionne le paysage agricole. La France décide alors de faire du Sénégal une colonie arachidière. Le Sénégal devient la troisième puissance arachidière du monde après les États-Unis et l'Inde. Cette monoculture extensive aboutit à un déficit vivrier chronique, une dégradation des sols, une dépendance vis-à-vis des importations de riz en provenance d'Asie. Pour y remédier, le rapport de la mission Roland Portères de 1952 recommande des mesures d'aménagement du territoire, de restauration des sols, de promotion de l'agriculture intégrée sérère.
(Harmattan Sénégal, 23.50 euros, 218 p.)
ISBN : 978-2-343-11129-2, ISBN EBOOK : 978-978-2-14-002836-6

CASAMANCE
À quand la paix ?
Bassène René Capain - Préface du père Nazaire Diatta
Malgré leur volonté et leur engagement affichés d'aller vers la fin du conflit armé en Casamance, la position des parties en guerre n'a jamais réellement évolué. L'État du Sénégal se dit prêt à négocier sur tous les points, sauf sur ceux relatifs à l'intégrité territoriale et l'unité nationale, alors que, de son côté, le MFDC soutient une position contraire en déclarant être disposé à ne négocier que sur la question se rapportant à l'indépendance totale de la Casamance. Cette situation montre que le conflit armé est encore loin de finir en Casamance.
(28.50 euros, 276 p.)
ISBN : 978-2-343-10426-3, ISBN EBOOK : 978-2-14-002593-8

PARCOURS D'UN JOURNALISTE AUTODIDACTE
Ndiaye Pape Ngagne - Préface de Mamoudou Ibra Kane
Pape Ngagne Ndiaye, par son style, est devenu un rendez-vous incontournable de l'espace audiovisuel sénégalais. L'émission « Faram Faccce » qu'il anime présentement sur TFM est très courue des hommes et femmes politiques pressés de se soumettre au feu roulant et nourri des questions du redoutable interviewer, unique dans son genre. Ce livre n'est pas seulement une autobiographie, mais aussi une réflexion thématique et une sélection rigoureuse de certains numéros de la célèbre émission qui se veut « un décryptage des questions majeures de l'actualité nationale ».
(37.00 euros, 360 p.) *ISBN : 978-2-343-09916-3, ISBN EBOOK : 978-978-2-14-002822-9*

DES FRANCENABE AUX MODOU-MODOU
L'émigration sénégalaise contemporaine
Fall Papa Demba - Préface du Professeur Abdoulaye Bara Diop
Principalement centré sur la France et ses anciennes colonies d'Afrique, le champ migratoire sénégalais s'est, de manière originale, progressivement étendu à des destinations naguère méconnues ou peu fréquentées (comme les États-Unis, l'Italie, l'Espagne, l'Afrique du Sud ou le Brésil). Peu à peu, les migrants sont devenus des acteurs incontournables du développement. La prise en compte de ces populations, et de leurs mouvements, devient donc nécessaire aux programmes et politiques de développement durable.
(Harmattan Sénégal, 40.00 euros, 559 p., Illustré en noir et blanc)
ISBN : 978-2-343-10796-7, ISBN EBOOK : 978-2-14-002539-6

« DOYEN » AMADY ALY DIENG, LE TRANSMETTEUR INTÉGRAL (1932-2015)
Économie biographique ou sémio-Histoire
Ngaïdé Abdarahmane
Amady Ali Dieng nous a quittés il y a un an. Pour lui rendre hommage et s'en rappeler les enseignements, l'auteur de cet ouvrage a décidé de compiler ses nombreux écrits ou interventions. Les quatorze textes qui composent cette anthologie sont représentatifs et significatifs de la personnalité, du style et des préoccupations d'Amady Ali Dieng. On y retrouve son style, son humour et son esprit critique.
(Harmattan Sénégal, 23.50 euros, 228 p., Illustré en noir et blanc)
ISBN : 978-2-343-10855-1, ISBN EBOOK : 978-2-14-002561-7

41 RULES TO BE HAPPY
Kane Babaly
Seeing that happiness is the goal towards which all men strive for, the author wrote this book to help the reader in treasuring the joyous of life and realizing his desires in entirety, to be fulfilled, to claw his way to the top and to assure him it will turn out well in the end. Moreover, this book intends to give the keys us to get the secret for reaching we want in this life. 41 rules to be happy is a little self help book which has 41 rules that are meant to allow every reader to live life in full potential.
(Harmattan Sénégal, 14.50 euros, 138 p.)
ISBN : 978-2-343-10904-6, ISBN EBOOK : 978-2-14-002583-9

SÉNÉGAL
Les limites du Plan Sénégal Émergent
Mansour Samb El Hadji
Cet ouvrage présente une analyse profonde des politiques publiques en décortiquant le Plan Sénégal Émergent (PSE) qui jusque-là n'a fait l'objet d'aucune analyse critique sérieuse. Le Sénégal est face à un défi, le défi de son émergence, un défi qu'il compte relever avec tous ses fils. Ce défi qui mobilise aujourd'hui tout le monde doit nous pousser à proposer de nouveaux chemins et à animer un débat nécessaire et incontournable dans tout processus d'émergence.
(Harmattan Sénégal, 27.00 euros, 276 p.)
ISBN : 978-2-343-09721-3, ISBN EBOOK : 978-2-14-002372-9

SÉNÉGAL
Dynamiques paysannes et souveraineté alimentaire
Le procès de production, la tenue foncère et la naissance d'un mouvement paysan
Diop Amadou Makhouredia - Préface d'Yves Guillermou ; Postface de Fodé Niang
Le présent ouvrage contribue à la compréhension des stratégies développées par la petite paysannerie et les dynamiques qui animent les exploitations agricoles familiales permettant la production de biens nécessaires à l'alimentation et l'entretien des familles. La capacité des paysans à prendre en main leurs propres préoccupations a été mise en évidence par l'émergence d'organisations, de groupements, d'associations et d'unions dans tout l'espace rural sénégalais.
(Harmattan Sénégal, 26.00 euros, 256 p.)
ISBN : 978-2-343-10852-0, ISBN EBOOK : 978-2-14-002457-3

HISTOIRE ET SOCIOLOGIE DES RELIGIONS AU SÉNÉGAL
Tamba Moustapha
Le Sénégal reste une exception dans le domaine religieux : 90 % de musulmans, 5 % de chrétiens et 5 % d'adeptes de l'animisme. C'est aussi le pays où les musulmans et les catholiques partagent le même cimetière, où les conjoints partagent des religions différentes, où les écoles privées catholiques comptent 60 à 70 % d'élèves de confession musulmane, etc. Ce phénomène n'est pas dû au hasard. L'histoire et la sociologie des religions permettent de l'expliquer amplement. Cet ouvrage souligne cette exception sénégalaise pour montrer qu'au moment où notre monde est en proie au fanatisme, à l'intolérance et au terrorisme religieux, le Sénégal propose un autre « modèle ».
(Coll. Études africaines, série Economie, 41.00 euros, 426 p.)
ISBN : 978-2-343-10424-9, ISBN EBOOK : 978-2-14-002506-8

FIGURES DU POLITIQUE ET DE L'INTELLECTUEL AU SÉNÉGAL
L.S. Senghor - M. Dia - A. Ly - CH. A. Diop A. Diouf & F. Mitterrand - J.R. De Benoist - A. Seck - TH. Fall - A. M. Samb - A.M. Samb JR - TH. Monod - H. Bocoum - G. R. Thilmans
Samb Djibril
Cet ouvrage réunit des personnalités politiques et/ou intellectuelles très diverses : Léopold Sédar Senghor, l'Immortel Noir ; Mamadou Dia, le brillant économiste ; François Mitterrand et Abdou Diouf, deux experts politiques, ou encore Théodore Monod, le savant probe. Ces figures sont autant de coryphées auxquels l'auteur a voulu rendre hommage, afin de rappeler que la terre africaine du Sénégal ne manque pas de princes de l'esprit ni de nourriture intellectuelle.
(26.00 euros, 266 p.)
ISBN : 978-2-343-10731-8, ISBN EBOOK : 978-2-14-002513-6

TÉLÉVISIONS AU SÉNÉGAL
Entre désert de contenu et sécheresse intellectuelle
Djimbira Cheikh Mouhamadou
« Il faut lire ce livre en considérant qu'il a été sciemment écrit dans l'intention de nuire à la société spectaculaire. Il n'a jamais rien d'outrancier. » Cette pensée de Guy Debord nous permet de comprendre à bien des égards, l'ouvrage de Cheikh Mouhamadou Djimbira qui est un plaidoyer pour la création de programmes audiovisuels de qualité.
(11.50 euros, 80 p.)
ISBN : 978-978-2-343-10790-5, ISBN EBOOK : 978-978-2-14-002528-0

UN SCOUT SÉNÉGALAIS
L'aventure citoyenne (deuxième édition)
Ndene Pascal - Préface de Jacques Moreillon
Lorsque nous parlons de l'adolescence, nous évoquons l'autonomie, la responsabilisation, la citoyenneté, le jeu, les relations avec les parents et avec les pairs. Toutes ces questions sont abordées dans ce livre qui montre avec humour le parcours éducatif d'un adolescent dans le scoutisme. Ce livre s'adresse à tous les jeunes, garçons et filles, aux parents et éducateurs de tout milieu social et culturel, ainsi qu'à tous les scouts et guides du monde.
(14.00 euros, 124 p.)
ISBN : 978-2-343-10965-7, ISBN EBOOK : 978-2-14-002526-6

LA PENSÉE DE CHEIKH AHMADOU BAMBA FACE AUX DÉFIS AFRICAINS
Sow Cheikh Mar
Cheikh Ahmadou Bamba Mbacké a su déterminer une nouvelle vision aux yeux de ses contemporains en formulant d'une façon très claire des idées novatrices capables de faire bouger le peuple. Cette conception de la société dans sa globalité a permis «à chaque individu de devenir un centre d'initiative, de création et de responsabilité à tous les niveaux : celui de l'économie, de la politique, de la culture ; une conception qui ne soit ni individualiste, ni totalitaire mais fondée sur les communautés de base».
(Harmattan Sénégal, 24.00 euros, 238 p.)
ISBN : 978-2-343-10021-0, ISBN EBOOK : 978-2-14-002284-5

LE MODERNISME EN ISLAM
Introduction à la pensée de Sayyid Amir Ali
Diagne Mbengue Ramatoulaye
« Les thèmes abordés par le Professeur Ramatoulaye Diagne dans sa lecture de la pensée d'Amir Ali ont tous un lien indéfectible avec le pluralisme et la paix. (...) Dans la lecture de son ouvrage, on arrive à comprendre que le modernisme d'Amir Ali est une sorte de renouveau dans la pensée islamique. C'est un mouvement d'intellection qui intègre, dans une cohérence architecturale, l'usage de la raison, l'esprit du soufisme pratique ghazalien et la finalité de la prière qui concilie l'ascèse de l'âme à la transformation positive des sociétés. » Abdoul Aziz Kebe, Ancien Chef du Département d'Arabe UCAD-DAKAR.
(Harmattan Sénégal, 15.00 euros, 144 p.)
ISBN : 978-2-343-09977-4, ISBN EBOOK : 978-2-14-002211-1

MA RENCONTRE AVEC ALLAH
De l'obscurité à la lumière
Mbengue Adama Ousmane
Cet ouvrage traite surtout de la question essentielle du Mahdi qui vient pour apporter les solutions idoines en s'appuyant sur la Sharia mouhammadiya et la Tariqah ahmadiya afin d'offrir à tout individu le meilleur profil dans la société idéale qu'il compte établir.
(Harmattan Sénégal, 14.50 euros, 134 p.)
ISBN : 978-2-343-10299-3, ISBN EBOOK : 978-2-14-002277-7

L'HARMATTAN ITALIA
Via Degli Artisti 15; 10124 Torino
harmattan.italia@gmail.com

L'HARMATTAN HONGRIE
Könyvesbolt ; Kossuth L. u. 14-16
1053 Budapest

L'HARMATTAN KINSHASA
185, avenue Nyangwe
Commune de Lingwala
Kinshasa, R.D. Congo
(00243) 998697603 ou (00243) 999229662

L'HARMATTAN CONGO
67, av. E. P. Lumumba
Bât. – Congo Pharmacie (Bib. Nat.)
BP2874 Brazzaville
harmattan.congo@yahoo.fr

L'HARMATTAN GUINÉE
Almamya Rue KA 028, en face
du restaurant Le Cèdre
OKB agency BP 3470 Conakry
(00224) 657 20 85 08 / 664 28 91 96
harmattanguinee@yahoo.fr

L'HARMATTAN MALI
Rue 73, Porte 536, Niamakoro,
Cité Unicef, Bamako
Tél. 00 (223) 20205724 / +(223) 76378082
poudiougopaul@yahoo.fr
pp.harmattan@gmail.com

L'HARMATTAN CAMEROUN
BP 11486
Face à la SNI, immeuble Don Bosco
Yaoundé
(00237) 99 76 61 66
harmattancam@yahoo.fr

L'HARMATTAN CÔTE D'IVOIRE
Résidence Karl / cité des arts
Abidjan-Cocody 03 BP 1588 Abidjan 03
(00225) 05 77 87 31
etien_nda@yahoo.fr

L'HARMATTAN BURKINA
Penou Achille Some
Ouagadougou
(+226) 70 26 88 27

L'HARMATTAN SÉNÉGAL
10 VDN en face Mermoz, après le pont de Fann
BP 45034 Dakar Fann
33 825 98 58 / 33 860 9858
senharmattan@gmail.com / senlibraire@gmail.com
www.harmattansenegal.com

L'HARMATTAN BÉNIN
ISOR-BENIN
01 BP 359 COTONOU-RP
Quartier Gbèdjromèdé,
Rue Agbélenco, Lot 1247 I
Tél : 00 229 21 32 53 79
christian_dablaka123@yahoo.fr

www.ingramcontent.com/pod-product-compliance
Lightning Source LLC
LaVergne TN
LVHW011435061026
849535LV00004BA/818
* 9 7 8 2 3 4 3 1 2 8 7 6 4 *